「コミュニティの自律経営」

広太郎さんとジェットコースター人生

吉村慎一【著】
Yoshimura Shinichi

梓書院

コミュニティの自律経営

広太郎さんとジェットコースター人生

『コミュニティの自律経営／広太郎さんとジェットコースター人生』に寄せて

（ものつくり大学教養教育センター教授／ドラッカー学会共同代表／石橋湛山記念財団研究員）
井坂康志

吉村さんは謙遜でありながら、子供のような自由な魂を持ち、また節を曲げない強さを併せ持つ人でもある。一言で言えば、「日本人」である。私たちはまだこのようなよき日本人を持っていることをもっと喜ばなければならない。そんな吉村さんが書いた本に推薦文を書かせていただけるのは、望外としか言いようがない。

私は吉村さんの文章の運びにまずはっとさせられた。明るくて、澄んでいる。かねてより文章とは、人間という楽器から奏でられる音楽のように感じてきたが、このまっすぐで、強く、優しいトーンは、まぎれもなく吉村さんが奏でる音楽である。

私には吉村さんのような音は出せない。出しようがない。だから、吉村さんの文章を読むと、感嘆の念とともに、いくぶんかの妬ましさを感じる。こんな文章を書ける人になりたかったと思う。これは本音である。

何よりその目線がまっすぐに外を向いている。外部の世界をどう見たか、どう変えたか、その反作用にどう反応したか。そこには、たくさんの吉村さんを取り巻く個性が表れる。自身書かれているように、人に恵まれたのが吉村さんである。それもまた妬ましい。人に恵まれるほどの幸福など、生きている中であるはずもないからだ。

まさにジェットコースターさながらに、読む者を吉村さんの内的世界に引き込むだけの強い吸引力を備えている。しかもそのジェットコースターはすべてが「人力」だ。そして、おそらく木製である。その証拠に、本書の中では時々――ほんの時々だが――本音が漏れる。吉村さんは心の声を隠し通せるような人ではない。つい心の声が紙面に出てしまう。それがたとえようもなくゆかしい。

もう一つ、吉村さんの文章が素晴らしいのは、ほとんどが現在形で書かれていることである。そのとき、その場にいたときの感情の揺らぎ、熱意、ひらめき、時に失望が、てのひらからこぼれ落ちる水のようにいきいきとたゆみなく記されている。読む者は、あたかも吉村さんと一緒にそのときを歩んできたかのような気持ちになる。その大半は、１９８０年代の日本の絶頂期から、一転して寂しい停滞にいたる時節にあたっている。政治も、経済も、社会も、日本はジェットコースターのように、有為転変を繰り返してきた。そこに吉村さんという人の歩みが重なってくる。私は読みながら、あの時代のことを思い出していた。もちろん吉村さんは私より20年ほども年長であり、その時代は完全に一致していない。しかし、それでも私は自分が中学高校、大学生だった時分、テレビや新聞でしか知ることのなかった事件の背後で、当事者たちがどのように汗と涙を流していたかを直に見たような気持ちになった。そして、そのとき自分は何を感じていたのかを思い起こしていた。この本は、その意味では、知られざる者たちの現場のドキュメントでもあり、また自分の心に潜む記憶を鮮やかに呼び起こしてくれるところがある。

私は時々、マハトマ・ガンジーを評したある英国人の言葉を思い出す。彼は、「世にこんな人が存在したことを後世の人々は信じないだろう」と発言したのだが、福岡市役所をはじめ現在働いている人たちは、かつて吉村さんのような人が現実に働いていたこと、このような人がかつて生身でその持てる力を存分に揮っていたことを、おそらく信じないだろう。そう思わせてしまうほどの凄みがこの人にはある。

もくじ

はじめに

「コミュニティの自律経営」とは山崎広太郎市政が行政が目指すべき姿として掲げた目標である。そして今、僕は生まれ育ったまちの町内会長を人生の集大成と見定め、林住期の今を生きている。つくづく人生は人との出会いだと思う。後から考えれば、あたかも計画されていたかのような偶然の連鎖のようでもあった。市政から国政へ、大学院から再びの市政へ、さらには介護の世界へ。そして今、何かに導かれるように、僕の残された人生の道標として、広太郎さんのレガシー「コミュニティの自律経営」がここにある。これからの社会のありよう、進むべき道をじっくり語り合いたいところだったが、広太郎さんはあっという間もなく、逝ってしまった。追悼の意も込めて、副題は広太郎さんとジェットコースター人生とした。

本書の性格は、僕の「ビルドゥングスロマン」である。古稀を過ぎ、記憶も記録も怪しいところはお許しいただきたい。

第一章は、22歳から65歳までの職業人生をジェットコースター人生として捉え、点と点がどのように繋がっていったのか、辿ってみた。点と点をフェーズで区切っている。先ずは僕のビルドゥングスロマンを概観いただきたい。また、僕の歩みと社会の動きを整理して巻末の年表としたので、参照いただきたい。第二章は、山崎市政8年間のエポックメーキングなテーマに直接光を当て「山崎広太郎市政の挑戦」として、市長選公約を軸に、起・承・転・結に区分して概観した。第三章「福岡市のDNA改革」はその実践記録である修士論文『体験的NPM論~福岡市DNA改革の検証』を巻末の資料に納め、足らざるところを新たに書き下ろした。DNA改革をご存じない方は、できれば巻末資料に目を通したうえで読み進めていただければありがたい。第四章「コミュニティの自律経営」は書名にも取り上げた僕のジェットコースター人生の到達点であり、残された人生の道標でもある。山崎市政以降のコミュニティ政策の変遷を俯瞰し、僕の今の立ち位置を示した。第五章は、「もやい九州」の活動を取り上げたが、20年を超える活動の中から、「東北三陸ツアー」を重点とした。第六章は、僕の人生の補助線となった、津屋崎、ドラッカー、広太郎塾の3つを取り上げた。締めくくりの第七章は、「妻の市役所人生大公開」を掲載させていただいている。第一章とともに読み合わせて頂けるとありがたい。

【第一章】僕のジェットコースター人生

昭和 53 年秋　妻と釈迦岳にて

点と点は繋がる

僕の職業人生を口の悪い友人が「ジェットコースター人生ですね」と言う。しかも、「ジェットコースターは下りが面白いらしい……」と宣《のたま》う。下りが面白いなんてとても言えないけれど、「ジェットコースター人生」……僕は結構気に入っている。

受験に失敗することもなく東京での大学生活を終え生まれ育った福岡の市役所に就職した僕には、平凡な公務員人生が待っているはずだった。父が福岡県庁に勤めていたので僕は福岡市役所を選んだ。ただそれだけのことで、公務員という職業に格別な思いがあったわけでもない。山崎広太郎という政治家との出会いで、僕はジェットコースターに乗ることになった。公務員人生を一筋に勤め上げることはなかったけれど、僕だけの軌道を描いたジェットコースター人生は、結構面白くなったし、人生は生きる価値のあるものだとポジティブに受け止めている。

僕はスティーブ・ジョブズのスタンフォード大学卒業式でのスピーチが大好きである。「点と点は繋がる」。予《あらかじ》め点と点を繋げることはできないが、振り返ってみると点と点は繋がるのである。スティーブ・ジョブズのように生きたと言うつもりはないが、市井に生きたちっぽけな一人の人生でも点と点は繋がるのである。時に熱に浮かされたりもしたが、兎も角も自分の意思でつかみ取ってきた僕の人生、どのように繋がっていったのか、振り返ってみたい。

先を読んで点と点を繋ぐことは出来ません。
後から振り返って初めて出来るわけです。

10年後から振り返ってみると非常にハッキリ見えるわけです。
したがってあなた方は、点と点が繋がると信じなければなりません。
自分の勇気、運命、人生、カルマ、何でもいいから、信じなくてはなりません。
点がやがて繋がると信じることで
たとえそれがみんなの通る道からはずれていても
自分の心に従う自信が生まれます。
これが大きな違いをもたらしてくれるのです。

By　スティーブ・ジョブズ

第1フェーズ　1975・4〜1989・3
博多区保護第一課〜妻との出会い

僕は昭和50年（1975）に福岡市役所に採用された。当時はオイルショックの影響で、公務員の門戸は急に狭くなっていた。初任給は7万9千円だったが、狂乱物価の影響もあって2年前に採用されていた先輩の給料の倍ほどだった。この年の人事院の勧告は9・6％増で、今考えれば途方もない数字だが、1年前の先輩たちは30％を超える増額勧告で、年末に支給される差額がボーナスの額を上回っていたという。デフレが長く続く今の時代からはとても考えられない、空前絶後の時代だった。

最初に配属されたのは、博多区役所保護第一課第一係、生活保護のケースワーカーだった。当時新卒の多くは区役所のケースワーカーや税務関係などに配属されていたと思う。僕は市役所時代を通じて人に恵まれてきたが、最初の職場であるここでも先輩に恵まれた。新人の僕の教育担当は、干支が一回り上の鬼軍曹と呼ばれた主任の中村正博（故人）さんだったが、僕には優しかった。中村さんは、現業から職種変更した苦労人だったが、世の中のこと社会のことを手取り足取り教えてくれた。仕事の中身よりも、「鐘が鳴ったらすぐに着替えて真っ先にソフトボールの場所を取りに行け」、みたいなことが多かったけれど。だからというわけではないが、ケースワーカー4年間の思い出は、仕事では特筆できることはないのだが、ソフトボールやバドミントン、駅伝の練習に明け暮れ、母から「あんたはどこのスポーツクラブに就職したのか」と言われる始末であった。ここでの最大の事件は、なんといっても妻との出会いである。在職4年目の昭和53年（1978）、福岡市は287日間に及ぶ断水という未曾有の大渇水に遭遇していた。高台の住宅地への水のポリタンク運びや大口の需要者の水道メーターの検針などにも走り回っていた。そんな折、妻は新卒では初めての女性のケースワーカーとして配属されてきた。九大出の新卒の女性が配属されるらしいというのは噂になっていたが、配属当日の光景は、今も僕の目に焼き付いている。野郎中心のむさ苦しい空間にぱっと花が咲いたようだった。同期の間ではマドンナと呼ばれていたようだが、恋に落ちるのにそう時間はかからなかった、と思う。ジェットコースターに乗ってもレールを踏み外さず、曲がりなりにも家庭を築き、今日あるのは妻のおかげであることは衆目の一致するところであり、本書の最終章に、彼女の「市役所人生大公開」を掲載することが出来たのは何よりの喜びである。

都市計画局交通対策課～水と交通

最初の異動先は都市計画局交通対策課だった。当時福岡市の政策課題は「水と交通」と言われており、キャリア形成の基盤としては、順調なスタートだった。当時の交通対策課は地下鉄の開業を目前に臨時交通対策としての時差出勤制度の試行や、変わり種では広州市との姉妹都市締結1周年を記念して、パンダ（シャンシャンとパオリン）が親善大使として派遣されており、その集客交通対策にも追われていた（2ヶ月で87万人の来場、現在の年間入場者は75万人）。

一方、僕の担当は交通安全対策で、仕事は面白くなかった。そうした折、福岡県学生寮／英彦寮時代の一期先輩（僕が2年の時、1年間同室）で、中央大学の先輩でもある陶山博道さん（のちの総務企画局長だが、寮の幹事長を務め、その頭脳の明晰さとリーダーシップは当時から群を抜いていた。その陶山さんが福岡市役所に入ったので、じゃ僕もという気分だったし、入庁後もケースワーカー、都市開発局、港湾局と後を追いかけ、僕にとって謂わば兄のような存在だった）から本市の区画整理の第一人者であった柴田和也さん、行弘泰晟さんを紹介され、酒を酌み交わすうちに、「姪浜地区を区画整理することになるが、一緒にやらないか」との誘いを受けるようになった。当時福岡市の西部方面では西新地区再開発事業に着手していたが（同時に東の千代地区、南の高宮地区も再開発事業を着手中）、後背地の広がりや奥深さからして、本市西部の拠点は姪浜地区だろうということは、都市計画局に籍を置くものとしての基本認識だった。また、住宅密集地であった姪浜地区には、立体換地など、これまでにない手法を検討していることも新聞紙上で取り沙汰されており、机上の都市計画にとどまらず、都市計画事業を現場でやってみたいとの思いが沸々と湧いてきて、いつの間にかその気になっていた。

都市開発局姪浜開発事務所～白紙撤回

昭和56年（1981）春の人事異動で、高卒ながら41歳で課長級に昇任した柴田さんから指名いただき、都市開発局姪浜開発担当となった。その柴田さんは、のちに不幸な事件で福岡市役所を去る（その事件がなければ、高卒としては最後の局長級になっていたはず）ことになったが、僕にとって生涯最高の上司となった。職業人としての弛まぬ向上心や仕事に対する執念ともいえる真摯な姿勢など、僕の職業人としての背中に一本大きな筋を通してくれた。仕事では容赦無く鍛えられたが、何より僕に自信も持たせてくれた。そして一緒によく酒を飲んだ。僕はここでも人に恵まれた。

しかしこの異動については、いろんなことを言われた。いわゆる花形ポストだった都市計画局交通対策から、泥臭いと言われた区画整理への異動であり、しかも交通対策課在籍は2年だった。また勤務先は西の外れの姪浜であり、地下鉄も開通しておらず（天神 - 室見間の開通がその年の7月）、東のはずれの香住ヶ丘から姪浜までは時間もかかったし、遠かった。「何かやらかしたのか」、「上司と喧嘩したのか」などと散々心配されたし、柴田さんや行弘さんからも「本当にいいのか」と念を押されていた。事務所は当時JR筑肥線姪浜駅そばのオイスカ研修センターの敷地に小さなプレハブを建てていた。アジアからの研修生がたくさんいたし、冬の九州場所には春日野部屋が宿舎を構え、お相撲さんがたくさんいた。敷地の片隅の「犬小屋みたい」だとも言われたちっぽけなプレハブを見て、天神のど真ん中の大きなビルを思えば、不安にならなかったと言えば嘘になるが、やりたいことが先だった。

仕事は大変だった。なんせ課長以下土木職員3人と事務屋は僕1人、しかも現場事務所なので、電気代、電話代、水道代などの支払いもあるが、庶務／経理の仕事の経験は全くないし、地元説明会などもどんどん仕込んでいたので手が回らず、支払い関係の書類はダンボールに溜め込んで、西区の会計課で一つ一つ教わった。たまたま電話回線の都合で、電話がつながらなくなった時に、電話代の滞納が原因ではないかと冷や汗をかいたほどである。

その一方で姪浜地区の区画整理は、大橋地区の区画整理が収束を迎えていたこともあり、継続的な国費の獲得の面や区画整理という専門性の高い人材確保の点からも事業の進捗は重要視され、いわば日の当たる仕事だった。組織の人員は当初の56年度の4人から翌年7人、そして11人、さらには21人と増員に次ぐ増員で、事務職員としては、局内調整や総務局相手の機構要求の経験を積み、さらには予算も増額に次ぐ増額、財政局との折衝も一通りやった。機構要求では事業が大変だからと言って人を増やしてもらい、予算要求では事業はどんどん進めるから、あれもいるしこれもいると、あっちであいい、こっちでこういうという、ある種の手練手管も身につけていった。

しかし、肝心の事業の進捗は思わしくなかった。オイスカの講堂を借りて百人単位の説明会を何度もやったが、反対の声は大きく、やればやるほど反対が強くなるという感じでもあった。椅子を百以上並べる準備は難儀だが、反対の強かった説明会の後片付けは気が重かった。帰りは痛飲した。3ヶ月もすると「次の説明会の説明は君がやれ」と柴田課長。「とんでもない。失敗して反対に火がついたらどうするんですか」と抵抗するも「いや、やれ」との一点張り。紛糾する説明会、横で聴いている分には、あれはこう言ったら、これはああ言ったらと思うものだが、いざ自分が矢面に立つと、そうはいかない。口先の屁理屈など一挙に吹き飛んでしまう。当然のように撃沈するが、一職員として得られるものは途轍もなく大きい。現場のリアリズム／経験ほど大きなものはないのだ。間違いなく性根が据わる。柴田課長の一見無茶振りは、自分の経験知を積んでの確信犯だったのだろう。

その昭和56年（1981）のいつごろだったろうか、市職員として初めての市長決裁を求める「姪浜地区土地区画整理事業の基本方針」を立案した。施行区域を駅の南側83ヘクタールとすること、減歩緩和のため、さらには小規模宅地対策などのための用地の先行取得に着手することが主な内容だったと記憶する。当時はワープロもなく、決裁文書はすべて自筆だったが、僕は結構達筆だったので、誰が起案したのかも覚えてもらえ、得をしていたと思う。そして市長や助役も出席される政策会議も経験した。当時影の市長とも言われていた武田助役から、「地元の理解を得て進めるように」との発言があったことをぼんやり覚えている。

一番つらかったのは、戸別訪問だった。最初は2人で回っていたけれど、当時は課長を除けば、職員は係長以下3人で数が捌けないこと、そして僕が慣れてきたこともあって、1人で行かされるようになった。これはつらかった。後ろを向いても誰もいない。全てを背負わなければならなかった。冬の寒い夜、玄関にも入れてもらえず、しかし話は長引いて、身体が芯まで冷えた。地権者の方も悩ましかったのだろう。玄関に入れてしまえば賛成しているように受け止められ、かといって自分のところはどうなるのか、少しでも聞いておきたい。その狭間で揺らいでおられたのだろうと思う。特に高齢の年金生活者の相手はつらかった。「とにかく、そっとしておいてほしい」との訴えに返す言葉も無かった。戸別訪問の結果は○×△で報告しなければならなかったが、不在でも訪問した件数にはあげられたので、不在だと正直ホッとした。インターホンを押しても反応がないので「不在」として処理しようと思いつつ、ついもう一度ピンポンすると出て来られる。そんな時に限って玄関先で1時間2時間ということもよくあった。あの戸別訪問は、僕が役所で体験した仕事の中で一番つらかったかもしれない。

昭和59年（1984）、組織体制はいよいよ事業実施に向け、1部2課5係21人に拡充されていた。区画整理事業の大きな節目としての施行区域の都市計画決定に向け、都市開発局長も参加しての連夜の説明会を実施した。都市開発局長の下川與八さんは、温厚篤実な人柄で部下の信頼も厚い人だった。以前同じ香住ヶ丘にお住まいで、息子さんとは小学校の同級生という関係もあって、私の異動を喜び目もかけてくれ、結婚披露宴にも主賓として臨席いただいた。しかし、説明会では激しい反対の声が噴出した。その年の秋には進藤市長4期目の選挙が予定されており、市長選挙への影響も懸念されていた。市幹部の意見は「説明が足りない、理解が得られていない」というものだったが、我々は、「説明は十分行った。地権者は理解していないのではなく、しっかりと理解している、その上での反対の意見である。反対の意見の多くは事業を実施して行くことによって解決できるものが多い。福岡市や姪浜地区の将来を見据えて必要な事業だと位置づけているのだから、粛々と事業を進めていくべきだ」と主張した。しかし、施行区域の都市計画決定を報告する市議会常任委員会の開催前夜、報告案件の取り下げが三役を含めた幹部間で決断された。取り下げ決定の報告を聞いて、僕は大荒れに荒れて、事務所の椅子を投げ、机をひっくり返して暴れた。3年にわたる地を這うような努力が水泡に帰したと思った。今にして思えば、市としてはやむを得ない結論だったと思うが、市長選挙と取引されたようで、悔しくて堪らなかった。僕は若かった。

翌日から事業は全面ストップ、困った。組織は21人に膨れ上がり、若くて前途有為な人間が集まってきていた。僕は一番在籍年数が長く、年齢も30歳を超え、謂わば兄貴株だった。また事務職としては珍しく土地区画整理士の国家資格も取得していたので、区画整理の勉強会などを始めた。室見川の河川敷が近かったので、昼休みは走った（メンバーで積み立てを始め、翌年の11月、当時フルマラソンの参加者が全国最多の陸連公認河口湖マラソンを走った）。近くにゴルフの練習場があり、ショートコースもあったので、ゴルフコンペも始めた。みんな酒は好きだったが、時間外がゼロで、飲み代には事欠いていた。誰かが、どこからか、ニラの苗と土をもらって来て、事務所の空き地で育てた。卵だけ買ってきてニラの卵とじを酒の肴にした（ニラは何度でも生えてくる！）。なんとも切ない日々だった。僕は在籍5年目を迎えていたし、もはやそこに残る意味もなかった。そんな折、ある筋から港湾局への異動話が来た。当時「花の港湾」とも言われ、陶山先輩もいた。地行・百道地区の埋め立て地の土地利用計画、土地処分を担当する新設されたばかりの西部開発課への異動であった。（なお、姪浜地区土地区画整理事業は、4年後の昭和63年に区域を縮小して、都市計画決定され、平成15年度に事業を完了している）

港湾局西部開発課〜一転、真っ白なキャンバス

バブルの波

昭和61年（1986）4月、港湾局舎は博多区石城町に在り、6年ぶりの天神本庁舎復帰とはならなかった。当時港湾局は、西部と東部の埋め立て事業など、ビッグプロジェクトを抱えていた。担当することになる地行・百道地区の埋め立ては概成しており（竣功認可はその年9月26日）、人工海浜もその姿を現しつつあった。東区で生まれ育った僕には、百道の海水浴場に馴染みはなかったが、海水浴客で賑わっていたらしい街の痕跡はすっかり消えていた。そしてその3年後の昭和63年（1988）には、福岡市の市制施行百周年を記念して、地行・百道地区で博覧会が開催されることが決まっていた。その昭和63年には、全国で多くの市が市制施行百周年を迎えており、博覧会もあちこちで計画されていた。埋め立て地での博覧会は、昭和56年（1981）に神戸ポートピア博覧会が開催されており、まさに柳の下の二匹目のドジョウを狙いに行ったような受け止めもあり、集客には相当苦戦するだろうとの見立てが多かった。

地行・百道地区の埋め立て免許時の土地利用計画は、どこにでもあるような中層住宅が立ち並ぶなんの魅力もない住宅団地の絵柄だった。そして、当時はプラザ合意後の長引く円高不況のさなか、住宅・都市整備公団（当時）や市住宅供給公社には塩漬けの土地がたくさんあり、友人や先輩達からあ

んな膨大な埋め立ての土地が売れるわけがない。お前はとんでもないところに異動したと同情されていた。しかし、姪浜地区の区画整理が多くの地権者の意向で一歩も足が踏み出せなかった一方で、漁業補償が終わったこの埋め立て地には地権者がたった一人、福岡市のみ。いわば真っ白なキャンバスを与えられたようなものだった。その解放感/快感にも似た感覚は忘れられない。

そして、前年昭和60年（１９８５）に始まったとされるバブルの波が福岡市にも確実に押し寄せつつあった。埋め立て地の土地需要の様相は一変して行く。まさに売り手市場、毎日のように東京方面から来るお客さんの案内に忙殺された。港湾局の船で博多埠頭を出て、地行・百道地区の埋め立て地先の人工海浜を掠め、小戸のヨットハーバーを経由して戻ってくるのが定番の案内コースだった。首都圏の海に比べれば博多湾は遙かに美しかったし、地元の僕たちの目から見ても、誕生しつつあった人工海浜やその背後の土地は大きな可能性を感じさせてくれていた。どの土地需要者も、人工海浜を含めたロケーションを絶賛していたし、その土地が福岡市の中心市街地である天神地区に近接していることから、本市の新たな開発拠点としての期待と可能性が急速に大きく膨らんでいった。ここでは、時に恵まれた。もはや問題は、売れるかどうかではなく、福岡市の新たな開発拠点としてどんな絵を描いて、それを実現するために誰に売ったらいいのかだった。しかし、住宅用地を中心にした土地利用計画の大幅な転換が必要である一方で、市民の大切な共有財産である博多湾を埋め立てて生まれた土地であるため、絵の描き方、売り方は難しかった。

その頃の土地の需要は、処分可能面積の4倍を超えていたと記憶する。殺到する土地需要者を前に現場は大変だった。この頃の残業時間は、月に２００時間を超えていた。土曜も日曜もなかったので曜日の感覚もなくなっていた。夜の10時頃に終わると夕方みたいな気分でよく中洲にも繰り出した。時間外手当の予算はなく、なんと7割カットだった。

神戸市と福岡市

住宅地を含めた埋め立て地の先行事例は、神戸のポートアイランドや六甲アイランドであり、多くを学んだが、彼の地に人工海浜はなく、開発地域としてのポテンシャルは地行・百道地区がはるかに優位であったと思う。ここで、神戸市と福岡市の埋め立ての違いを述べておこう。神戸市はかつて神戸株式会社と言われたほど都市経営に格別な力を発揮し、全国各都市から注目される存在だった。当時の出張先は、群を抜いて神戸市が多かった。その神戸市での埋め立ては「山、海へ行く」と言われていた。

なぜか？　神戸の海は水深が深く、大きな船が寄港しやすい地形ではあるが、船が寄りつく埠頭を建設して行くために、大量の土砂を運んで埠頭を造ることが必要だった。そこで後背地である六甲山系の山を崩し、土砂をベルトコンベアで海へ運び、埋め立て、港と街を造っていったのである。とてもわかりやすい。一方博多湾は水深が平均7ｍと極めて浅く、船舶の大型化に対応するためには、大型船が寄りつけるように航路を浚渫しなければならない宿命にあった。その浚渫土砂の行き先が埋め立て地だった。海に開かれた福岡市が市経済の4分の1を担う港湾物流の拠点である博多港を充実させる一方で、海を埋め立てることによる環境問題、その結果として生じる埋め立て地の土地利用と土地の処分問題は、本市の都市政策展開の大きな要石だった。

なんで、「シーサイドももち」なの？

地行・百道地区の埋め立てが竣工し、街の愛称名をつけようと局内で愛称を公募し、選考委員会を立ち上げた。地行・百道地区の愛称は、福岡随一の文教地区である「百道」は絶対に外せないとハウスメーカーさん達から言われていた。しかし問題があった。地行・百道地区は、樋井川を挟んで、東が中央区地行の地先であり、西が早良区百道の地先であった。「百道」では中央区が納得しなかった。そこで名案が浮かんだ。「百道」を「ももち」とし、「もも」は百道のもも、「ち」は地行（ぢぎょう）のち、だということで、中央区長の片山晃一さん（故人）にも納得してもらった。「シーサイドももち」が定着した今、なんで「ももち」なのか？ 限られた関係者のみが知っている秘話だと思っていたら、近刊の福岡市史ブックレット・シリーズ『シーサイドももち』でちゃんと紹介されていた。

博覧会と埋め立て地

博覧会はアジア太平洋博覧会と名付けられ、開催準備が進むほどにその開催地としての地行・百道地区の知名度は浸透して行った。博覧会のパビリオンとしての出展要請活動と土地処分の営業活動とは、まさに相乗効果をもたらしていたと思う。その一つの象徴が博覧会パビリオンの恒久施設化だった。パビリオン出展のメリットはなくても、出展することで土地が手に入るならと、さまざまな提案が寄せられた。生き残ったのはテーマ館として利用された福岡市博物館、博覧会のシンボル施設としての福岡タワー、海上パビリオンとしてのマリゾン、西部ガスのガスミュージアム（平成15年閉館、跡地は介護付有料老人ホームに）だった。また博覧会期間中に開催したシーサイドももち住宅環境展では、九州の建築家の戸建ゾーン、世界の建築家街並みゾーンが展示され、博覧会後に販売されていった。

土地利用計画の大転換

担当する西部開発課の中心にM係長とTさんがいた。M係長は博多福祉時代の先輩で、法制部門が長く、いわゆる能吏だったが、人柄も穏やかで優しかった。一方Tさんは、糸の切れた凧のような存在で、出て行ったら最後いつ帰ってくるのか、どこに行ったのか分からなかった。が、このコンビは絶妙だった。当時住宅の供給がこの埋め立て事業の最大の使命とされていたものの、団地型の住宅に対する需要は低迷しており、住宅需要が量から質へと転換し、優良な住宅に対する需要が増大していたので、戸建住宅の導入は不可欠だった。しかし、2人が足を棒にして引き合いを探して回ったが触手を伸ばす住宅メーカーは皆無だったらしい。その中で唯一関心を示してきたのが積水ハウスだった。神戸の埋め立て地での実績もあったが、何より福岡市随一の文教地区としての百道地区の可能性に着目し、戸建住宅を中心にした土地利用に強い意欲を示していた。芦屋の六麓荘や奈良の学園前などと肩を並べるわが国屈指の住宅地をつくることができると。

そこで問題になるのは公有水面埋立法（以下「埋立法」）の存在だった。埋め立て地が転売され、当初の埋め立て免許の目的と異なる土地の利用が全国各地に噴出したため、「埋立法」は改正され、埋立事業者は、最終の需要者にしか土地を売ることができなくなっていた。つまり埋立事業者である福岡市は、ハウスメーカー等に市民向けの戸建用地を直接には売れないのである。そのため、住宅地については公的な機関の住宅・都市整備公団や市の住宅供給公社に建設販売してもらうことが大前提だった。しかし団地型の住宅の需要が低迷する中、住宅・都市整備公団も住宅供給公社も多くの在庫を抱え、販売リスクを抱える財政的な余力はなく、大規模な事業展開には極めて消極的だった。故に戸建住宅の導入と大胆な民間事業者の参入によって活路を開く外なかった。戸建住宅のノウハウを持ち、強い事業意欲を持つ民間企業との共同開発を住宅・都市整備公団が引き受けるか、市の住宅供給公社が引き受けるかだったが、市住宅供給公社八尋栄理事長が事業参画の意義を理解し、決断された（八尋理事長は中央大学の先輩で、昭和56年に僕が結婚したときの媒酌人でもあった。市役所内での毀誉褒貶は激しかったが、とてもシャープな考え方をされる方だったと思う）。

〈港湾議会〉

住宅用地26・8haを市住宅供給公社に24・4ha、住宅・都市整備公団に2・4ha売却することを決め、昭和62年（1987）6月議会に埋め立て地の処分議案を提出した。この議会では、東部の埋め立て（現香椎パークポート）認可の議案も出ており、各会派からの質問も集中し、さながら「港湾議会」の様相を呈していた。常任委員会審査に備え、想定質問を100問超用意した。直属のM部長から、「そんなにつくっていくつ当たるのか」とからかわれた。当時の課長は楽観的な人で？毎日僕等が何時まで残っていても、よほどのことがない限り定時退庁だった。議会前の局の勉強会は当時の末藤局長の指摘が的確で厳しく、緊張感満載だった。うちの課長は度々炎上していたので、ほぼワンマンショーが予想されるこの常任委員会審査は心配だった。案の定というべきか、最初の質問は想定にないものだった。不意を突かれて一旦レールを外れるとなかなか戻れない。委員会は大もめに揉めて、確か午後から助役の出席が求められたと記憶する。記録によると、終了時間は午後3時18分だった。

土地利用計画の変遷は以下の通りである。戸建住宅を導入し、住宅用地も処分が終わって、ほぼ需要先も固まってきていた。折から福岡市の基本構想／基本計画の策定時期でもあり、シーサイドももちの土地利用を固めていく必要があった。昭和63年（1988）4月の第6次福岡市基本計画のとりまとめを受け、6月に「シーサイドももち土地利用検討委員会」（座長／光吉健次九州大学名誉教授）を設置した。12月迄の間に5回の審議を行い、ゾーニングや用途を固めていった。計画論というより、寄せられていた有望な需要先をどのように位置づけて、どう貼り付け、シーサイドももちの都市機能を高めていくかという作業だった。審議が取りまとめに入ろうとした頃、ダイエーによる南海の買収、それと共に、ドーム球場を含めたツインドームシティ計画が福岡市に提出された。同委員会では検討の上、地行地区に「スポーツ・レクリエーション用地」を位置づけ、対応することとし、翌4月に報告書が提出され、シーサイドももちの土地利用計画の最終的なカタチが固まった。

昭和61年（1986）　2月　海浜都市土地分譲計画委員会にて、処分計画と収支計画決定
　　　　　　　　　　　　中高層住宅6，850戸、居住人口26，000人
昭和62年（1987）　3月　用途変更〜戸建住宅の導入
　　　　　　　　　　　　住宅5，400戸、人口20，000人
〃　　　　　　　　　7月　住宅用地処分26・8ha（市住宅供給公社、住宅／都市整備公団）
〃　　　　　　　　　10月　福岡市基本構想策定
昭和63年（1988）　4月　第6次福岡市基本計画策定
〃　　　　　　　　　6月　「シーサイドももち土地利用検討委員会」設置
平成元年（1989）　4月　「シーサイドももち土地利用計画検討報告書」提出
〃　　　　　　　　　9月　土地利用計画策定　住宅3，000戸、居住人口10，000人

幻のツインドーム計画

「港湾議会」を何とか乗りきり、殺到していた需要先のやりくりの目処もだいたいついてきていた昭和63年（1988）の夏前頃から、ダイエーによる南海球団買収で、シーサイドももちにドーム球場をつくることになるかもしれないとの極秘情報が入ってきていた。市役所随一の政策通との評価のあった総務局企画部の鹿野至主査が友池助役の特命で動いていて（このあたりの状況は元東京読売巨

人軍代表の山室寛之氏による『1988年のパ・リーグ』（新潮社　2019）に生々しく書かれている）、地主である港湾局も限られたメンバーで連携していた。鹿野さんは福高の先輩で旧知だったが、なんせ秘匿すべきことも多かっただろうから、港湾局の事務方としての僕は不満も募り、当時飲み屋でつかみ合いのケンカをしていたとの証言もある？　その鹿野さんが、のちに僕の人生を大きく変える（謂わばジェットコースターに乗せる）切っ掛けをつくることになるのだから人生は不思議である。当時10月1日に開催予定のオーナー会議までに事が露見すると、この話は潰れるとのことだった。

丁度その折、僕は9月3日〜18日の間、海外派遣研修の一環で、当時沿岸域開発の第一人者で元運輸省・大阪産業大学教授の今野修平氏を団長とする「ヨーロッパ沿岸域リゾート開発地区実態調査団」に参加していた。この視察団はイタリアのコモ湖をスタートして、サンレモ、モナコ、ニース、バルセロナ、ロッテルダム、パリなどを巡る、僕にとって初めてのヨーロッパであり、まさにヨーロッパ沿岸域の代表的なリゾート地を総なめにするような、今考えても夢のような行程の視察団だった。その旅の後半戦、9月12日にバルセロナからジュネーブを経由してアムステルダム空港に降り立つと、空港売店の新聞の中に日本語の確か報知新聞だったと思うが、一面に「南海身売り」の大見出しが踊っていた。ああ、これでダメになった。ドーム球場の立地など大事を抱え込まずに済んだと安堵して数日後に帰国したが、どっこい話は生きていた。昭和63年（1988）10月1日オーナー会議で南海からダイエーへの球団譲渡が承認された。ライオンズが消えて10年、新球団の誘致は市民の強い願いであり、「親子で見たい新球団」のステッカーは今も記憶に残っている。ダイエーが南海を買収しそのフランチャイズを福岡に、としたことは、こうした地元の誘致運動の熱気が大きな要因だったことは間違いない（前出『1988年のパ・リーグ』でも明らか）。平和台球場が鴻臚館遺跡との関係で利用できず、新たに球場敷地が必要なこと、そしてその適地がシーサイドももちであることは、ある種必然の流れだった。そして、「市民球団誘致市民会議」の委員長として、市民運動の先頭に立った山崎広太郎市議会議長の秘書として間もなく仕えることになるとは、これもまた不思議な縁である。

昭和63年（1988）11月にダイエーによる南海球団の買収。そして、間をおかずだった気がするが、20haの土地取得の要請が表明された。ドーム球場の敷地としては10haもあれば十分なのに、20haとは訝っていると、ツインドームシティ構想なるものが出てきた。日本初の開閉式ドームのほかにファンタジードームとその間のリゾートホテルからなるもので、ポンチ絵のような紙一枚の図面とザックリとした事業計画からなる提案書だった。ドーム球場はともかくファンタジードームの絵はカクテル光線が交差する巨大なディスコみたいな感じだったかな？　とにかく土地をたくさん欲しくて、ツインドームにしてきたんじゃないかと思うほどで、とても貴重な埋め立て地が分譲できるような代物のようには思えなかった。交渉の相手方もかなり横柄で、置いたものを取るようなつもりじゃ困るみたいなことを言っているうちに、僕は交渉の担当から外れていった。最終的にこの土地は、1年後の平成元年（1989）9月26日福岡市議会で売却が議決された。総額301億円（うち6・4haのドーム用地については20％の減額が行われた。減額の理由は①市民球団として誘致した福岡ダイエーホークスのフランチャイズの球場であること②施設自体の収益性が低いこと③公共利用についてのダイエー側からの約束があったこと、だったと記憶する）。

土地売却からおよそ4年後の平成5年（1993）4月17日、福岡ドーム球場（ヤフオク！ドーム→現PayPayドーム）での初の公式戦、福岡ダイエーホークスVS近鉄バファローズ戦が開催された（野茂英雄が7回までノーヒットノーランの快投、エース村田勝喜の投入むなしく、0対1の完封負けだった。両チームとも身売りや吸収合併で、消滅しているのも時の流れを感じてしまう）。

そして、その5年後、平成10年（1998）「ファンタジードーム構想」は断念され、ホークスタウン→平成30年（2018）11月、MARK IS福岡ももちが誕生している。

結局このシーサイドももちの埋め立て事業（港湾整備事業特別事業会計）で市は800億円超の黒字を生みだし、基金に積むことで、その後のアイランドシティ事業も辛うじて一般会計からの持ち出しをせずに済んだ。当時の強烈なバブルの追い風が功を奏したのだが、福岡市の「運に恵まれた」都市伝説の一つだと言っていいだろう。

ファミリーヒストリー①

シーサイドももちには、アジア太平洋博覧会の当時から家族連れで何度も行っている。福岡タワー、マリゾン、博物館、ドーム球場、シーホークホテルなど、その度に、ここはパパがつくった街だと吠えた。土地利用計画をつくるのも土地を売るのも全部自分がやったかのように。親爺のそんな自慢話を子どもたちは真に受けないが、なんせ30代前半の働き盛りに、目一杯のエネルギーを注ぎ込んだ仕事だし、今や元気な福岡市のひとつの象徴として存在していること、形に残る仕事が出来たこと、自治体職員冥利に尽きるものと思う。ここでうれしいことが起こった。通信技術屋の長男が昨年、福岡に事業所のある会社に転職し、祖父母のみならず家族は大いに安心し喜んだのだが、その会社の所在地がシーサイドももちのRKB放送会館内にあることが判明。住まいは会社の近くがいいというので、それじゃとシーサイドももち内のUR賃貸を勧めた。福岡市がたっぷりと金を注ぎ込んだ街だ、博物館も図書館も何でもあるから活用しない手はないと推しに推した。幸い一室空きがあり、即予約を入れて、今はシーサイドももちの住人になっている。会社まで徒歩5分。娘たちもＰａｙＰａｙドームやMARK ISでのイベントの折の活動拠点として使っている。会社も住まいも僕が立地の素案を作った場所だ。今やシーサイドももちへのアッシーが楽しくてしかたがない。

第2フェーズ　1989・4～1994・4
運命の人事異動～市議会議長秘書へ

港湾局3年目、いよいよ3月にはアジア太平洋博覧会が開幕するという平成元年（１９８９）の初め頃だったろうか？　突然、「市議会議長秘書の話が来ている、係長級への昇任だし、受けるように」との話が下りて来た。当時の僕でも市議会議長の名前くらいは知っていたと思うが、もちろん一面識もない。議長に秘書がいることも知らなかった。僕は都市計画局、都市開発局、都市整備局、そして港湾局で区画整理や埋め立て事業を経験し、当時、市職員として歩いて行く道が「都市計画分野」だとはっきり見えてきていた。なのに全く畑違いの想像だにできない議会事務局／議長秘書。戸惑うしかないが、議長にシーサイドももちの土地利用計画を説明してくるようにとの命令。体のよい首実検だったのだろう、話は決まってしまった（初めて市議会議長室に入ったのだが、議長のソファの側にコーヒーポットが置いてあって、議長がコーヒーカップに珈琲をついでくれたのには驚いた。かつて駐日米大使のマンスフィールド氏を訪ねた折、同様の対応をされ、感心してまねをしたそうだが、長続きしなかったと何処かで述懐していた。しかし物々しい雰囲気かと思っていたので、新鮮な印象だった)。

事の顛末はこういうことだった。当時の市議会議長だった山崎広太郎氏が(山崎広太郎氏はその時々で議長であり、代議士であり市長であったが、以後の呼称は「広太郎さん」で統一することにする)全国市議会議長会長に就任することになり、全国を飛び回り福岡市を空けることが多くなるが、やらないといけないことが沢山ある。自分がいない時に仕事が止まらないように、都市計画のわかる人間が欲しいとのリクエストが先の鹿野さんにあり、福高の後輩でありその頃関わりの多かった僕を推薦したのだ。この人事が結局僕をジェットコースターに乗せた(いや、乗ったのは自分なんだけど)。残念ながら鹿野さんは先年亡くなってしまったが、市役所を退職後に妻の職場を訪ねた折に、「あんたの旦那の人生、俺が変えたもんね」とぽつり呟いていたらしい。

広太郎さんは、43歳での議長就任時、政令市議長の歴代最年少と話題だった。当時も47歳と若かったが、議長職は異例の5年目を迎えており、九州各地の市議長の皆さん方の熱い期待を一身に浴びて推挙され、全国市議会議長会長も歴代最年少で就任することになっていた。

秘書着任早々二つのことを指示された。一つはダイエーホークスを市民球団とすること、二つ目はアジア太平洋こども会議の運営を財団化すること。いずれも、広太郎さんが福岡青年会議所のメンバーと一心同体で取り組んできたテーマである。市民球団誘致運動は、失敗したら政治生命に関わるとの助言を振り切って先頭に立ってきた。アジア太平洋こども会議もアジアから1,000人ものこどもも大使をホームステイで受け入れるという一見無謀な取り組みの発起人となり、反対していた外務省との交渉にも取り組むなど、当時の福岡青年会議所のメンバーとの信頼関係は絶大なものがあった。球団誘致運動では歯医者さんの小田展生さん、こども会議では財津重美さんや小林専司さん(現県中小企業経営者協会長）、加地邦雄さん（元県議会議長）など、歴代の理事長や幹部の皆さんとすっかり仲良くしていただいた。

議長秘書のお仕事

議長室の仕事は忙しかった。最初の年は博覧会もありで、やたらイベントへの招待が多く、いつも背広のポケットに複数の挨拶文が入っていた。役所の行事であれば、その委員会を所管する議事課の委員会係長が書いてくれたが、その他の行事であれば、挨拶文からつくらなければならなかった。随行から解放され、議長室に戻ってからの挨拶文づくりはしんどかった。細々とした注文はなかったし、議長5年目だからいろんな場での経験知もあるので、挨拶文を読まない方が、どんな場も温まるのだが、「こんな挨拶文つくって、これをどんな場面で読むかわかっているのか？」などと言われて冷や汗もたっぷりかいた。そして議長室に在室中は来客がムッチャ多かったので、いつも待合室に人が溢れていた。一息入れられるように、当初は30分間隔で受けていたが、とてもさばけないので20分間隔にしろと言われたりした。来客が増えれば増えるほど僕のTODOリストも増えていくので、しんどかった。さまざまな陳情、できないというのは簡単だけれど、相手も困って議長のところまで来ているのだから、広太郎さんからも「NOじゃなくて、YESからだ！　すぐにできないと言うのじゃなくて、どうやったら出来るか考えろ」とよく言われた。外の会合に出て行っても新鮮な経験ばかりだった。いわゆる七社会のトップの皆さん方とご一緒する機会も多かったが、広太郎さんが名実ともに議会のリーダーであり、次の時代の福岡市のリーダーとも目されていたこともあるのだろう、大事にされていたし、僕は僕で、随行されている秘書さん達（のちの経営幹部に登っていく人たちが多かった）との交流はとても得難い経験だった。

僕はその時、自治体職員として、大切なもう一つの目を開かされた思いがする。

執行機関の一員として14年、当時それなりの経験を積み、議員何するものぞとの思い上がりにも似た過信も生まれていた。しかし、議長のみならず、市民から直接選ばれる議員の活動に身近に接し、議員を通して見える市民の姿や自分がこれまで見てきた世の中と異なる風景が見えてきた。所詮自分は机の上で物を考え、役所の窓から市民や社会を見てきたのではないか？　1回の試験で安定した身分を得て、市民を施策の対象としてのみ見てきたのではないか？　主は市民であり、僕等はその奉仕者であること。専門知識を持つテクノクラートとして自らを磨くことは大切だが、市民感覚、市民目線に学び、謂わばパブリックサーバントとしての役割を忘れてはならないと気が付いた。後年、僕が議会改革に参加し、当時北海道栗山町議会の中尾修事務局長の「議会事務局への異動は、公務員人生にとって最大のチャンスである」との箴言に強く触発され、いろんなところでその箴言を拡散していったのは、この気づきによるものである。

全国市議会議長会〜地方分権との出会い

この頃の政治／行政の状況は臨調・行革審による国鉄改革など行政改革が大きな流れであり、「官から民へ」「国から地方へ」がその大きな柱になりつつあった。折しもリクルート事件などの影響もありで「政治改革」が取り沙汰されてきており、「行政改革」と「政治改革」とあいまって、「地方分権改革」が浮上しつつあった。総理直属の諮問機関である地方制度調査会では地方分権を進めるべきとする累次の答申が出されていたが、改革は一向に実現してこなかった。全国市議会議長会は地方六団体の一つであり、会長は地方制度調査会のメンバーの一員であった。同じ島根県出身ということでよしみを通じていた連邦制を主軸に地方分権を唱える元島根県知事恒松制治さんからは、地方制度調査会には必ず出席するようにと言い渡されていた。広太郎さんは、草の根民主主義を信奉しており、当然のことながら根っからの地方分権論者であった。折しも前年地方制度調査会が「地方公共団体への国の権限移譲等についての答申」を出し、さらに平成元年（１９８９）12月、行革審から画期的な「国と地方の関係等に関する答申」が出されたことにより、局面が大きく動いていくことになった。広太郎さんが会長に就任時の全国市議会議長会総会においても「長年の懸案である都市への権限委譲とそれに見合う地方税財源を確保し地方分権をより実効のあるものとしていくことが必要」と訴え、時の総理大臣竹下登氏の挨拶では、「ふるさと創生や地域の活性化の問題を内政上最も重要な課題の一つとして政府全体として推進を図りたい」と述べられていた。その一方で、広太郎さんは就任挨拶でこうも言っていた。「地方政治に対し、直接的かつ最も大きな責任を負うものとして今日のわが国政治が抱える諸問題に対し、就中政治改革に対し強い関心を持ち続けなければならない」。その後の地方の自立を訴えた福岡県知事選や政治改革／地方分権を訴えた衆議院選挙への出馬を思うと興味深い。

この年は多くの市が市制施行百周年を迎えており、式典に招かれ多くの自治体を訪ね意見を交換する機会も多かった。その一方で、国（＝霞ヶ関＆永田町）とのやり取りの機会も増えていった。ある時、広太郎さんがこう呟いた。「吉村、国は地方分権なんて全く考えていないぞ。地方が力を合わせて奪い取るしかない」と。あの時が「地方分権」が一挙に自分のライフワークに浮上した瞬間だった気がする。

福岡県知事選騒動〜政治との出会い

僕が秘書に就任して2年目の平成2年（1990）、思いもしない展開が始まった。議長任期は多くが1年だったり精々2年だったりする中、広太郎さんは政令指定都市の議長、全国市議会議長会会長に史上最年少で就任し、議長職も6年目を迎えていた。福岡県内や九州内の議長の間でも若いエネルギーへの期待とともに一目も二目も置かれる存在であり、いわばファンも多かった。随行する僕も鼻が高かったし、羨ましがられることも多かった。各種の議長会の多くは、会議そのものは淡々と進むが、本番はその後の交流会だった。各市の議長さんたちはほぼ保守系無所属か自民党籍だったこともあり、翌年の福岡県知事選挙が話題にのぼり、当時革新県政と言われた奥田知事の3選の是非が多く語られていた。いわゆる保守系の候補が決まらず保革相乗りすら取り沙汰されており、基礎自治体の議長達は、「いつも上意下達で、国会議員の思惑で候補者を落下傘のように決め、自分たちは選挙の道具としてしか扱われない。こんなことでは勝てるわけがない。保守は本来草の根であり、地方の自立が叫ばれる今、自分たち議長を含め市町村議員が中心になって選挙に臨めば必ず勝てる。自分たちが納得できる候補を見つけようじゃないか」というのが当初の話だったように記憶している。それが、「山崎がいるじゃないか」「あんたがやるのが一番いい」と、ミイラ取りがミイラになるのに時間はかからなかったと思う。それぞれのツテで知事候補に山崎氏をと働きかけたが、埒があかなかった。所詮、「県知事選挙に市議会議員風情が何を言うか」というのが正直なところだったと思うが、表面上は自公民の枠組みが必要で、自民党のバッチをつけている人物では理解が得られないなどと言われていた。かと言って候補の選定は進まず、県内の市議会議長の有志達は、「我々市議会議長有志一同は望ましい知事像と勝てる知事選について協議の結果、若さと地方自治に精通しているなどの理由から山崎氏こそ候補の適任者として合意を得た」として、署名活動を開始するなどエスカレートしていった。しかし、僕はずっと社会党支持だったし、自民党は嫌いだった。過去奥田八二さんに2回続けて投票していたし、いわゆる革新県政の継続に異論があるわけでもなかったけれど、議長さん方の動きなのでいろいろ連絡役をしているうちに、僕も次第にその流れに飲み込まれていった、というか、地方の自立と言われながら、国会議員の思惑ばかりが蠢めく政治の現実を目にして、だんだん自分の中にも怒りが湧いてきて、自分自身を突き動かすようになっていった。広太郎さんからは、「あんまり深入りすると役所を辞めなくてはならなくなるぞ」と警告を発せられていたが、「ここまで来たら放り出せませんよ」と返していた。マスコミの取材も過熱してきていたが、僕が一番身近にいるものだから、スポークスマンみたいな役割もするようになり、僕はいつの間にか当事者になっていた。選挙の半年前、10月には県内22市612人の議員のうち、17市197人による山崎氏擁立の署名簿が自民党福岡県連に提出され、さらにその署名は町村議員にも拡大し、これら地方議員が選挙母体になることを誓うことが記されていた。その一方で県連の決定には従うとも付言されていた。

当時の県連会長の太田誠一氏は「自分と党本部の小沢幹事長に一任されている。静観していただき、結果が出たら協力して欲しい」（H2.10.27 西日本新聞）とのことだったが、翌11月、県連の迷走に業を煮やしたように、党本部／小沢幹事長主導で総務庁大臣官房審議官であった重富吉之助氏の擁立を決めた。このことは、地方のことは地方で決めようと地方の自立を訴える山崎支持派にとっては火に油を注ぐ結果となった。元々広太郎さんの支持者の多くが、次は市長にと期待していたし、僕もそう受け止めていたので、県知事選挙への挑戦はどこか半信半疑のところがあった。僕もどこかで「市長選挙じゃないんですか」と聞いてみたことがあったと思う。当時広太郎さんは、「上意下達ではない、市町村議員中心の選挙」については、言い出しっぺでもあったし、ミイラ取りがミイラにもなっていたが、ことがことだけに、注意深く周りの状況を見ていたと思う。しかしこの中央主導の一件は、本人をしてルビコン川を渡らせることになった。11月には市民球団誘致市民会議有志が支援を決議し、また福岡青年会議所も有志会として支援決議し、「元気で豊かな福岡県をつくる県民サークル21」という後援会組織も立ちあがり、外濠はどんどん埋まっていった。12月5日夜の長時間にわたる太田誠一県連会長の説得を振り切り、翌12月6日立候補表明（深夜自宅に戻った広太郎さんは朝までかかって、立候補の決意をしたためたが、これは実に魂を揺さぶられるような名文だった。大事に保管していたつもりだったが、いつの間にか無くしてしまった。広太郎さんは必ずしも演説はうまくはなかったが、名文家だったと思う。その後何度か節目の時に同じ経験をした）。そして12月9日には自民党に離党届を提出するに至った（九州大学を卒業して門を叩いたのが自民党福岡県連、その後自民党本部では大平正芳政務調査会長の下で働き、5期20年自民党籍で市議会議員を務め、四半世紀にわたる純粋培養のような自民党員歴。その後2度と自民党に戻ることはなかったが、その折の自民党への怒りや失望、決別の思いいかばかりかと思う）。さらに、12月20日には、市議会議長のみならず、市議会議員、さらには全国市議会議長会長も辞職して、いよいよ退路を断った。本会議場での辞職の挨拶を終え、議場をあとにする広太郎さんの後を追ったが、足早に議長室に戻り後任の議長選挙を見守った。実は議長選は自民党が勝手に途中で投げ出すのだからと、さらには知事選を巡る思惑の違いもあって、第2会派から選出する動きも在りで、多数派工作が厳しかったが、接戦の末自民党の南原勇一郎氏が第59代議長に選任された。29歳から5期20年在籍した議場を去るにあたってどんな想いだったのだろうか、感慨に耽る余裕もなかっただろうが、聞く由もなかった。その時、広太郎さん49歳、よくぞその歳であれだけのものを抱えたものだと改めて思う。その後何度も山崎広太郎という政治家の決断の場に立ち会うことになったが、すべてをなげうつ政治家の覚悟の凄まじさ、リスクの大きさ。1回の試験で定年までが保障される公務員の安定した立場との大きな懸隔。その一点において、政治（家）への敬意を失ってはならないというのは、僕の土台の一つとなっている。

そして、僕の山崎広太郎市議会議長の秘書としての仕事は終わった。後任の南原議長から呼ばれ、「君のことはよくわかっている。僕のそばにいたほうが何かと良いと思う。広ちゃんとは同期だから応援している。よろしく頼む」とのことだった。驚いたが、県知事選挙にどうやって関わっていくか、関わっていけるのか自問自答していたので、飛びつきたい思いが正直なところだった。しかし議会事務局長の判断は異動だった。しかも、1月という半端な時期なので局内での三角トレードで、僕は調査課調査第一係長となった。余波を食らって異動となったお二方には本当に申し訳なかった。

一番面白かった選挙戦

表立っては動けなくなったが、いろいろやった。もう時効だろう。秘密の一室があてがわれ、公約＝「元気で豊かな福岡県づくり～自立へのシナリオ」づくりにはまったり、夜陰に乗じて、事前ポスター貼りにも走り回った。年も押し詰まったある日、運転を誤って側溝に車輪を落とし込み、同伴者があろうことかジャッキをオイルタンクにかけてしまって、オイルタンクが破れ、年末年始の脚を失ったりもした。選挙運動（＝正式には？「県民サークル21」の政治活動）は、青年会議所のメンバーが中心になって、若いエネルギーがほとばしるように思いつくことはなんでもやった。ある時、大分県境にポスターを貼りに行ったメンバーが、ポスターをたくさん余らせて帰ってきた。さぼっていたのかと責められていたが、「電信柱がなかった」と。とにかく福岡県は広かった。勝手連のような動きがあちこちに立ちあがり、もちろん選挙に初めて関わったのだが、選挙運動がこんなに面白いものかと思った。後にも先にもこんなに面白い選挙運動の体験はなかった。

竹下さんと小沢さん

水面下の活動にもいろいろ首を突っ込んだ。

広太郎さんを擁立すべきだと、県下市議会議員有志/福岡青年同志会名で当時の自民党小沢一郎幹事長に直訴しようということになった。しかし小沢幹事長はそのような面会は一切受けないとのこと。そういう中、広太郎さんの自民党本部時代の友人の計らいで、直訴状だけは受け取ってもらえるようになった。じゃ誰が行くか、一番手が空いている僕が行くことになった。メモによれば、11月8日、国会議事堂内の自民党幹事長室、もちろん国会議事堂すら初めてで、赤絨毯をどう歩いたのか全く覚えていないが、とにかく幹事長室に辿り着いた。自民党幹事長室は議員やスタッフ、マスコミ関係者らしき人たちでごった返していた。テレビドラマでも見るような感じだったが、特別何かがあっているわけではないと聞いて、飛ぶ鳥を落とす勢いの小沢幹事長の凄さを思い知らされた。幹事長室のどなたに渡したのか、もう記憶にないが、福岡市議会事務局総務課主査（議長秘書）の名刺を出した。我ながら、冷や汗ものだった。

翌年の1月下旬、元総理竹下登氏のところにも行った。竹下氏は同じ島根県出身であり、秘書を務めていた青木幹雄氏（のちに参議院のドンとも呼ばれる存在となられた）が広太郎さんの親戚筋にあたることもありで、後見人のような存在であった。そこで、自民党の県知事候補を広太郎さんに一本化してもらおうとの福岡市議会の有志議員の陳情に付いていき、永田町の「TBRビル」の事務所を訪ねた。現下の情勢を伝え、広太郎さんに一本化すれば勝てるのでご尽力いただきたいと。話はじっくり聞いていただき、穏やかな話しぶりで、参加した議員も好感触を得て、事態が動くのではないかという期待が高まった。が、事態は全く動かなかった。後付けだけど、経世会の力関係は、創業者である竹下登氏から辣腕幹事長小沢一郎氏に逆転しており、経世会内部は小沢ＶＳ小渕の対立が深まっていた時期だったようである（因みにこの年の都知事選挙で小沢氏は現職の鈴木俊一氏に対抗して、ＮＨＫのキャスターだった磯村尚徳氏を強引に担ぎ出したものの大敗し、幹事長職を辞任するに至り、経世会会長代行となったが、その後の政界大波乱に繋がって行く）。広太郎さんはその年の正月元旦にも竹下氏に呼ばれ、「後始末は全部やるから、重富氏への一本化に応じるように」と説得されていたが、応じていなかった。

いよいよ1月29日に決起大会が開催され、重富陣営を遙かに凌ぐ、８，０００人近くを福岡国際センターに集め、広太郎さんもいよいよ退路を断つ一方、党本部や県連、地元経済界を巻き込んだ重富氏へのいわゆる保守一本化工作も断念に追い込まれていった。この前後に広太郎さんは小沢幹事長とも会っていたそうである。あとで本人から聞いたところによると、一本化に応じるように言われたが、「あなたなら降りるか？」と聞いたら、「降りないだろうな」と言っていたと。このおよそ2年後、細川連立政権で相まみえ、のちには新進党の党首としていただくというのは、政界は一寸先は闇というか、人生はかくも不思議な巡り合わせなのだ。後年新進党福岡県連大会の来賓として、小沢一郎党首を招いた。僕は空港に迎えに行ったのだが、厚かましく後部座席に乗り込み、福岡県知事選の折の幹事長への直訴状の話をした。小沢氏はびっくりした顔をしていたが、「今は一緒にやれるようになったからいいじゃないか」と言った。そんなやり取りも遠い昔の話であるが、小沢氏がまだ現役であるって、凄いことだなぁとも思う。

広太郎さんの思い

県知事選挙のことがいつ頃から広太郎さんの頭の中に浮かんでいたのか定かではない。平成2年（1990）は当初議会が終わってすぐに、4月3日から福岡市議会のメンバーと一緒にヨーロッパに視察旅行へ行っている。11日に一人離脱しているが、その間県知事選挙のことは話題にあがっていない（僕も同行／年休／自費参加）。おそらくその直後の春の議長会からのことだと思われる。この年は、翌年に県知事選挙を控え、日頃から革新県政について批判的な保守系の議長達は、未だに候補者が決まらず、保革相乗り、奥田知事3選容認論もささやかれるなど、批判や不満のボルテージが高まっていた。市議会議長たちは謂わば歴戦の強者であり、広太郎さんも選挙については、一家言も二家言も持っていた。「自公民などの国政の枠組みを優先して、国主導の候補を上から下におろすような選挙では県民の共感は得られず、現職知事に対抗できない。そうではなく、下から盛り上げるような市町村議員が中心になった選挙をやるべきである」というのが持論だった。「国と県を縦糸に市町村議員の横糸を通さなければ足腰の強い選挙は出来ない」と。そしてそれには地方分権が取り沙汰される中「地方の自立」という大義もついてきていた。広太郎さんは先ずは候補者選定に一石を投じ、自分を「サンプル」にして考えて欲しいというのが正直なところだったかと思われる。しかしながら、そのような広太郎さんや議長達の主張は自民党福岡県連には一顧だにされず、ついには党本部／小沢幹事長主導による総務庁審議官／重富吉之助氏の候補擁立が決まり、「地方の自立」という拳を振り上げた以上、自分一人の思惑ではどうにもならなくなっていたのではないかとも思う。

広太郎さんとしての誤算もあったと思う。当時福岡県選出の国会議員、ことに選挙区が同じ福岡1区の山崎拓氏と太田誠一氏の間に大きな確執があると言われ、地方議員はそれぞれ拓進会と太誠会の系列に分かれてしのぎを削っていた（かつての中選挙区制での同じ党の議員同士の確執は、その後の政治改革の主要な眼目にもなっていった）。その折の県連会長は太田誠一氏であり、拓進会の広太郎さん（本人に系列意識はなかった。修猷館高校の先輩後輩であるが、共に政治家を志して、一方は県議から国会議員に、一方は市議会議員になっただけの自立した関係というプライドもあった）にとっては、太田誠一氏を説得すれば、山崎拓氏は反対するはずがないとの思いから（衆目もそうだったが）、太田県連会長の説得は太誠会の議員が前面に出て行っていた。その太田氏は「山崎氏が地方のことは地方でと言っているが私も同感だ。山崎氏は、私の長年の友人で、素晴らしい人物。知事としても十分やっていける」とすら発言することもあった（H3.1.9朝日新聞）。しかし、肝心の山崎拓氏が、自公の枠組みを頑として譲らなかったようだ。確たる見通しのないままに広太郎さんのあと押しをして戦犯の誹りも困るというのが本音だったかもしれないが、ここは中央政界のパワーゲームが大きく影響していたのではないかと今にして思う。当時の中央政界は湾岸戦争を契機に国連平和維持活動などの国際貢献が大きな争点となっており、のちのＰＫＯ法の成立など、自民党にとって公明党との関係は最重要視されていた。その一方で、平成3年（１９９１）1月には反経世会を旗印にしたＹＫＫ（山崎拓、加藤紘一、小泉純一郎）も結成されており（『ＹＫＫ秘録』２０１６、講談社　29p）、小沢氏とはまさに政敵の関係であり、県知事選挙に向けた自民党本部と地元国会議員との綱引きもありで、山崎拓氏としては身動きが取れなかったのではないだろうか？　それから2年後、政治改革を大きな争点とし、自民党の一党支配が終焉を迎え細川政権が誕生する中選挙区制最後の衆議院選挙で、広太郎さんは山崎拓氏を抑え、全国最多得票で当選することになる。これも歴史の皮肉だろうか。

そして福岡県知事選挙の結果は大惨敗だった。３６３，４４０票、一部には大善戦との評価もあったが、重富吉之助氏に負けたことは屈辱だったし、重富氏５３７，６４４票と足しても奥田氏９６９，０３８票には及ばなかった。しかもこの知事選の投票率は54・87％で、前回73・20％、前々回76・

50%を大きく下回って、以後の福岡県知事選挙で投票率が55%を超えることがなくなってしまった。あの日は終日土砂降りの雨が続いた。「広太郎さんは雨男」で有名だったが、投票日にあれほどの雨が降ったのは記憶にない。春もまだ浅くほとんど氷雨だった。開票の時間に合わせ土砂降りの雨の中をワイパーを早回ししながら、僕の運転で小倉の選挙事務所に向かったが、開票率0%で奥田候補の当確が出て、早々に福岡の本部事務所に戻った。なんとも気の重い運転だったが、本部の事務所にはたくさんの支持者が集まっていて、大歓声で迎えられた。マスコミの記者さんたちが、「まるで勝った方の事務所みたいですね」と言っていたことを思い出す。投票率の低さを当時のマスコミは、①際立った争点がなかった　②保守分裂で選挙がしらけていた　③天気が悪かったことをあげていた。僕等はあの雨さえなければ、重富候補には勝っていたはずと強がりを言っていたが、所詮2位争いで、正直なところ福岡県は広かったし、福岡市議会議員として20年、議長として6年、さらには全国市議会議長会の会長を務めていたとは言え、広太郎さんの知名度は限定的だった。僕らの周りでは大いに盛り上がっていたが、自己陶酔、自己満足の世界だったかもしれない。投票率という冷厳な事実がそれを物語っている。後年広太郎さんはその著書『紙一重の民主主義』（2012、PHPパブリッシング　37p）でこう言っている「選挙民は、なべてやさしかったし、正しく評価してくれたと思う。実力の届かない、自分でも少し背伸びしたと感じるような選挙は決まって落としてくれたし、ここという時には必ず支えてくれた」。まさに至言であり、僕の口からとやかく言う必要もないだろう。

戦いすんで日が暮れて

嵐のような日々が過ぎて、僕は調査課調査第一係長として、引き続き議会事務局に在籍することになった。執行部からは僕の人事異動について打診があったが、局長が出さないと返事したとの話を聞いた。それから3年間平和な凪の日々が続くのだが、あの時異動していたら僕はジェットコースターに乗らなかったかもしれないとも思う。係には4人のスタッフがいて、みんな真面目で優秀だったから、係長としてする仕事はほとんどなかった。大きな仕事としては「議会だより」の発刊があったが、事務的な作業は前任の係長さんが見事に整理をしてくれていた。政令市ではほとんどの議会が議会広報紙を発行しているにも関わらず、福岡市議会ではその発行に消極的だったので、問題は議会内の合意形成だった。ここは議長秘書の経験が役に立った。会派間を飛び回る仕事は性に合っていたし面白かった。「議会だより」は無事に翌年の平成4年（1992）5月1日創刊することが出来た。

福岡市職員を辞職

日本新党との出会い

日本新党というだけで、今でも胸が疼くような思いがする。その後にも新党ブームはあまた起こったし、熱に浮かされていたと言えばそれまでだが、あれほどに魂を揺さぶられたことはない。どうしてなんだろう？　僕は小学校の卒業文集の将来なりたい職業で政治記者と書いていたほどで、政治には関心があったし、父が社会新報を購読していたからか、一貫して自民党も嫌いだった。そして、細川護熙氏には熊本県知事時代から注目していたし、退任後の行革審／「豊かなくらし部会」会長としての地方分権への言及は刮目すべきものがあると思っていた。さらには広太郎さんの秘書としての活動のなかで、地方分権は自らのライフワークとなりつつあったし、県知事選挙に深く関わるようになって見えた政治の現実、さらには当時の国政の舞台では、リクルート事件や国際貢献論議を巡る国会の混乱など、僕なりにも政治改革が喫緊の課題だと認識していたと思う。そのような中で日本新党は登場してきた。平成4年（1992）5月9日、書店に並ぶようにして、買い求めた文藝春秋6月号に掲載された結党宣言をむさぼり読んだ。自由社会連合という名前にはちょっと拍子抜けだったが、結党宣言の文章は体中に電気が走るというか、血が逆流する思いだった。「荒海に漕ぎ出してゆく小舟の舳先に立ち上がり、難破することをも恐れずに、今や失われかけている理想主義の旗を掲げて、わたしは敢えて確たる見通しも持ちえないままに船出したいと思う。歴史を振り返ってみれば、理想のための船出というものは、いつもそうだったのだ」。今読んだら青臭い書生のような文章だし、後になって、結党宣言は当時学習院大学教授の香山健一氏の手によるものと知ることにもなったが、痺れた。細川家当主、謂わばお殿様の立ち居振る舞い、その洗練されたスマートさはこれまでの政治家とは全く異なるものであり、いやが上にも期待のボルテージが上がっていった。月末には「日本新党」という名前も決まり、白と緑の政党のイメージカラーも清新だった（当時、僕の馬券は枠連は白と緑の①‐⑥は必ず買っていたという偶然?·）。夏の参議院選、都知事選で大躍進を遂げていったが、取りまとめられた基本政策の6つの基本目標の3つ目に「地方分権」が掲げられ、基本法を制定し、抜本的財源転換を図ることがうたわれていた。いよいよ国政の舞台に「地方分権」が登場してきたことを実感していた。

一方で、国政は政治改革/選挙制度改革一色に染まりつつあった。平成5年（1993）1月の第126回通常国会で、宮澤首相は「政治改革がすべての変革の出発点」と施政方針演説で表明していた。衆参の代表質問でも政治改革/選挙制度改革に言及しない議員はいなかった。中でも僕の記憶に残るのは自民党の北川正恭氏（のちに離党し、新党みらいの結成、新進党への合流、三重県知事へ転じての三重県政改革、マニフェスト運動を提唱の他、広太郎さんとも不思議な縁があった）の質疑内容だった。テレビの前で感心して聞き入っていた。さすがに自民党には人がいるなと。その後のご縁は当時想像だにできるはずもなかった。そうこうしているうちに、3月に入って副総裁金丸信氏の巨額脱税事件が発生し、国民の政治不信は高まる一方、自民党内も経世会が分裂し（竹下／小渕VS金丸／小沢）、一挙に宮澤内閣不信任案の成立に向けて政局が流れていった。

一方福岡では、衆議院の定数是正（9増10減）が平成4年（1992）12月に行われており、福岡1区は定数が5から6への増が決まっていた。広太郎さんは、自民党の3議席目が有力視されており、福岡県知事選挙への再度の挑戦のため、北九州市にも事務所を置いて活動していたが、必ずしも展望は開けていなかった。黙っていれば、山崎拓氏、太田誠一氏に続く3議席目が広太郎さんのところに降りてくるとも言われていた。僕は、日本新党の催しに参加していて、いよいよ日本新党への期待が高まり「広太郎さんが日本新党から出てくれたらいいな」と秘かに思っていた。前年夏の参院選比例で日本新党は福岡1区で10万票ほどを獲得しており、候補擁立に動くのは当然で、広太郎さんも細川氏から強く誘いを受けていることは仄聞していた。しかし、1月31日（火）の西日本新聞で、前日の後援会の新春のつどいで、「今は国政に転身する考えはない」と表明したとの報でガッカリしていた。2年前の県知事選の折に盾となって支えてくれた福岡市議会の同僚議員の猛反対があったからだと報じられていた。直後に自分たちの選挙を控えながら、あの厳しい県知事選挙を一緒に闘ってくれた同僚議員の心情を思えば、なかなか厳しい立場なのだろうと思いつつ、「国政に対し重大な関心を持ち続けたい」「政治状況が変わればどうなるか分からない」との発言もあったとのことで、僕としては一縷の望みをかけていたかもしれない。

そして3月26日、満を持して？広太郎さんは、「国民の政治不信が頂点に達した今、戦後50年続いた政治の仕組みを根本的に改める動きの一員として働きたいとの決意で踏み切った」（H5.3.27 朝日新聞）として、日本新党から次期衆院選に立候補することを表明した。そして、7月4日結果的に中選挙区での最後となる第40回衆議院議員選挙が公示された。7月18日の投票日、広太郎さんは231，720票という驚異的な全国最高得票で当選した。全国第2位だった土井たか子氏に1万票以上の差をつけていた（土井たか子氏は細川内閣の発足と同時に、女性初の第68代衆議院議長に就任している）。細川党首ですら全国第6位で213，125票だった。因みに福岡1区の山崎拓氏は第2位の160，585票で、全国第17位、さすがだった。日本新党はこの選挙で35議席を獲得し、さきがけ日本新党という院内統一会派を結成。あれよあれよという間に、8月6日、日本新党代表細川護熙氏が首班指名を受け、第79代内閣総理大臣に就任した。同時に38年間にわたる自民党の一党支配が終わったが、ここはじっくり行って欲しかった。新人ばかりの日本新党や細川内閣の行く末、これは大変なことになったと思ったし、小沢氏をフィクサーとする8党派による連立政権の行く末がとても心配だったが、案の定それは現実のものとなってしまった。

決断の時〜熱にうかされて

そして僕にも大きな決断の時が来ていた。確か投票日の2、3日前だったと思うが、誘われて遅い夕食に行った。当選は確実な情勢（これまで経験したことのない程の反応と熱気）だったので、何か用件があるのかと思ったが、広太郎さんからは何も言わない。なので、僕から切り出して、「一緒にやりますよ」と言った。誰とも何の相談もしていなかった。

「そうか、結果が出たら考えよう」ということでその場は終わった。その後妻に相談した。わが家には小学校5年生の長男、3年生の長女、3歳の次女がいた。今考えれば途方もなく身勝手な話だが、熱に浮かされるとはこういうことだろう。日頃冷静でしっかり者の妻、いくら遊び惚けても怒ったことのない妻に対する甘えもあったと思う。最終的な妻の返事は、両親の了解（長年保育園の送迎など多大な育児の負担があって初めて子育てしながらの共働きができていた）を取り付けることが前提で「賛成は出来ないが、協力はします」というものだった。後に、話が決まって津田隆士議員（後に福岡市議会第64代議長）のところに退職の挨拶に行ったら、美絵夫人から「甘やかされて育ったんやねぇ」といわれた。そうなんだなぁ、とその時しみじみ思った。広太郎さんは、「無理したらいかん、やめておこう」と言ってきたが、こちらは最早そうは行かない。妻の了解はもらっていると迫った。そしてわが家の両親はもちろん猛反対である。最近になって母に聞いたのだが、父は僕を叩いたらしい（僕は覚えていないのだが）。最大の心配は将来に何の保証もないことだったと思う。県庁勤めで安月給だから、浪人してでも国立の九州大学にとの親の願いを無視して僕は東京の私立大学に行き、仕送りの負担をかけた。母は働きに出て、家も建て直して孫をようやく育て、これからは少しゆっくり老後をという時期だった。親の立場からすれば、堪ったものじゃない。広太郎さんには両親にも会ってもらった。「やっぱり無理だ、やめておこう」と広太郎さん、「いや大丈夫です」と押し返した。最後に妻の両親に話しに言った。「報告なのか、相談なのか」と言われて、報告ですとかえした。「熱病にでも罹っているのじゃないか？」反す言葉もなかった。義父は世界企業のタイヤメーカーの生産／製造技術のトップで、職場では鬼と言われていた程で、この時の眼光も鋭かった。妻の度量は親譲りなのだと痛感した。僕が野垂れ死にしても、家族が路頭に迷うことはないだろうと身勝手に解釈したが、僕は親にも恵まれていた。

一方で国会での動きは激しさを増してきており、僕を迎えることで話が進み始めた。折から、政策担当秘書制度も創設されており、僕も政策秘書の枠での採用をお願いした。

次に役所の中の対応だけど、僕にとって入庁以来兄のような存在だった陶山さんが、人事課長になっていた。年度途中の退職は、不用意な人事異動が必要になるので、春の定期異動を待てと。併せて、その当時妻は研修所で初の女性係長として勤務していたが、研修所がなんせ屋形原なので、東区の住まいからあまりにも遠く、その頃でも6時過ぎに出勤していたが、僕が東京に行くと無理なので異動させて欲しいとお願いした。陶山さんからは、「お前のことは自分のことだから勝手だが、奥さんの将来まで巻き込んで、勝手が過ぎる」と叱られた。

東京の方でも僕を政策担当秘書として受け入れるための手続きが必要で、平成6年（1994）4月に向けて準備を進めることとなった。この数ヶ月の空白の間に細川政権は瓦解してしまい、後々地団駄を踏むことになるのだが。退職の件はおおっぴらにはなっていなかったが、港湾局長時代にお世話になっていた末藤さんが助役になっておられ、「飯でも食おう」と呼ばれた。「もう決めてしまったらしいが、日本新党も今は勢いがあるかもしれぬが、この先どうなるか分からない、それでも辞めていくのか。42歳という年齢も決して若くないが」と、尊敬していた助役からお声がけいただき有り難かったが、もう決めたことだった。僕はその時42歳で大厄だった。なので、節分までは職場にも言わずおいた。

一方で、九州大学法学部教授の今里滋さんを訪ねた。専門が行政学で、福岡市もいろいろとお世話になっていたが、福高の2年先輩で、弟（尚之君）が剣道部で一緒だった縁もあって親しくしていただいていた。「5年を目処に政治の世界を勉強してきたい。将来は大学教員を目指したいが、どうだろうか?」とお尋ねした。今里さんからは、「自治体職員で19年、国会の現場での経験も併せ、大学院で修士をとればなんとかなるかも」との示唆をいただき、胸にしまった。

そして、退職の日4月7日が来た。退職辞令交付式は友池助役室で、辞令の読み上げ／進行は人事課長の陶山さんだった。どういう場になるのか分からずに挨拶も考えていたが、役には立たなかった。福岡市役所に入ったのは陶山さんの存在が大きかったので、その後を追いかけるような道を歩いてきて、最後の介錯が陶山さんというのも何かの縁だし思い残すことはないなと思った。都市計画の部門の先達で福高の先輩であり、尊敬し憬れていた志岐助役に挨拶に行ったが、丁度係長級の辞令が廻っている時期なので、異動の挨拶と思われていたようだ。退職すると聞いて、とても驚かれたことを覚えている。いつも泰然とした方だったので、不思議な快感もあった。本庁舎の14階から挨拶回りを始めて12階に来たあたりで、福岡の山崎事務所から電話が入った。「東京で大きな動きがあるので、早急に上京して欲しい」とのことだった。挨拶回りを中断して、自宅に戻り、取り敢えず数日分の着替えを用意して飛行機に飛び乗った。

東京での大きな動きとは、翌日4月8日の細川首相の辞意表明だった。その頃の国会の状況からして、局面は厳しいと思っていたが、こんなタイミングで投げ出すとは思ってもみなかった。永田町は大激震で、それから2週間位東京に缶詰となった。細川内閣総辞職、羽田少数与党内閣発足、羽田内閣総辞職、自・社・さきがけ政権の発足＝野党への転落、まさに僕は疫病神のようだった。子どもたちが大きくなった時に、父親が何を考えこのような道を選んだかを手紙にしたためておこうと思っていたが、思わぬ展開で時機を失してしまったママになっている。そのツケを今払わされているような気もする。

改めて僕や広太郎さんの名誉のためにも書き残しておきたいが、「市役所まで辞めて、あんたは、よう広太郎さんに付いていったね」といろんな人に言われた。だが、市役所を辞めてまで国会に行ったのは、誘われたり頼まれたりしたためではない。全くの自分の意思であり、日本新党と地方分権改革／政治改革に馳せ参じたいからだった。しかも、信頼できる政治家である広太郎さんが全国最多得票で当選した。こんなチャンスはない、今立たずしていつ立つのかというものだった。熱に浮かされていたことは間違いないのだが。広太郎さんが仮に自民党の三議席目で代議士となっていれば、僕にこの選択はなかった。

〈退職挨拶状／抜粋〉日付は平成6年7月とある……自・社・さ政権の発足が6月29日。この頃ようやく落ち着いたのか？

……4月7日をもちまして福岡市役所を退職いたしました……

昭和50年採用以来19年間　仕事や上司　同僚にも恵まれ　自分なりに充実した市役所生活を送ることが出来ましたがこれも偏に皆様方のご支援の賜と深く感謝いたします。

4月8日より　衆議院議員　山崎広太郎氏のもとで政策担当秘書として第二の人生をスタートいたしました。歴史的な転換期の中で　私なりの人生観と使命感に基づいた選択ですが「福岡市政への夢」や家族など払った代償も大きいだけに志に負けぬよう精一杯がんばる覚悟です……ご挨拶が大変遅くなりましたことを深くお詫び申し上げます。

第3フェーズ　1994・4～1996・10
衆議院議員政策担当秘書就任

秘書生活の日々

秘書に就任するにあたって、広太郎さんからは「フィフティ・フィフティで行こう」と言われていた。いわゆる「先生と書生」という関係ではないということだったのだろう。勤め場所は衆議院第一議員会館534号室。今思えば本当に手狭な議員会館だったが、僕は奥の部屋で広太郎さんと机を並べていた。議員会館のどこにもそのようなポジションが与えられた秘書はいなかったと思う。また後々秘書給与詐取／流用事件として話題になったが、政策担当秘書はその位置づけから公設第一秘書よりも給与は高かった（国家公務員一般職課長補佐相当）。しかし国家公務員上級試験と同等の難しさと言われた政策担当秘書試験に合格しても、現場では即戦力にならない（というか、議員の方が政策担当秘書として使いきれない）ために、かなりの額を議員側に寄附させられ、他の秘書とのバランスをとるという例が多かったが、もちろん「即戦力」の僕は満額をいただいていた。第一議員会館（534号室）のスタッフは第一秘書に白川秀嗣さん。元福岡市議会議員（社会党／1期）で、僕も議会事務局に在籍していたのでよく知っていたが、まさか同じ部屋で仕事をすることになるとは。今は越谷市議会で副議長になるなど、改革派の議員として活躍しておられる。もう一人は、守谷聡子さん。広太郎さんが仲人を務め、ご主人（現福岡県議会議員／元副議長守谷正人氏）が当時の勤め先で東京転勤となり、手が空いたので?来てくれていた。彼女はたまたま福高の14期後輩だったが、ムッチャ仕事が捌けて社交的でもあったので、遅れてきた僕が国会内で人脈がない中、また、調べ物などで部屋に籠もりがちな僕の分をカバーして、事務所の外交官として様々な対外関係づくりや情報収集で働いてくれて大いに助けられた。

住まいは高輪の議員宿舎で広太郎さんと同居した。基本手のかからない人だけど、フィフティフィフティとはいえ代議士だし、議長秘書として仕えていた相手だし、感じとしては大学時代の寮生活での4年と1年？　4年と2年みたいな感じだったかなぁ。毎日忙しかったし、合宿やっているようなものだった。部屋は3LDKで玄関横の部屋が僕、一番奥の部屋が広太郎さん、真ん中の部屋を衣装部屋にしていた。高輪は国会から一番遠い宿舎だったが、当時は日本新党の本部が高輪にあったし、周辺には高級マンションが林立し、お隣は新高輪プリンスホテルで住環境には恵まれていた。国会まで車でも地下鉄（都営浅草線・日比谷線）でもおよそ30分程度だった。当時僕は42歳、家事など一切やったことがなかったが、否が応でも、炊事、洗濯、掃除をやらないと生活できなかった。洗濯機は今のような全自動ではなかったが、まあ大丈夫。広太郎さんの物はネットに入れて、洗ったあとは自分で干して取り込んでもらった。炊事は「さ・し・す・せ・そ」から覚えた。困ったら、行きつけだった春吉の小料理「志野」のかあさんに電話して教えてもらった。不規則な生活だったから、朝食はみそ汁に焼き魚／みりん干し、納豆、あと野菜系を一品加えて、しっかり食べた。みそ汁は前日から鍋にいりこを入れて、ちゃんと出汁を取っていた。近くに手づくりの「たなか豆腐屋」があって、豆腐やたくわんが美味しかった。みそ汁を作るのは僕だけど、広太郎さんが豆腐を買いに行ったりした。たまに早い時間に揃って帰れるときに、五反田商店街まで足を伸ばして、魚屋さんで美味しそうな魚を見繕って煮魚をつくったりもした。数少ない楽しい思い出だけど。そんなこんなの生活がおよそ2年半続いた。自分でもよく頑張ったと思う。ごく一部でだけど、僕は秘書のカガミと言われるようになった。車の運転手をやり、炊事、洗濯、掃除をやり、普通の秘書の仕事をやり、政策秘書の仕事までしていると。

議員宿舎には食堂もあったが、テレビに出るような大物議員が一人寂しく定食を食べている姿や近くのスーパーで僕でも名前が分かる長老議員が惣菜を見繕っている姿はなんとも切なかった。思わず「晩ご飯、僕がつくってあげましょうか」と言いたくなるほどだった。そして、金帰火来。広太郎さんも言っていたが、「よくこんな生活を何十年もできるもんだ」と。

ファミリーヒストリー②

僕も当初の家族との約束で金帰月来をした。金曜日の19時の飛行機に乗ると、家に22時前に帰り着く。玄関をピンポンすると、一番下の5歳の娘が廊下を「バタバタ」と走ってくる音がして、ドアを開けると「パパァ」と叫んで、全身の力を込めて抱きついてきた。一週間の疲れはすべて吹き飛んだ。次女の美紀はそれで僕への一生分の親孝行をしてくれたと思う。今は篠栗町役場に勤務し、吉村家3代に渡る公務員の血筋を受け継いでいる（父母：福岡県庁、僕と妻：福岡市役所）。土曜日は地元の事務所に顔を出すが、日曜日は子どもたちの水泳教室や買い物、ゲームセンター、とにかく家族サービスに徹した。週末だけの親子関係で日々の生活を取り戻すことはとても出来なかったが、せめてもの罪滅ぼしだった。

夜討ち朝駆け

議員宿舎の思い出と言えば、やっぱり記者さん達の夜討ちだった。広太郎さんは、平成6年（1994）3月8日の執行部人事で両院議員総会長（細川首相／代表を除けば、代表幹事に次ぐNo.2のポスト）になっていたので、何と言っても首相を出している党だし、毎晩議員宿舎の1階ロビーには記者さんたちがたむろしていて、部屋まで追いかけてきた。会いたくない時は地下の駐車場からエレベーターを使ったが、そんな時は玄関のピンポンが鳴る。毎回7、8人位いたかな？　お茶出しが僕の仕事になった。やり取りを聞いているのは面白かった。機微に触れるところを話すと記者さんたちからも機微に触れる情報を得られて、その勘所が絶妙で凄いなと思うことも多かった。翌日の政治欄の記事を見てなるほど、そういうことだったかと感心したりしていた。今でも年賀状の交換をする記者さんはいるが、総じて若く、僕が市役所を退職して馳せ参じたことを知って、政治談議が盛り上がることもあった。日本新党にシンパシーを感じている人達も多いとも感じていたが、その分記事が手厳しかったりもした。情報のあるところに記者さんは来る。6月29日、自/社/さきがけ政権が誕生した途端、誰も来なくなった。静かな夜は有り難かったが、どこか寂しくもあったし、その後の野党暮らしで様々悲哀を味わうこととなった。

阪神・淡路大震災での現地入り

永田町での生活2年目。統一地方選挙を控えた平成7年（1995）は大変な幕開けとなった。

1月17日午前5時46分の阪神・淡路大地震発災。早朝のテレビで大きな地震があったようだとは分かったが、なんせこの日は自・社・さ政権のうちの社会党右派離党の動きが取り沙汰されており、その数次第で政局は一挙に流動化するとの見立てがあったので、そちらにばかり気が行っていた。時間が経過するにしたがって、それどころではない大きな被害が出ている様子が報道されてきて、社会党の分裂騒ぎは吹き飛んだ（その折は、なんとツキのないことかと悔やむ気持ちも大きかった）。その週末、福岡に戻ると、地元の企業（不二精機／JCメンバー）が震災翌日からおにぎり製造機を積み込んだトラックで現地での支援活動をしているので、応援に行こうということになって広太郎さんに同行した。震災から4日後の21日、伊丹までは飛行機で行って、大阪南港に大迂回し、海路で神戸市内に入った。船からの神戸の市街地は未だ白煙が立ち上る風景が広がっていた。市内は至る所大渋滞で不二精機が待機していた市内北部の「しあわせの村」に日が暮れて辿り着いた。おにぎり製造機を積み込んだ大型トラックだったが、市街地の復旧がままならない状況で、被災者に直接おにぎりを提供したいとの思いは実現できず、つくったおにぎりを避難所等に届けることになった。当時の記録を見ると、持ち込んだカンパは、現金373,728円、コメ1t、水7t、ポリタンク400個、バナナ500kgとある。神戸市選出の石井一議員といろいろやり取りした。翌日は市街地に入り神戸市役所を訪ねた。神戸市は視察で一番行った洗練された街の記憶だったので、あまりの惨状に言葉がなかった。市役所は潰れて使えず、市民会館だったか、1階のロビーは避難者で溢れており大混雑だったが、広太郎さんが旧知の元議会事務局長で当時助役になっておられたOさんを災害対策本部に訪ね、衆議院の地方行政委員会のメンバーとして、状況を聴取し政府に届けることを約束した。そのほぼ20日後、衆議院本会議の代表質問で質問する機会を得た。そのOさんは不幸にも復興半ば、焼身自殺を遂げられている。その後、地方公務員公務災害補償法の改正が提案されたが、所管の地方行政委員会で質問の機会があり、公務災害適用の是非を議論することとなった不思議な縁ともなった。

NPO＝Non-Profit Organizationとの出会い

僕は地方分権の受け皿として、国から県市町村への役所同士の権限のやり取りばかりでは意味がない、だからと言って一人ひとりの市民が受けられるわけでもないしと思っている時に、NPOという存在を知り、受け皿はこれだと思った。丁度その折、日本新党→新進党政策審議室にいた福岡市出身の市村浩一郎氏と日本新党時代だったか新進党時代だったか判然としないが、党の政策方針を作る作業があった。そこでNPOの話をしたら、市村氏は松下政経塾（9期）の折、アメリカで活動していて、会社でもない、行政でもない、いわゆるNPOというサードセクターの存在を知り、日本でも是非そういうものをつくりたいと思っていたということで、意気投合した。党の方針に何らかのカタチでＮＰＯ法の必要性を潜り込ませようと行動したと記憶している。その後、阪神・淡路大震災でのボランティアの活動が注目され、党内にＮＰＯ立法パートナーズが誕生し、メンバーに加えてもらっていったが、その後の選挙で僕は政策担当秘書を失職し、立法作業には関われなかったので、外野席から見守った。市村氏はその後、新進党のＮＰＯ議員立法専門委員会の事務局長として、ＮＰＯ関連法案の国会提出に中心的な役割を果たし、阪神・淡路コミュニティ基金事務局長を経て、今は日本維新の会に所属する衆議院議員として活動しているようである。

僕のこの経験は、後の広太郎さんの市長選挙公約づくりの中で、ＮＰＯ支援施策を一つの柱とし、その後の福岡市でのＮＰＯ施策の大きな展開につながっていく。ここも点と点のつながりである。

政策秘書の涙

国会議員のところにはいろんな陳情が来るが、ある時地元の旅行社から「香港行きのメンバーのビザが下りない。なんとかならないか？」というのが来た。この手の陳情が大嫌いなのだが、第一英国大使館にツテはないし、そんなものどうしていいか分からないで困惑していると、会館外交手腕に優れた守谷聡子さんが、日英議員連盟の会長が海部俊樹元首相であり（当時新進党党首）、そのツテでなんとかなるかもしれないと（議連はそういう利用価値もあるのかと目から鱗？）。そこで、話を通してもらって英国大使館を訪ねた。英国への渡航歴があり、時間を要していたが、出発日には間に合うようにビザが下りる予定であることがわかった。その折、日本人の領事さんから「あなたは政策担当秘書なんでしょ！　こんなことやってないで、もっと大事なことをやってください」と厳しいご忠告を受けた。本当に骨身に堪えた。国会での野党って本当にやることなくて、「人生棒に振って一体俺は何をやっているんだろう」と、自問自答する日々だったから、余計に堪えた。英国大使館はふくおか会館の隣だし、皇居ランの時は必ず通る場所にある。今でも前を通るとあの時の苦い思いを思い出す。議員を御用聞きのように扱う行為が、どれほど政治の足場を掘り崩すか、今でも反吐が出るほど嫌いである。政治改革論議が喧しいが、政治家への厳しい指弾は当然としても、そのような政治風土に我々が加担していないか、今一度、国民一人ひとりが胸に手を当てて考えなければならないと思う。

日本新党と細川連立政権

日本新党のこと

日本新党とは一体何だったんだろうか？ 間違いなく自分の人生を変えた存在であるにもかかわらず、あまりにその末路が無残だっただけに、総括できずに今日まで来た。総括なんてとても出来ないが、今頭に浮かんでくるものを少し並べてみたい。

あの文藝春秋の結党宣言を読んで、日本新党に馳せ参じたのは決して僕だけではなかった。いやそれは議員のみならず政策スタッフにもたくさんいた。折からの政策秘書制度の初年度でもあったことから、試験組では凄い人材が集まっていた。当時細川代表の政策秘書は女性（実際には日本新党の政務調査スタッフとして働いていた）だったが、大手都市銀行を退職しての試験組だったし、大手証券会社を退職した若者、国家公務員第一種試験を合格していたが、政策秘書を選んだ人等々多士済々だった。残念ながら、彼ら彼女らの夢と志に応えられるような国政の場ではなかったが。後のことであるが、幸いにして、議員立法の場などで経験を積むことができた僕のもとに、政策秘書としての勉強の場が欲しいとの要請があり、勉強会を結成したりもした。

一方議員の方では、僕が政策秘書に就任した細川首相の辞意表明以降は、すでに離党者が相次ぐ崩壊の過程だったが、鮮明な記憶が残っている場がある。地方分権に関わる勉強会だったか、たしか広域連合や中核市、パイロット自治体などがテーマだったと思う。参加していた若手の議員（みんな、僕より年下）、記憶が鮮明な前原誠司（元民主党代表）、枝野幸男（前立憲民主党代表）、中村時広（現愛媛県知事）、野田佳彦（元首相）各氏らの発言が瑞々しくて、国会議員がこんな青臭い議論をするんだと興奮した。地方自治への理解はやや未熟だとは思ったが、そのシャープさは魅力的だった。が、間もなく前原誠司、枝野幸男両氏は離党し、民主の風を結成。自・社・さきがけ政権下、さきがけに入党していった。離党の日、前原誠司、枝野幸男両氏が挨拶に来て、涙を流していたことを思い出す。同期当選組35人、玉石混交だったり、小選挙区の事情だったりで多くの人が消えていったが、やっぱり結構人はいた。自民党の同期当選は安倍晋三、岸田文雄両氏だが、日本新党出身で今生き残っているのは、第95代内閣総理大臣を務めた野田佳彦（松下政経塾1期生）、民主党代表を務めた前原誠司、前立憲民主党代表の枝野幸男、現衆議院副議長の海江田万里、現参議院副議長の長浜博行の各氏、自民党に転じたメンバーでは、現幹事長の茂木敏充、前総務会長の遠藤利明、元金融大臣伊藤達也の各氏、与野党共に錚錚たる顔ぶれである。地方に目を転じると愛媛県知事に転じた中村時広、当時から魔女の雰囲気だった現東京都知事の小池百合子、超俗物の現名古屋市長河村たかし（ああいう御仁が未だに政治家／市長の椅子にあるというのも呆れてしまうが）、広太郎さんの市長就任の後を追うように横浜市長になった中田宏（今は自民党の参議院議員）の各氏がいる。日本新党はうたかたの夢のように消えていったが、人材はレガシーとなった。まさに「全国津々浦々から海鳴りのように呼応して立ちあがり、やがて大きな船団が形作られ（結党宣言より）」ていたのだ。

細川連立政権とは何だったのか

奇しくも、昨年は細川政権の成立から30年目を迎えた。マスコミでも細川政権とは、政治改革とは、何だったのかが時折取り上げられていた。僕なりに考えてみたい。

日本新党は良かれ悪しかれ細川護熙氏が一人で立ち上げ、政権の投げ出しと共に消えていった。細川氏は、結党宣言の中で「私は自ら大海の捨て石になることを恐れない」と言っていて、細川政権がとは言いすぎかもしれないが、日本新党は捨て石そのものだったかもしれない。その意味で、日本新党は細川氏の私党のままで終焉を迎えてしまったということではないか。何の準備も心構えもないまま、政権を担い、あまつさえ総理を輩出する政党となった日本新党の役割はなんだったのか？　連立政権8党派の接着剤、緩衝材、触媒、どれも違う気がする。誤解を恐れずにいえば、やっぱり捨て石が一番ぴったりするのかもしれない。日本新党に政権への準備のあろうはずもなかったが、細川氏には「その気」があったのだろうと思う。ロシアから消されたとも言われていた叔父の近衛文隆氏の遺志を継ぐことが政治家を目指した理由だと語っていたし（『内訟録』２０１０）、時来たれば総理をと意識していたと思う。準備「不足」には違いないのだが、千載一遇の機会が降って湧いたわけで、彼は最初の総理記者会見で年内の政治改革関連法案の成立を約束し、先の大戦が侵略戦争であったことを認めた。この表明は国内外で高く評価されたし、政権交代というのはこういうことかと強く実感したことを思い出す。その細川総理の覚悟に国民は80％を超える支持率で応えてくれた。しかしなんせ8党派の連立政権、その総選挙で一番大きく負けた社会党（１３６→70議席）が最大会派であったことは大きな矛盾だったし、しかも選挙制度などの改革に極めて後ろ向きで、政権の足を引っ張り続けた。その意味で民意に背く数合わせの連立政権であり、非自民が唯一の接着剤だった。その社会党が自・社・さ政権に入るのだから、政治の世界は一寸先は闇だし、社会党→社会民主党は、30年の歳月をかけてそのツケを払い続けているのかもしれない。

ある意味、民意の象徴だった日本新党とさきがけが統一会派を組み、年内には「さきがけ日本新党」の結成を公表し、日本新党代表の細川護熙氏が総理に、さきがけ代表の武村正義氏が官房長官に就任することに一理はあった。しかし、ここに確執が生まれ、政権崩壊の火種になってしまった。何が違ったのか？ 細川護熙氏は日本新党を捨て、理想主義の旗を降ろして、総理大臣として政権が直面する課題、政治改革、ウルグアイラウンド、経済対策、税財政対策に取り組むために、新生党・公明党の一一ライン（小沢一郎と市川雄一）を重用した。その一方で武村正義氏は官房長官である以上に、小沢＝経世会への不信を払拭できない「さきがけ」の代表で在り続けたことにあったと、今僕は思う。後年武村氏が小沢氏と食事をした折に、小沢氏が「武村さんをもっと早く知っていればよかった」と言ったと語っている（『武村正義回顧録』岩波書店２０１１、２０１ｐ）。人の好き嫌いが政治の機微じゃ困るんだけど。

細川護熙氏の広太郎さんへの弔電　―令和3年（２０２１）３月

「日本新党の立ち上げの時から同志として、日本の政治の刷新のために、さまざまな取り組みにご一緒させていただきました。思い出は尽きませんが、日本新党は若い人が多かっただけに、ベテランの山崎さんらには、何かにつけて特に親しくアドバイスなどをいただいたことを思い起こします。コロナ禍はもとより、内外共に難しいかじ取りを要請されている時だけに、いろいろとご高説を拝聴したいという方も多かったことと思います。こんなに早く、突然に旅立たれて本当に残念でなりません。心よりご冥福をお祈りいたします。」

国会での主な質問

広太郎さんの国会での質問の主なものを紹介しておきたい。

《政治改革関連法案～賛成討論から》 平成5年（1993）11月18日

竹下、海部、宮澤内閣が倒れ、細川内閣が年内成立を公約した政治改革関連法案が120時間を超える審議を経て本会議に上程され、連立与党を代表して広太郎さんが賛成討論に立った。政治改革が最大の争点であった先の総選挙で全国最多得票を得た広太郎さんにとって宿命とも言える登壇だったと思う。改めて読み直すと、後のその著書『紙一重の民主主義』（PHPパブリッシング、2012）で訴えた国民主権の思想がにじみ出ている内容である。

「私はまず、このたびの政治改革に対し、与野党を問わず、我々が取り組んできた政治改革の目的は、選挙制度や政治資金制度の改革によって政治への国民の信頼を回復し、かつ、現在の国内外の政治課題に的確に対応し得る政治システムを構築することであります。しかし、私がここで改めて申し上げたいことは、今回の政治改革で我々をして法案成立に向かわしめた熱意は、我々議員の胸に一貫して流れる政治哲学である、主権者は国民であるという思いであり、国民主権という共通の精神であったと思うのであります。（拍手）三十八年に及ぶ我が国政治における自民党の長期政権は、冷戦構造下において国民の選択肢が極めて限られていたということもありますが、またこの間、我が国の経済の発展と国民の福利向上に多大な貢献を果たされたことを評価するものではありますが、やはり国民主権の形は薄らいだことも否めないのであります。我々は、ここで改めて、主権者である国民の登場を希求するものであります。このたびの政治改革関連法案については、政府案にしても自民党案にしても共通して言えることは、小選挙区比例代表並立制を導入して、民意の集約と反映を図ろうとするものであり、これまでの利益誘導型の政治から、政策本位、政党中心の政治へと転換しようとするものであります。（拍手）私は、この政治改革に対する我々の意図するところを国民に理解していただき、今後の我が国の政治に対し、強い関心と自覚を持って、積極的かつ意欲的に参加されんことを強く訴えたいのであります。（後略）」

《衆議院本会議代表質問》 平成7年（1995）2月14日

1月17日に発災した阪神・淡路大震災を受けて、4日後に現地入りしてつぶさに現地の状況を把握した上で、地方交付税法改正案等の代表質問に際し、政治責任のあり方について質問。被災地に責任転嫁したかのような村山首相の答弁は国会で問題化し、山崎質問のペーパーがあちこちに飛び交った。

この質問は地方交付税法改正案に対する代表質問だったので、僕の方で原稿はつくっていたが、質問前日の深夜議員宿舎に帰ってきて、冒頭の政治責任に関する部分の差し替えの原稿を便せんに書き付けていた。「読んでみてよくないなら、お前の原案で行く」とのことだったが、読んでみて感動した。「これは僕にはとても書けません。凄いです。これが政治家の言葉なのでしょう。もちろんこれで行きましょう」と返事した。広太郎さんの机の周りには一枚の書き損じもないし、便せんに修正のあともなかった。以下がその質問である。

「阪神大震災は、災害規模の未曾有の点、そして初動態勢の有無や有効であったかどうかが問われなければならない点において、戦後最大規模のものであり、まさに総理がおっしゃいましたように、初めてのことでありました。国民は、二日二晩、燃え続ける神戸市をテレビで見続けるしかなかったのであります。死者一人という情報からスタートして、ついには五千人を超えるという信じがたい結果が招来したのであります。その原因は何か。総理を初め、待つ姿勢しか持ち得なかったからであります。間違いない判断、的確な判断がもたらされるのをだれもが待った結果にほかなりません。常に官僚の判断に依存してきたがために、間違いない判断を待つ、それがこれまで培われてきた我々に共通の習性ではなかったでしょうか。「間違いのない」ということにこだわり、「あえて」ということのない今日の政治・行政システムが、今度の阪神大震災への対応を性格づけていると言って過言でないと思います。そのことが、これほどの大災害の結果を前にして、だれも責任をとらないという結果をもたらしております。この重大な結果を前にしても、だれもその責任を明らかにしようとしない政治とは一体何なのかということであります。ここで政治が責任を明らかにしなければ、ついに政治がイニシアチブをとることはないということを指摘したいと思いますが、総理の御見解をお伺いいたします。（後略）」

（村山総理答弁）

「地震発生直後の初動期の対応についていろいろと御批判のあることは私としても十分に承知をいたしており、今後は、今回の経験に照らし、反省すべきところは率直に反省をして、震災対策に万全を期していく所存でございます。なお、一月二十日の本会議において私が初めてのことと答弁したことについて触れておられますが、現場における関係自治体の職員や、警察、消防、自衛隊などの防災関係者が、みずからも被災者となりながら、困難な状況の中で不眠不休の救援活動を続けておられることにつきましては、皆さんも御承知のことと思います。私が本会議で、初めての経験であり早朝のことで若干の混乱があったと申し上げましたのは、被災地のその当時の状況を申し上げたものでございます。この際、誤解を解いていただきたいと思います。」

《地方分権推進法》 平成7年（1995）3月8日〜4月14日

「ある秘書の一日」『法学セミナー』（日本評論社 1996・7）を引用したい。

「自治体職員から政策担当秘書に身を転じた私が、宿命的とも思える地方分権推進法の議員立法活動に参加して、既に一年が経過しようとしている。今改めてあの二か月間を「ある秘書の一日」に凝縮して振り返ってみたい。

元々地方分権というテーマは、議員立法には恰好の素材である。実際議員間でも与野党ともに議員立法化への機運はあったものの、結果として政府案（閣法）ｖｓ新進党案（衆法）という構図になったことはやや心残りではある。さて、そんな中、案の定というべきか平成6年12月25日閣議決定した政府の大綱、方針は各省庁が合意できる範囲にとどまる内容で、マスコミの評価も骨抜きというのが大勢であった。これを受け新進党は1月23日の第１３２国会の代表質問において対案の提出を宣言するに至った。２月13日新進党は明日の内閣・行政改革担当のもとに議員15名で構成する地方分権問題検討チームを設置し、対案づくりを行うことを決定した。副座長を命じられた我が議員の指示により、私は事務方として待望の対案づくりへの参加が実現した。他に秘書、政審職員各一名が仲間となった。

まず行ったことは①地方制度調査会や民間政治臨調などの各種答申・意見の特徴を比較した資料の作成、②新聞報道等から想定される政府要綱案の評価表の作成、③①－②の資料に基づき対案作成における論点の整理。これらの作業を踏まえ、新進党としては第24次地方制度調査会の答申（H6.11.22付）を国民的コンセンサスを得たものとして評価し、この答申内容を可能な限り法案に書き込むことを最大の眼目とした。その結果としての論点を整理し、衆院法制局に要綱案作りを依頼したが、時間との勝負の苛酷な作業を強いることになってしまった。３月８日の対案の国会提出まで、検討チーム内での協議と党内手続きを精力的にこなして行ったが、この間の私の役割は元自治体職員としての現場感覚をもとに具体的事例を紹介しながら問題意識を共有化し、法案に反映させていくことにあったと思う。その意味で私は立法補佐する立場と立法化を要請する利害関係人の立場という二つの側面を有していた事になる。いよいよ国会での論戦の舞台を迎えることになったが、それまでの作業の中でスタッフとしての認知を得た私は、検討チームの会議でも質問内容や進め方について積極的に発言し、かなりの部分で意見を採用してもらうことができた。中でも思い出深いのは新進党案への質疑の対応である。もちろん政府委員は存在せず、答案は提案者である議員（４名が提案者）自らが行うことは当然であるが、スタッフとしては質問取りと答弁の準備作業もまた大変である。一応委員会前日の午前中を質問通告の締め切りとしたが、全部そろったのは夕刻で質問項目は50問近くあった。こちらのスタッフは３名。各人の得意な分野を分担し、ほぼ同時並行で答弁者（議員）との打ち合わせまでに答弁資料を作成。答弁者との内容の検討は深夜まで続き、その後の修正作業が完成する頃にはすっかり夜は明けていた。実際の委員会審議では委員会室で答弁する議員の後ろに陣取り、答弁のサポート活動も経験することができた。

さて法案審議の最大の焦点は機関委任制度の取り扱いとなった。新進党案が制度の廃止を明確に書き込んだことにより議論は深まり閣法の議員修正も行われ、総務庁長官からは「…（本法に定める地方分権推進のための）所要の措置には機関委任事務制度の廃止も含む…」との答弁も引き出すに至った。与党側委員からは「新進党の案のほうがいい。こんなことなら最初から議員立法でやっておけばよかったじゃないか」との声も聞こえて来た。

現在の地方分権推進委員会が機関委任事務制度の廃止に大きく踏み出した背景には、国会での議論が大きく影響しているとの声を耳にし、いささかの自負を覚える。某紙はこの論戦を通して次のような論評を寄せている。これまでの「万年野党による言いっぱなしの『不毛な論議』とは違う、実りある論戦という国会改革の実験の場になりつつある」ささやかな足跡の残る当時の本会議・委員会会議録はこうして今や私にとって大事な宝物となっているのである。」

〈衆議院法制局〉

市職員を辞して、政策秘書に就任したものの、あっという間に野党に転落。国会での与野党の差は天国と地獄くらいのもので、野党の政策秘書の働く場などたかが知れているが、運良く地方分権推進法の対案作業に関わることが出来たことはせめてもの慰めであった。その顛末は「ある秘書の一日」のとおりであるが、この経験は僕に大きなご褒美を与えてくれた。対案の立案作業は衆議院法制局の郡山芳一さん（後の衆議院法制局長）や笠井真一さん（現法制局次長）などのスタッフとの共同作業となったが、僭越ながら僕の働きは、国の立法現場において自治体職員の力量を認めていただく機会となった。そのことが、『法学セミナー』への「ある秘書の一日」の掲載（僕は衆議院法制局の推薦で新進党の政策担当秘書を代表して執筆を依頼された）だったり、元衆議院法制局長上田章氏『議会と議員立法』（公人の友社、１９９７）や元衆参両院議員山本孝史氏『議員立法』（第一書林、１９９８）で僕の活動を評価いただいたり、読売新聞『政治考現学』（H9.5.4）での僕のことを取りあげた記事掲載につながったりしていったが、もっとも大きな成果は、広太郎さんの福岡市長就任後、平成11年度（1999）から始まった福岡市職員の衆議院法制局への法制実務研修員の派遣事業（期間は1期2年）である。初代の八木智昭君（前議会事務局長）や2代目の小川直也君（現総務企画局行政部長）は、制度も固まらない中で大変な苦労をしたと思うが、彼等の頑張りが、その後のこの制度の継続・拡大につながっている。令和6年（2024）現在も福岡市におけるこの事業は継続されており、13代目で初の女性職員が派遣されている。中央省庁への派遣事業が軒並み取りやめとなっている今、継続されていること自体にこの事業の効果の確かさが立証されているとも言える。なお、法制実務研修員制度は衆議院法制局にとっても、初めての試みであり、広太郎さんの市長当選後、衆議院法制局の郡山氏（当時は法制企画調整部長）から職員の相互交流をやらないかとの提案があり、当時の津田隆士議長／議会事務局の理解も得てスタートしたもの。自治体側としては、国政の舞台に寄せられる様々な問題を法的なプログラムで解決するプロ集団の中に職員を派遣することで、分権化の時代に相応しい法的な執務能力や政策立案能力を高めようとする一方で、衆議院法制局側としても議員立法の質を高めるため、「自治体職員の実務経験を日々の立案業務に反映させることが重要である」との認識があり、謂わばＷＩＮ－ＷＩＮの関係にあった。とはいえ、受け入れてくれた衆議院法制局の対応は見事なものだった。自治体と対等の立場で実施するとの基本的な方針に基づき、派遣職員の採用年次に応じて、法制局職員と同等のポジションに配置し、分け隔てなく処遇していただいた。通常の中央省庁派遣ではあり得ない対応だった。現在の衆議院法制局での自治体職員の派遣は12人ＶＳ88人（プロパー職員定数）、延べでは、派遣研修員は105人、20都道府県であり、派遣している自治体にとって人材育成に大きな成果をもたらしていることの証左であり、衆議院法制局にとっても不可欠の戦力となっていると思われる。これは僕の政策担当秘書時代の数少ない大きな成果だと秘かに自負している。

〈新進党新聞〉平成8年（1996）7月10日／号外

初めての小選挙区による総選挙を目前に、新進党新聞の号外を発行したが、その内容は政策担当秘書としての僕の卒業論文みたいなものだったので、ここに揚げておきたい。

『分権の風が新しい日本の扉を開く　―この国に本物の民主主義を―』

行政に依存しすぎた「この国のかたち」がいま問われています。阪神大震災では国の生命や財産を守れず、薬害エイズ問題では国民の生命や健康を奪い、そして、とうとう住専問題で国は政策の失敗や後始末を税負担という形で国民に押し付けてきました。

1億2千万人の国民を統治の対象とのみとらえる中央集権的行政システムでは、この国は最早立ち行きません。時代は今大きな変革期を迎え、社会の成熟化、高齢化が国民の多様な価値観と社会構造の複雑化をもたらします。

これまでの画一的な行政システムは急速にその対応力を失い、国民の信頼を失っています。その一方で、阪神大震災では130万人ものボランティア等の自主的、自立的な市民セクターが活動し、硬直化した行政システムの限界を市民自らの力で見事に克服しているのです。

今こそ官尊民卑、お上依存意識を脱皮し、市民のエネルギーと創造性を全面に引き出した、「分権」「参加」「協働」による大胆な社会システムの転換を行わなければなりません。

市民が主役の時代です。そのために、私は地方分権、情報公開、NPOの振興の3つの施策を実現します。ホップ＝地方分権、ステップ＝情報公開、ジャンプ＝NPOの振興。

小選挙区の公認と山山戦争

政治改革関連法案は平成6年（1994）3月4日に可決成立し、区割り法案が11月21日に成立したことにより、一連の政治改革は完結した。衆目はそれぞれがどの選挙区を割り当てられるかだった。広太郎さんは前回選挙で全国最多の得票で当選しており、元々南区選出の市議会議員でもあったことから選挙区は新2区（中央区、南区、城南区）が当然視される一方で、当時の自民党政調会長の山崎拓氏も地盤は同じで、新2区が有望視され、世上では全国屈指の激戦区「山山戦争」などと取り沙汰されていた。第一次公認が平成7年（1995）3月17日だったので、その年明け頃だったのかと思うのだが、当時の新進党選挙対策委員長の船田元氏との面談が設定され、広太郎さんに同行した。立候補する選挙区の最終確認のような場であった。選択の余地としては新5区というのも有力だった。広太郎さんは春日東小卒で、春日市を中心に地縁があり、福岡県知事選挙の経緯もありで、自民党の自治体議員を含め5区でやれとの声も強く、5区なら楽勝との見立てもあった。福岡県選出の国会議員の秘書との飲み会でも山崎拓氏のM秘書から、「5区に行ってくれ。落選したら、あんたはまだつぶしがきくやろうけど、僕等はそうはいかんのやから」と。新進党としても落とせない議員（小沢幹事長の方針で重複立候補は無し）であり、5区ではなくて、自民党の現政調会長の山崎拓氏にぶつかる2区で、「本当にいいですか」と実直な船田元選対委員長による誠意を込めた確認だった。本人に全く迷いがなかったといえばウソになるだろう？　面談直前に、「2区でいくぞ」と同意を求められた。前回の選挙で全国最高得票、山山戦争とも言われ、ある意味因縁の対決でもあり、じゃ5区にしますとは言えなかったのが正直なところか。現職の政権与党自民党政調会長がどれほど強いか、あとで思い知らされることになるのだが。後年、広太郎さんが「あの時5区を選んでいたらどうなっていただろうか」と呟いたことがあった。期数で言えば8、9期の頃だったか? 「そらまだ現役でやってるでしょうし、大臣くらいやったかもしれないが、そんな恐ろしいこと考えないでおきましょう」と、笑ったことを思い出す。

山山戦争／小選挙区制初の総選挙

昭和63年(1988)のリクルート事件以降、竹下内閣、海部内閣、宮澤内閣、細川内閣と4つの内閣を費やして政治改革関連法が成立し、村山内閣で区割りが決まり、そして橋本内閣、じつに6つの政権を経て、ついに小選挙区比例代表並立制による第41回衆議院選挙が実施されることとなった。平成8年(1996)9月27日 衆議院解散、10月8日 総選挙公示、10月20日 総選挙投票日。

秋の臨時国会冒頭での解散日程は衆目の一致するところで、夏以降は各陣営共に選挙に向けて走り出していった。前回の選挙で日本新党ブームにも乗って全国最高得票を獲得した山崎広太郎氏と現職の自民党政調会長山崎拓氏の対決は、「山山戦争」として、全国注視の激戦区と報道されていた。選挙はこれまで脇から眺めるような感じだったが、当然のことながら、今回は中心スタッフの一人としての働きが求められた。7月8月はうだるような暑さの中、戸別訪問に汗を流した。この選挙では、新進党小沢党首が比例との重複立候補を一切認めなかったので(このことが有力議員の相次ぐ落選につながり、新進党の分裂の目を広げていった)、とにかく選挙区で、相手陣営から1票でも上回って勝ち上がるしかない。政権与党／自民党の現職三役の政調会長の山崎拓氏陣営が、いわゆる企業／団体など、ガチガチの組織選挙を展開してくることは分かっていたので、とても厳しい環境だった。対して、広太郎陣営は、組織としては連合などが中心となる。一度、広太郎さんとどういう選挙をやるか、話し合ったことがあった。僕はいつも青臭いが、相手が組織選挙を展開してくるのだから、捨て身で、こちらは企業団体の推薦は一切受けないこととしたらどうか？　知事選挙、日本新党での衆議院選挙、福岡1区には2度名前を書いてくれた人たちが多いのだから、ある意味サイレントマジョリティにアプローチする選挙ができないかと提案した。広太郎さんは、意図はわかるが、新進党としての政権選択選挙であり、連合や公明党などの基礎票は必要だろうと言った。僕も一か八かの博打を打つような選挙手法をそれ以上強くは主張できなかった。相手は政権与党で、何度も閣僚を経験し、自民党三役の政調会長であり期数は当時8期目の山崎拓氏。こちらは前回の選挙で全国最高得票を取ったとはいえ、所詮1期目。やっぱり重複立候補があるとないとでは選挙戦略に大きな違いが出るし、ことに広太郎さんにとっては、不利な戦い方になったと思う（選挙区は拓さんだが、比例は広太郎さんでという、今の自公方式のような票の分け合いができない）。そこが政権選択を主眼とする小選挙区制の厳しさでもあった。

新進党はこの選挙にあたっての公約を、暮らしを立て直す「国民との契約」とし、小沢代表は、実行できなければ政治家を辞めると宣言し、謂わばマニフェストの前身ともいうべき内容だった。しかし、党内での議論が不十分なまま、その契約内容があまりに過激なものだったので、党内でも動揺が走っていた。これに対し、広太郎さんは「小沢代表は、完全に官僚組織と決別し、腹をくくった。自分もこの公約を前面に出して闘う」と宣言していた。

しかし、選挙戦本番近くになっても、いつも選挙の中核を担うメンバーが集まってこない。おかしいなと思っていたが、あの人までも？という人が来てくれない。まさに自民党側の締め付けだった。いつものメンバーが揃うまでは自分が支えなければと思っていたが、睡眠時間も僅かでいつ倒れてもおかしくなかった。このような難しい選挙を背負う力量は僕にはなかった。

結果は、９９，０７５票ＶＳ７３，０６６票、完敗だった。そして僕は失業が確定した（解散の時点で政策秘書の身分は失っている）。選挙の前だったか後だったか記憶がはっきりしないのだが、広太郎さんがぽつりと言ったことがある。「俺が曲がりなりにも国会議員が務まったのは、お前がいてくれたからだ」と。広太郎さんはシャイなところがあって、あんまりこういうことを言わないのだけど、なんか肩の荷が下りた気がしたことを思い出す。

この選挙戦の概要について、僕は修論（２００３）でこのように書いている。

「１９９６年の衆議院選挙は「失われた十年」の渦中に行われた。自民党ＶＳ新進党という2大政党の対決による小選挙区制度として初めて実施されたという意味でも歴史的な国政選挙であり、回復基調にあった日本経済の中、結果的に大失政となる財政構造改革に大きく舵を切った消費税増税を含む9兆円の国民負担増、一方で大胆な省庁再編などの抜本的な行政改革などが争点となった大きな節目の国政選挙であった。しかしながら、その選挙における論戦はお寒いもので、政権与党の自民党はひたすら新進党に対するネガティブキャンペーンを展開し、対する新進党は消費税の据え置き、所得税・住民税の半減、中央省庁を10省に再編、国家公務員の25％を削減、さらには特殊法人の原則廃止など大胆な公約を「国民との契約」として持ち出したが、党内での議論は不十分で、あまりの過激さに身内にも動揺が走るという始末であった。当時の橋龍人気や自民党のネガティブキャンペーンも奏効し、結果は自民党の大勝であった。」

第4フェーズ　1996・11～1999・3
セカンドカーブの起点／九州大学大学院へ

落選確定の翌日、新進党県連に呼び出され、僕を含めて秘書全員の解雇が通知された。僕は党と雇用関係を結んだつもりはないし、すでに衆議院の解散によって政策秘書の身分を失っている。選挙の事務はあくまでボランティアとして取り組んだものであり、給与の受け取りは拒否し、また解雇を通知される謂われはないと返答した。後日広太郎さんから後援会の事務所スタッフとして来てくれないかとの要請があったが、九州大学大学院への入学意思を伝え、丁重にお断りした。また、国会の方からは、初当選した鈴木淑夫氏（元日銀理事、当時野村総研理事長）の政策担当秘書の話が内々届いていた。驚くような超大物で、未知の分野が学べる絶好の機会だし、僕の国会での働きへの評価でもあるので、有り難い話だったが、最早国会で働く気にはなれなかった。人生初の失業であるが、それも自分が選んだ道、落ち込んではいなかった。ある意味スッキリと吹っ切れていたと思う。

今回いろいろ資料を調べたら、経過はこうだった。僕は衆議院の解散（9／27）前の9月4日に、九州大学大学院法学研究科／フレックスコースに受験申込関係書類を提出し、解散の前日、9月26日に書類審査の合格通知を受け、公示の翌日10月9日に口頭試問を受け、投票日の3日前の10月17日に最終合格通知を受領していた。だからといって選挙で手を抜いていたわけではないとは言っておきたいが、元々政治の世界は5年間のつもりでいたし、2年6ヶ月は丁度半分で、当初の目論見より短かったが、大学院の修士課程に進み、大学教員の道を目指すことは予定通りと言えば予定通り。国政のあまりの惨状に強い挫折感を抱いていたことも間違いないところであるが、しかし、それは次の学びへの強烈なインセンティブともなった。

受験の時に提出した研究テーマは「民主主義の再構築に向けた議院内閣制と地方自治制度の課題」である。なんとも漠然としているが、志望理由を今読むとその時の心情がなつかしい。
入学が決まって、指導教官を今里滋教授にお願いし、平成9年（1997）4月に提出した研究テーマは「分権時代の自治体像―多元的住民自治の構築―」だった。
今日、リカレント教育やリスキリングの重要性が喧伝されているが、九州大学大学院法学研究科／フレックスコースでの学びは、僕の人生のセカンドカーブにおいて、まさにターニングポイントとなる貴重な場になった。ここでの学びがなければ、この本の第2章以降はなかったのだ。ジェットコースター人生もきっと行き場を失っていただろう。点と点をつなげる、まさに大きな結節点となった。
大学では院の講座以外の法学部、経済学部の講座も受講した。初年度に履修した講座をあげてみる。
法学部：①政治学史　②憲法第一部　③比較憲政論第一部　④行政法一部　⑤政治史
経済学部：①財政学　②日本経済史
大学院入学時44歳。大学卒業の22歳から同じ年数の社会人経験を踏んでいたが、学ぶことがこんなに楽しいものなのか、学ぶ喜びを初めて知った気分だった。憲法の講義一つとっても、えーそうだったのかと初めて気がついたり、いや、それは違うなとか、カント曰く「理論なき実践は盲目であり、実践なき理論は空虚である」を実感する日々だった。

妻の大病

妻には、専業の大学院生になるので、2年間は無給になると頭を下げた。織り込み済みのことではあったろうが、妻は詰るわけでも、愚痴るわけでもなく、「わかりました」だった。

それからひと月も経たない12月のある夜、妻から珍しく改まって話があると。健康診断で胸に影が見つかり、確定はしていないがおそらく肺がんであろうとの診断だったと告げられた。手術を1月に行うことになったと。奈落の底に突き落とされるとはこういう時のことを言うのだろう。この頃、福岡県立図書館を居場所にしていて、医学書を読みあさり、書店の医学関連コーナーを彷徨したが、どれを読んでも肺がんは質が悪かった。天罰が下るべきは僕なのに、なぜ妻なのかと悶絶した。人生のどん底、ジェットコースターの最下点だったろう。年が明けて1月に九州がんセンターに入院した。4人部屋で同室者は末期の方が多く、脳に転移して頭にドリルで穴を空けている人もいて、とても堪らず個室に替わろうと言うが、妻はこのままでいいと言った。肺腺がんのステージはⅢで、手術前の説明では、5年生存率も驚くほど厳しかった。手術室に入る時、妻が手を伸ばしてきた。ずっと沈着冷静で不安を顔に出さなかったが、やっぱり不安だったのだと己の不覚を恥じながら、手を握り返し、ただただ手術の成功を祈った。手術は予定より少し長くかかった。左の肺葉一枚を切除しリンパ節を郭清した。主治医はI教授だったが、執刀はYさんで、腕利きだった。病院内ではYさんが執刀すると助かる、別の人だとダメだとの噂だったらしい。術後出来るだけ早く身体を動かさないと肺機能が低下するということで、妻は2日後には病院内を歩き出し、1週間後には退院した。お見舞いの人たちが間に合わないほどのスピードだった。妻の定期健康診断は結核予防センターだったが、定期健康診断はとても大事だと痛感した。術後、気功の大家に手を当ててもらったら、「大きな心配ではない」と言われた。そして、広太郎さん／美知子夫人の友人の吉本克己さん（故人）が栽培・製造していた癌の特効薬とも言われていたアガリクス／ヒメマツタケの「長富飲」。これは夫婦で5年位飲んだ。薬効があったと僕は思っている。元々妻は夏でも冷たいお茶も飲まないくらい、基本的に健康志向の生活が身についている人だったし、この頃から始めたヨガは今でも続いている。その当時妻は総務局企画課に在籍しており、部長は鹿野さん。そうそう激務ではないし、下手に異動するよりもこのままがいいだろうと配慮してくれた。その後の福岡県西方沖地震（2005年）の時は、保健福祉局の計画課長として、震災対応の最前線に立った。深夜までの残業が続き、体調を心配したが。その時の4kgの体重減は元に戻らないらしい。あれから26年、大きな病気もせずに暮らせていること、本当に有り難いことだと感謝するしかない。

毎熊学兄との出会い　―修論2003より

平成9年（1997）春、大学院入学当初、手にしたのが、『行政改革の視点』（1996．増島俊之）であり、『行政改革』（1996．田中一昭）であった。増島氏は総務庁事務次官、田中氏は総務庁行政監察局長から行政改革委員会事務局長を務め、それぞれ、わが国戦後の行政改革の歴史の証人ともいうべき存在であり、豊富で真摯な実務経験に基づくテキストは、行政改革を一から考えようとした筆者にとって何よりの導きの書であった。（中略）そうした折、1997年5月15日の日経新聞「経済教室」において、宮川公男は『行革、理論的裏付け急務』と題し、「先進諸国では行政改革に関連して多くの理論的、実践的な研究があり、現実の改革の力となっている。」として、NPM理論を紹介した上で「日本の行革論は理論的な裏付けが弱い。先進各国の経験に問題点を学んだ上で、経済学、経営学、行政学などの専門分野間の学際的な研究を急ぐべきである。」と訴えていた。この小論はいやが上にも、筆者自身の研究心を鼓舞し、やるべきことを強く示唆した。

そしてまた、筆者には貴重な学兄が誕生していた。当時博士後期課程1年の毎熊浩一君※（現島根大学法文学部教授）である。彼は行政統制、行政責任論の立場からNPM理論に挑もうとしていた。学問的な考察の基礎ができつつあった彼の存在は、実務経験はあるものの学問的蓄積のない筆者にとって、何よりの道案内人となった。ゼミは勿論、ある時はメールで、ある時はファミレスで、またある時は学生街の居酒屋で大いに議論を交わしてきた。当時アングロサクソン系の臭いが鼻につくNPMであったが、「賛否はともかく、これを乗り越えられなければ、わが国の新たな行政改革への展望は開けない」と互いを励まし合っていた。

※毎熊学兄は、研究と実践の両立というスタイルを貫く原点には大学時代に出会った2人の存在があったとして、ゼミの教授の今里滋さんとともに、私をあげてくれていた。「2人目は大学院の後輩、吉村慎一氏（現福岡市職員）。後輩なのに20歳年上。社会経験豊かな吉村氏には、とにかく現場を連れまわされた。実際に福岡市長選挙では公約づくりのお手伝いも経験させてもらった。また、吉村氏を中心に、定期的な勉強会の場として「興志塾」を立ち上げ、みなで学び、みなで語り合い、みなで飲み明かした日々が懐かしい」（しまねいきいきねっと　2011．4）

『行政革命』との出会い　―修論2003より

オズボーンとゲーブラーの『Reinventing Government：行政革命』は文字通り革命の書である。クリントン政権における行政改革運動「ナショナル・パフォーマンス・レビュー：NPR」の発足のきっかけとなったのみならず、やがて海を渡ってわが国で『行政革命』となり、三重県庁や福岡市役所などに「狭いが濃い影響」を与え、改革ドラマがそれぞれの地で「濃く」展開しているのである。

かの三重県庁の北川改革もこの『行政革命』から出発している。この翻訳出版をプロデュースしたJMAC構造改革推進セクター事業責任者である星野芳昭氏は、構造改革推進セクター・メールマガジン vol.1（2002年6月創刊号）『改革は人間ドラマ』のなかで、この間の「改革ドラマの誕生」を詳しく語っている。またこのメールマガジンには、その改革ドラマの主役の一人である梅田次郎氏（元三重県総合企画局理事）の『改革の真実』が連載されており、そのなかで、彼は『行政革命』との運命的な出会いを次のように語っている。「『行政革命』として出版された1995年1月、私が行革担当責任者になったこと。その本をたまたまその1月のある日に本屋で見つけて読んで感心していたこと。その本は、日本能率協会グループの手によって翻訳されていて、私は何らかの関係を持ちたいと思っていたこと。そんななかの4月、統一地方選挙で新しく北川知事が誕生し、2回目の行革の打合せのときに、北川知事が私の前にぽんと置いたメモが、「行政革命」の概要メモであったこと。北川知事が、民間企業の経営手法を入れたいとのことであったので、そのためにはコンサルタントを入れようということになり、「この『行政革命』を翻訳出版した日本能率協会グループに電話して頼んでみましょう」と私が言ったことが思い出されます。」

そして、筆者と『行政革命』との出会いは、平成9年（1997）の夏である。

当時筆者は九大大学院法学研究科公法学専攻に入学していた。問題の関心はやはり行政学の分野であり、当時行政改革や官僚制に関する書籍は手当たり次第に購入していたといってよい。そうした中、実は『行政革命』は大学生協書籍部や市中の書店で何度も手にしていたにも拘わらず買わずにいた。翻訳本であること、値段が少々お高いこと（3，800円）などの理由もあったと思うが、今にして思えば、私の頭の中もわが国行政学の特徴ともいわれる制度学の視点に重点があり、管理学の視点、効率性や能率性の追求、さらには行政サービスの受け手の顧客の視点からの行政のあり方など、まさにNPM的な視点に目が向いていなかったことが窺われる。その本がクリントン政権の改革の手本になったことなど、当時露程も知らなかったというのが実情である。

そのような折、指導教官である今里教授の「行政学特講」において、『行政革命』をテキストにゼミを進めること、クリントン政権の行政改革に強い影響を及ぼしていることなどの紹介を受けることになったのである。一読して、目から鱗の筆者にとって、「船を漕ぐより舵取りを」というキーコンセプトと同時に「はじめに」に紹介されたマルセル・プルーストの「発見という本当の冒険は新しい土地を見つけることではなく、新しい目で物を眺めてみることにある」という言葉が深く胸に染みこんだ。この言葉は、私に『行政革命』の読み方のみならず、NPM理論そのものへの接し方を教えてくれたように思う。福岡の地でも『行政革命』がひとつの「改革のドラマ」を生んでいくことになる。

突然の市長選挙

それは平成10年（1998）7月下旬のある日、広太郎さんからの一本の電話から始まった。「市長選挙をやることになるかもしれないので、お前一人で準備をはじめておいてほしい」と。実は前年の暮れ、一緒にお酒を飲んで、僕が「地方分権推進委員会は首長の多選について否定している。地方分権推進委員である桑原市長が4選出馬ということになれば、高齢多選批判は免れない。市長選挙をやるべきだし、勝機もある」と言ったら、「お前が勝手にやれ」とけんもほろろだった経緯があった。修士課程も2年目、そろそろ修論の準備をという時期だったが、もちろん快諾した。早速毎熊学兄に会って、「しばらく身体を預けて欲しい」と頼んだ。その時点では、毎熊学兄は、僕が公約づくりの殆どを担うことになるとは思っていなかっただろうし、あちこち連れ回されていて、その延長線ぐらいの気分だったろうと思う。早速他の院生にも声をかけて、先ずは型どおりにKＪ法で、ポストイットに福岡市政の現状や課題を洗い出していった。福岡市から出たばかりの行財政改革大綱や財政白書も読み込み、他都市の先進事例もつぶさにあたった。特に注目を浴びていた三重県の北川正恭県政の取り組みもしっかり頭に入れた。そして、当時興隆しつつあったNew Public Management（＝NPM）→民間経営手法の導入が大きな柱となるのは必然だった。

当時の僕の心境を「修論」を引用して、紹介しておく。

「衆議院議員選挙に落選し、国政選挙に再起を期していた山崎広太郎氏にとって、市長選挙への転身は政治生命をかけた負けることのできない選挙であった。世間の常識に従えば「勝てるわけがない」ということだったろうが、政策責任者として戦った筆者には必ず勝てるという確信めいたものがあった。その一つはその前年に発生していた自民党パーティ券事件に象徴される「市政の淀み」である。二つ目は市役所の組織の中では優れていると思っていた福岡市政や市職員のレベルが、外の世界、他の自治体に比較して既に後塵を拝しつつあることに気が付いたこと。市民との関わり、情報公開の姿勢など、時代遅れの体質になってきており、市民の信頼を獲得できていないこと。三つ目は、当時の経済情勢は厳しく世情全体に閉塞感があり、現状打破への期待が大きく、福岡市も巨額の市債残高を抱え、市民の不安も大きくなりつつあること。四つ目には、それにもかかわらず、何らの検証も行われず、ましてや地方分権の旗振り役（当時の桑原市長は国の地方分権推進委員会委員）である現職市長が、分権時代にあってはタブーである多選に挑もうとしていること、そして周囲はその環境作りのため、サミット開催誘致に奔走していたこと。まさに「権力は腐敗する」という言葉が、実感を持ちつつあったのである。このことは皮肉にも、山崎市政誕生後、いずれも現職の副議長、総務企画局長の逮捕という形で現実化していった。」

この経緯については、２００１年の国際行政学会での論文『Toward New Public Management』（宮本他　２００１）にも以下のように紹介されている。

「……１９９６年、山崎は新進党から総選挙に立候補したが、不運にも僅差で落選。１９９８年に市長選に立候補するまでの間、彼は公職になく、様々な事柄について考え直す十分な時間に恵まれたと思われる。同じ時期、つまり1996年10月から1998年10月までの間、彼の元秘書の一人が福岡市内の大学院で学んでいた。そこで彼は行政学を学び、すぐにNPM、なかでも「行政革命」に深い印象を受けた。1998年初夏、山崎は市長選出馬を決意する。彼の勝利を予想した人間はほとんどいなかった。対立候補の桑原敬一は、元労働事務次官であり、福岡市長として12年務めていたことから負けることはありえないと見られていた。山崎にとって勝てる理由は二つしかなかった。ひとつは桑原の多選批判であり、もう一つは山崎こそが市役所を本当に改革できる人物であるということであった。山崎と元秘書は基本政策の構築にとりかかった。その基本政策がNPMに基づく改革戦略を含むものであったことに不思議はなかった。」（邦語訳：馬場伸一）

公約づくり

広太郎さんを含め陣営でも桑原市政の問題点を整理していったが、大きくは以下の3点に収斂していった。①総与党下における多選の弊害～市政の淀み～不祥事の多発　②日本一元気な都市の光と影～市の財政悪化～1人あたりの市債残高は阪神大震災に見舞われた神戸市に次ぐワースト2～開発／イベント行政の行き詰まり　③市長選挙の形骸化（前回投票率31・67％、絶対得票率22・8％）

一方、毎熊学兄以下、大学院生グループでは、桑原市政を五感欠如の視点で捉えていた。①市民感覚～市民に対する不信　②経営感覚～マネジメントについての理解／能力不足　③共生感覚～いたわりの気持ちを欠いた市政　④現場感覚～現場を知らない市政　⑤透明感覚～不公正で不潔な市政。その上で、具体的な政策コンテンツを紐付けてみたりした。

①市民が主役の市政「行政主導の市政から、市民主役の市政へ」～市民感覚
②市民に開かれた市政「ブラックボックスから、ガラス張りへ」～透明感覚

③市民が共に支え合う市政「拠点都市から、共生都市へ」～共生感覚
④市民の常識がつくる市政「役所の窓から、現場へ」～現場感覚
⑤市民に負担をかけない市政「予算の浪費から、節約へ」～経営感覚

なんせ盤石の現職陣営。挑戦者としての広太郎さんの公約には有権者に「変化への期待」を誘発するインパクトがなくてはならないし、2年前のマニフェストの前身とも言える新進党の「国民との契約」という明確なスタイルも頭においた。公約としてのわかりやすさの上に、革新性や斬新さと実現可能性の二律背反をギリギリまで追いこまなければならなかった。福岡市職員としての19年、国会議員の政策担当秘書としての2年半、専業の大学院生としての1年半。これまで学んだこと、身につけたこと、持てるもの全てを引っ張り出して、それまでの人生のすべてを注ぎ込むつもりで公約づくりに立ち向かった。広太郎さんとは大筋の考え方を確認した上で、随時方向性をすり合わせ、ディテールは任せてもらった。出来てきた中身は相当尖っていて、陣営の中でも大激論だった。大学院生が空理空論を並べているのじゃないかと訝り、政治学の博士課程の人物を連れてきて論争を挑んでくるが、僕とは経験値が全く違うので、一蹴した。また、支援いただく方々からの意見も沢山寄せられるので、出来るだけ反映させ、最後は広太郎さんのゴーサイン。あとは見せ方、出し方だった。

三層構造の公約　―基本政策、重要政策、個別政策

一層目　立候補表明と基本政策の発表　平成10年（1998）9月24日

現職が公約を出してくる前に、正式な立候補の表明を行い、「私の決意」とともに、福岡市政に対する基本的な認識と基本政策を発表した（B4判4枚）。具体的な政策もまとめていたが、現職の内容を見て対応することとした。公約の大きな柱は以下のようなものだった。

（1）福岡市の財政再建と開発行政の転換
①大規模プロジェクトの一斉再点検
②経営管理の手法を大胆に取り入れる～経営管理室の設置など
（2）市民の力を引き出し、情報公開に支えられた市民と行政の信頼関係を築く
①市民活動（NPO／ボランティア団体）支援策の全面的展開～NPOセンターの設置
②情報公開の閲覧手数料の無料化、外郭団体の情報公開など
（3）進取の気性や自治の精神に満ちあふれた福岡／博多の地場中小企業の再興

後援会の事務所から立候補表明の会場（福岡国際ホール）まで一緒に車で行った。「ルビコン川を渡るのは、何回目ですかね」と感慨深かった。記者発表の資料を何とかまとめあげた安堵感以上に、気になるのは記者さんたちの反応だった。民主党の自主投票が決まって1週間も経っていないので、記者さんたちも、どこか半信半疑だったかもしれない。

現職の桑原陣営の公約発表はそれから2週間以上経った10月9日だった。時間がかかったので、よほど山崎陣営の公約を叩いて、作り込んでいるのかと思いきや、でてきたものには、正直唖然とした。3期12年の現職だからどんな絵の書きようも、ヒト・モノ・カネのリソースもたっぷりあるだろうに、マスタープランの柱を並べたような代物で、目立ったのは、こども部の設置くらいだったか？　市役所の政策立案機能自体が劣化しているのか？　そもそも「負けるはずがない」戦いなので、無駄弾は撃たないということなのか？　当時は「なめられたな」と受け止めたが、後々気が付いた。市役所という組織は総花的に政策を積み上げる総合計画づくりは得意だけれど、選挙の時の公約のような戦略文書はつくれないのだ。部分最適を寄せ集めても全体最適にはならない。DNA改革の折に「戦略計

画」づくりをやってみて、よくそれが分かった。

二、三層目　「私の重点政策」「個別政策」発表　平成10年（1998）10月15日

桑原陣営の公約はもう脇に置き、こちらが用意している政策のコンテンツをさらにブラッシュアップし、見せ方（柱を3つに整理）や優先順位（☆まず、やります！と☆これを、やります！の区分）など、とことん叩いて磨き上げた。告示まであと2週間となった10月15日、記者発表を行った。この時は少し趣向を凝らした。もちろん、B4判5枚の紙は配ったが、毎熊学兄が所有していた当時のロータスのプレゼンアプリ（今で言えば、マイクロソフトのパワーポイントみたいなもの）でビジュアルな資料をつくり、記者会見でプレゼンした。確かめようはないが、おそらく史上初めて市長選挙公約をスライドショーで発表したと思う。記事にしなければならない記者さんたちにとっては迷惑だったかもしれないし、その時どんな反応だったかもよく覚えていないのだが、とにかくインパクトを与えたかったし、「変わる」ことをアッピールしたかった。この選挙は投票率が上がれば上がるだけ、こちらに有利だと思っていた（いわゆる票の取り合いではなく、票の掘り起こしが大切だということ）。

公約事項

1.〈地域経済を立て直し、地場中小企業を守るために〉
地域経済対策に積極的に取り組み、地場中小企業の経営とそこに働く人々の生活を守ります。
◆地場中小企業向け融資枠を拡大し、新たに200億円規模の融資枠を確保します。

2.〈少子・高齢社会を支え合い、共に豊かに生きるために〉

「市民の生活を守る」という市政の原点に立ち、市民の生活感覚に学びながら、信頼の絆で結ばれた地域社会を実現します。
◆子ども行政を統合化し、身近な地域に「こども・子育てセンター」を設置します。
◆ＮＰＯやボランティア団体などの市民活動の支援策を全面的に展開し、市民が自らの手で市政を担う環境づくりを進めます。

3．〈21世紀のこども達に大きな借金を残さないために〉
福岡市の「財政再建」と「開発行政の転換」に取り組みます。
◆財政危機宣言を行い、行政に徹底的な「意識改革」と「財政規律」を求めます。
◆福岡版「時のアセスメント」～大規模プロジェクトの一斉再点検
・市債残高２兆２,０００億円に加え、現在計画中の大規模プロジェクトの総額は２兆円をはるかに超えます。私は強い危機感を持ち、あらゆる先入観や予見を排し、人工島や九大移転など大規模プロジェクトについて、見直し期間を設定し、「引き返す」勇気を持って一斉再点検を行い、費用対効果を検証し、情報を公開した上で、事業の選別を行うことを約束します。
◆徹底した行財政改革を行い、コスト意識を浸透させ、行政のムダを省きます。
・経営管理室の設置など

これらを含めて、個別政策37項目も同時に発表した。

記者さんとのやりとり

公約に「財政危機宣言」などと煽っていたので、「市の財政課が怒っているけど、大丈夫ですか？」

と取材担当の記者さんが、心配そうに聞いてきた。僕は財政課での勤務経験はないが、国会での活動で一番チカラを入れたのが、地方税財政問題だった。渉猟した専門書も山積みするほどだったが、地方分権推進法の対案提出による国会論戦、そして何より2年続けての「地方交付税法／地方財政計画」の本会議や地方行政委員会での、自治省の幹部や担当とのやり取りを通じて、直に感じた自治省の本性、如何にもろい基盤の上に地方税財政が漂っているのか、強い確信を持っていたので、「いつでも受けて立ちますよ」と答えておいた。その懸念は数年後、小泉内閣による三位一体改革により現実のものとなったとも言える。

公開質問状

この市長選挙では、公開質問状が殺到した。市民団体26団体、マスコミ5社。公約づくりが一段落した僕は、盤石の現職に対抗するには、こうした市民の一つひとつの声に、真摯に向き合うことが大切だとこの回答づくりにほぼ専念した。勝つつもりなので無責任に迎合は出来ないが、少しでも多くの支持を勝ち取りたい。必死だったし、凄く勉強にもなった。この回答は、市長当選後、市長選公約と併せ市当局にお渡しした。あれから四半世紀が経過したが、幾多の断捨離をかいくぐり、今でもその質問状と回答の写しを処分できずにいる。ここから動き出し、鮮明な記憶を残しているものがあるので、書き残しておきたい。

〈西日本新聞社〉

（問）今回の市長選は21世紀にまたがる期間の首長を決める選挙です。21世紀に引き継ぐべき文化や伝統、歴史の中から一つだけ挙げるとすればそれは具体的に何ですか。

（答）「自治都市博多」の伝統

「福岡市は中世期、堺と並ぶ自治都市博多として、その名を馳せていました。時あたかも大航海時代であり、外に向かっては国際港湾都市として、諸外国と活発な交易活動を展開し、うちにあっては中央の権力におもねず、博多商人たちによって都市が経営され、独自の豊かな文化を形成していました。そこで培われたものは進取の気性であり自治の精神であったと思います。地方分権の時代を迎えた今、地域の発想を重視した「市民への分権」を柱に、市民のエネルギーに満ち溢れた福岡市の未来を築くため、自治都市博多の伝統を引き継ぎたいと思います。」

これが切っ掛けとなり、直接的にはNHK大河ドラマ「北条時宗」における「武士の街／鎌倉」と「商人の街／博多」の二都物語や中世博多展につながり、さらには「商都博多の歴史／文化を掘り起こす会」の「中世博多学講座」などへと発展し、今の「博多旧市街」の復興につながっていった。今奇しくも、僕はその博多旧市街にある「臨済宗　東福寺派　萬松山　承天禅寺」（山笠発祥の地、聖一国師により開山）の座禅に通っている。2021年秋のドラッカー学会in博多のエクスカーションの場として利用させていただくことでご縁ができたのだが、過日ご住職の神保至雲老師が広太郎さんの市長時代の思い出話をしてくれた。承天禅寺での中世博多の勉強会の折、承天禅寺中門付近で区画整理によって境内を分断した市道を見て、「市は随分なことをしますね」と訴えると、広太郎さんも大きく頷いていたと。今その市道は承天寺通りとして修景を施した道路となり、入り口には博多千年門が立ち、禅文化発祥の地、博多旧市街地に相応しい景観を生みだしている。

〈和白干潟を守る会、ほか多数〉

（問）人工島／アイランドシティ計画について
（答）人工島計画は現地では、一部ではありますが巨大な構造物が出現しており、これを放置するとか壊すという判断は非現実的です。さらに起債事業という性格から既に投資した費用には巨額な利息が日々計算されているという現実を直視しなければなりません。人工島計画が巨額の不良債権を生み出さないよう、環境の面だけでなく収支計画、資金計画、土地利用計画等、事業計画を再点検します。

僕が登壇した公開討論会でも「既に構造物が一部出来上がっており、現実問題としてそれを壊したり放置するわけには行かない。この土地がどう売れるかなどを全面的に再点検する。計画自体が間違いかどうかではなく、その時々に最適な判断が下していけるかどうかが問題だ」と同様の回答をしているが（H10.10.14 朝日新聞）、市長公約で、大規模プロジェクトについて、「引き返す勇気」をもって一斉点検をおこなうとした表現は、度々攻撃の的となった。そもそもこの「引き返す勇気」というのは、陣営内部での検討資料にあった言葉で、僕がこれだと飛びついて、パクって使ったものだった。のちのち、広太郎さんも「引き返す勇気」にはホトホト苦労したとこぼしていた。僕は当時の自分の気持ちにそれほどウソをついたつもりはないのだけど、あまりにも言葉が刺激的過ぎたことは痛恨の極みだった。

第5フェーズ　1999・4〜2004・3
市長当選、再び の福岡市役所入り

選挙を重ねた候補者は選挙カーに乗ると、選挙情勢が分かるというが、広太郎さんもその一人。初日の感想は「日本新党の時以上の反応だ」と。結果的に30％そこそこに低迷していた投票率は43・39％。決して高くはないが、前回比11・72％増であり、描いた選挙構図は図に当たった。188，539票VS167，679票で、20，860票差。マスコミの評価は最後に抜け出したとの見立てが多かった。確かにそうだったかもしれないが、現職相手に2万票差は完勝と言って差し支えないだろう。当確が何時ごろに出たのか記憶がないが、生涯最高の一日となった。市議会議長の秘書になって以降、周りの人たちから「将来の市長だから、大切にしてくれ」と言われてきていたし、紆余曲折はあったが、「この人を市長にする」との思いは叶った。思えば叶う、人生は凄いなと思った。ジェットコースターはてっぺんにいた。それからしばらくは怒濤のような日々を送った。ひっきりなしの電話で、100万票くらい取ったのかと言いたくなるほどだったが、それだけ期待も大きいということで、夢見心地から目も覚めてきた。そして間もなく、我が身の振り方問題が浮上してきた。

選択肢は3つあった。

①修士論文を書いて、修士の学位を得て、大学教員の道を進む。

②何らかのカタチで福岡市役所に採用される。

③市議選に出る。

①は元々その道を目指して九州大学大学院に進んでいたし、実務経験者として大学教員の可能性に勝手な手応えはあった。指導教官である今里教授とはまだ進路の相談はしていなかったが、特にNPO法が成立したばかりで、僕はこのNPOがこれからの日本社会に大きな役割を果たすことになることを確信していた。しかし、教育、研究分野では未開の地であり、NPO法の成立以前から関心を持ち関わってきた自負もありで、この分野で食べていけるのではないかと捕らぬ狸の皮算用をしていた。ただ、この時点で具体的な道筋はまったく見えていなかった。

②は公約づくりなどで深く関わってきた人たちから、「公約をつくりっぱなしでは、無責任じゃないか。何らかの立場で市役所の中で関わるべきだ」という声が強く大きかったし、僕自身としても、つくった以上キチンと見届けたいという気持ちの一方で、その大変さや針の筵の恐ろしさも容易に想像できた。また、いつまで定職／肩書きのない生活を続けるつもりか、との切実な思いが強かったのも正直なところだった。

③は広太郎さんに議会事務局時代から、「なんでお前が議員を目指さないのか、だから議会に人材が集まらないじゃないか」と言われていたが、政策スタッフには魅力はあっても期数／年齢がものを言う議員になる気にはなれなかった。半年後に市議選を控えているタイミングで、市長選挙の余勢を駆って出る？僕は東区香住ヶ丘に生まれ育ち、幼稚園から中学校まで地元だし、当時たまたま東区選出に福高出身者がいなかった。ポッカリ空いたチャンス、一番これが実現可能性が高いかもしれないとの思いも僅かに頭を掠めた。しかし、前年妻が大病をしており、選択肢たり得なかった。

そうした中、年は明けていたと思うが、友池助役から呼ばれて、市役所15階の喫茶室で面談した。友池助役からは正規職員としての採用は難しいことが伝えられ、僕からは選択肢①②で迷っていると正直に話して面談を終えた。その後、嘱託職員としての採用の案が市長側に伝えられた。

ここに至り、僕には意地のようなものが生まれた。

政策担当秘書として、実績を残し、評価もいただき、地方公務員／自治体職員→国家公務員特別職／政策担当秘書の一つのキャリアパスをつくったという自負があったし、任期付き職員の採用など、外部人材の積極的な登用が求められてきている時代背景を踏まえると、嘱託職員という位置づけは、これまでのキャリアをドブに捨てるような思いがした。政令指定都市の市長なので、条例をつくれば、特別秘書としての道はあったし、僕はそれが選べれば一番いいとの思いはあったが、オール野党の議会の情勢から、この方法は広太郎さんも選ばなかった。結果的に僕は一般職での採用を求めた。人事当局からは係長級での採用の打診があった。国における政策担当秘書の処遇水準（国家公務員一般職本省課長補佐以上に相当）が考慮された形跡はなく、当初のキャリアで平成元年（１９８９）に係長級に昇任していた延長線上での判断だったか、今となっては定かではない。周りからは「そんな処遇じゃ、後に続く人が歩ける道にならない」「選考採用なのだから、少なくとも課長級じゃないと説明がつかない」などなど、いろいろ言われて、どれもそうだと思ったが、だんだん面倒になってきた。ポスト欲しさにゴネていると思われるのも不本意だった。係長級での採用案を受けることにした。僕はこういう肝心なところでの我慢が足りないというか、人の目を気にしたり、感情に流されて判断を間違う。半端な話を受けてしまっては、受ける側、入る側双方の覚悟が定まらない。やるべきことと組織の中での位置づけの乖離は、組織の中に無用の軋轢を生むし、ストレスとしてでしか解決されない。結果的に僕の心身を蝕んでいった。針の筵の覚悟も甘かったと思う。僕は人に恵まれてきたし、仲のよい先輩、同僚、後輩がたくさんいたので、なんとかなるだろうと思ってしまった。しかし、僕の立場はそんな甘いものではなかった。戦後の市政史上初めての政変、桑原前市長は労働事務次官のキャリアに相応しく、謂わば政令指定都市の末席に過ぎなかった福岡市を5大市に肉薄するポジションに引きあげていたし、職員も同様に自信に溢れていた。八方美人で、人に嫌われることが苦手な僕には、虎の威を借りる狐の見立てが容赦なく襲いかかった（いや襲いかかってきているように感じてしまった）。議会でも、「市長の元政策秘書の市職員としての採用は個人的な事情によるものではないか」と追及されたし、組合ニュースにも書かれたが、何より匿名での陰湿な投書もつづき、小心者の僕にはボディブローのようだった。でも本当は、内外に応援してくれている人たちもたくさんいたのだけど。かつての麻雀仲間だった人事委員会の先輩が、廊下ですれ違った時、「あんたのことは全然大丈夫、心配せんでいい」と言ってくれた。一人でも味方がいると思えるのは正直うれしかった。

市長室経営管理課へ

当選後の初議会において、山崎市長は「大規模事業点検プロジェクトチーム」と「経営管理室」を発足させ、これを両輪として行財政改革を推進することを明言した。

1月早々に大規模点検プロジェクトチームは発足したが、車の両輪の片方「経営管理室」の設置は難航した。ようやく新年度の予算や機構改革の作業のなかで、「民間人をトップにした市長直属の経営管理室の設置」については民間人で構成する経営管理委員会を設置し、市長直属の組織として市長室に「経営管理課」を設置することとなった。4月1日設置された「経営管理課」は課長1、係長1の配置であり、担当する職務は民間経営手法の導入研究、外郭団体経営評価システム研究、PFI手法の研究など、ヒカリものオンパレードであるが、先ずは様子を見る、お手並み拝見といったところであったと思われる。僕はそうした中、4月21日、「政策担当秘書としての行政運営の知識・経験及び九大大学院における研究活動に基づく経営管理に関する知見を有する」ものとして、市長室経営管理課主査として、選考採用されることとなった。しかし、この貧弱な体制は（経営管理委員会立ち上げ直前の8月1日付で職員一名増、奥田一成君がメンバーの一員となった）スタッフ全員を早晩心身共に過酷な勤務状態に追い込み、まさに無定量な仕事が降って湧いてくることになっていった。

経営管理委員会の元には3つの作業部会「行政評価チーム」「企業会計チーム」「ベストプラクティスチーム」＋プロポーザル委員会が設置され、その他の業務を含め、経営管理課では2日に1度以上の頻度で会議を開催することになった。それに加えて、僕はPFIのガイドラインづくりの業務も持っていた（1，000万円の委託料だったたか？　委託先が極めて有能かつ誠実だったので、PFIをこちらが一から教えてもらいながら、ガイドラインのたたき台やＰＦＩの適性事業の選別などを進めていった。これだけで一人分の業務量は十分にあったと思う）。ただでさえ一筋縄ではいかない経営管理委員会本体の事務局業務の外、その他の打ち合わせのための会議も多く、土日も休みなく働いていた。少ない人数で作業もままならず、唯一ヒラ職員の奥田君は一日15時間以上ワープロを打ち続け、「目のかすみ・充血」用目薬が週に一本のペースでカラになっていたらしい。奥田君の驚異的な頑張り（職員2、3人分はあった）と仕事のレベルの高さがなければ、経営管理委員会の提言までは辿り着けていない。

行政経営フォーラムとの出会い　―修論2003より

平成11年（1999）4月、民間経営手法導入のための組織、市長室経営管理課の主査として福岡市に採用になった筆者の心境は、さあやるぞという気負いとともに、そもそも公約に書いた市役所改革をどうすれば実現することができるのか、正直、心許ないものであった。「まるで罰ゲームをやらされているような」というのも偽らざる心境であった。

「行政経営フォーラム」の存在は、上山信一『行政評価の時代』の出版によって知ることとなるが、ホームページによるインターネットフォーラムの存在は、先の学兄、毎熊浩一君の紹介であった。今にして思えば天の配剤と言うしかないが、福岡市職員採用を期に入会したその直後、5月に兵庫県尼崎市で開催された行政経営フォーラムの尼崎例会（行政経営フォーラムにとっても初の地方例会であった）に参加したのである。このときの感動は、今でも忘れがたい。例会で発表された改革の動きや新鮮な海外事例といった情報そのものも印象的であったが、筆者にとってなによりも感激であったのは「改革の志」を同じくする人々と知己を得ることができたことであった。一日にして百年の知己のごとくなるというが、問題意識を共有し、改革への志をともに語ることができたことは、まさにめくるめくような感動であった。このときの出会いが、福岡市経営管理委員会の発足につながっていく。直接的に上山信一さんや石原俊彦さんに委員となっていただいたのみならず、経営管理委員会の理念や運営についても深い影響を受けている。筆者自身、改革というものに対して、受け売りに近い半端な知識や理解しか持ち合わせていなかったと思うが、改革現場のオン・ザ・ジョブ・トレーニングと同時にこのフォーラムにおける切磋琢磨が、改革スキルとマインドを磨き上げてきてくれたと確信している。

「行政経営フォーラム」といえばメーリングリストである。当時「談話室」と呼んでいたメーリングリストでは、ホットな海外情報の提供をはじめ、各地での実践報告、様々なNPM関連の話題についての熱のこもった議論が展開されていた。「行政評価の導入」がもっともホットな話題であったように記憶しているが、各地で孤軍奮闘する改革派公務員に対して温かいエールが送られ、実践者ならではのアドバイスが送られる場でもあった。そしてその「熱さ」の恩恵をすぐに我が身に受けることになるのである。

平成11年（1999）10月、僕ら経営管理課の職員は疲労の極にあった。「経営管理委員会」という異物に対する市役所の拒絶反応、先行きの不安、自分自身の守旧的体質／お役人根性への怒り等々。正直、僕も連日心と頭と体が壊れるような思いで過ごしていた。それを見かねた市職員の会員（馬場伸一君／当時はポートランド州立大学に留学中）が「SOS」のメールを談話室に投げてくれたのである。たちまち、全国から応援と激励のメッセージが殺到した。恥ずかしい話であるが、その温かい心に沁みるメールを読みながら、自宅のパソコンに向かって一人涙を流したものである。理論や実践の面だけでなく、心理的にも福岡市のDNA改革を裏面から支えてくれたのが行政経営フォーラムであった。

〈平成12年（2000）5月1日　市長室行政経営推進担当課長〉

平成12年4月26日に福岡市経営管理委員会から「市長への提言：「行政経営」の確立を目指して～DNA2002計画：市役所の〝DNA転換〟に向けて」が提出され、僕は5月1日付で市長室行政経営推進担当課長となった。経営管理担当課長から行政経営推進担当部長となった井崎進さんの下に、僕を含め行政経営推進／事務管理担当課長2名、主査4名、職員3名の計10人体制となった。DNA改革の取り組みは、第3章及び附録で詳述する。

〈平成13年（2001）4月1日　市長室フォア・ザ・九州等担当課長〉

第1回目のDNAどんたくを2月に開催し、大好評を得て、福岡市のDNA改革は軌道に乗りつつあったろうか？　市長周辺では大規模事業点検は何とかこなしていたが、SBCの破綻処理や博多港開発と銀行団とのせめぎ合いも始まるなど、K市長室長一人では手に余る状態になっており（山崎市政発足当時、広太郎さんの市議時代から後援会のとりまとめをしていた田島和義さんが市長室に嘱託として勤務し、交通整理をしてくれていたが、僕が市長室に入ったこともありで、すでに引いていた）、手伝って欲しいとの要請があった。折から「フォア・ザ・九州」を市長が唱道していて、総務企画局企画調整部の一つのテーマとなっていたので、僕をDNAの担当から外しフォア・ザ・九州等担当とすることとなった。DNA改革がいよいよ本格化する中での異動は、通常あり得ないし、僕自身後ろ髪を引かれる思いだった。このポストには1年で、「フォア・ザ・九州」には全く手をつけず、「等」の方ばかり、謂わば市長室長補佐のような立場だった。しかし、こうなると何でもかんでも降ってくる。何をやっていたのか、最早記憶も曖昧なんだけど、とにかく市長室を出るのは、殆ど一番最後だった。※この頃は持病になっていた腰痛も酷く（今思えばメンタルから来ていたのだろうけれど）、毎晩のように深夜の中洲のサウナに行って、マッサージを受けてじゃないと帰れなくなっていた。
※総務企画局長、副議長の逮捕、ＳＢＣの破綻処理や博多港開発融資での銀行団とのせめぎ合い、ケヤキ庭石事件、その殆どが前市政からの尻拭いだったが、新たに経営管理委員会の石井委員長の市長選出馬騒動の一方で、２期目に向けた市長公約のとりまとめなど、さらには九大大学院での指導教官だった今里滋さんの福岡県知事選挙への立候補で公約づくりにも深く首を突っ込んだり、どうしてあんなエネルギーが湧いてきていたのか、今思い出しても気が遠くなるほどである。

ファミリーヒストリー③

うちの家族では、長女の友里が「広太郎おじちゃん」と言って、広太郎さんに一番懐いていた。高校生の時だった思うが、ある時市長室をふらっと訪ね、僕はいなかったのだが、丁度、広太郎さんが秘書課のソファに出ていて、友里を見つけて呼び寄せてくれて、応接セットの卓上にあった、ホークスのキャッチャー城島のサインボールを「これ持って帰りなさい」とプレゼントしてくれた由。当時人気絶頂の城島のサインボールだけに、さぞかし喜んでいるかと思いきや、ホントは「柴原」の方がよかったと宣わった。

僕に似て欲張りな娘で、36歳でｗｅｂ制作のマネージャーから中学校の国語科の教員に転職し、超ブラックな県教員から今は福岡市内の中学校で忙しいながら、手応えを感じる教員生活を送ってくれているようである。娘を通して学校現場の惨状を知ることとなり、教員の働き方改革が喫緊の課題であることを認識することとなった。

市長室経営補佐部長

広太郎さんが無事に再選を勝ち取り、二期目公約の一つの目玉であり、DNA改革のセカンドステージの象徴でもあった経営会議の設置と経営補佐体制の制度設計の詰めの作業が進んでいたが、新設される経営補佐部長（おそらく全国的にもこのようなポストは存在していなかっただろう）は誰かとの話が持ち上がってきた。僕には腹案があったのだが、その人は外せないということで、別の案が伝えられ、全くの想定外で僕はへそを曲げてしまった。これが間違いの元、そんならあんたがやったらとも言われるが、受けられるはずもなく、人事構想はデッドロックに乗り上げてしまった。そのうち、渡部総務企画局長の、「一番事情が分かっている吉村が引き受けるべきで、引き受けないというのはワガママだ」との発言が耳に入ってきた。僕は腹をくくるしかなかった。辞令交付式は局部長が一緒で、市長室経営補佐部長は部長級の一番、名前を呼ばれて登壇するとき、会場のみんなの目が背中に突き刺さるような思いがしていたことを思い出す。市長から辞令を渡され、「よろしく頼む」と言われて、ようやく腹が据わった気がする。経営補佐部は担当参与（局長級）に医療職だった荒瀬泰子さんが南区保健福祉センター長から（現副市長）、その下に、部長1人、課長が2人、係長3人、職員2名、計9人でスタートした（広義の補佐体制としては、+部長3人、課長6人に兼任辞令）。先ずは市長室のリニューアルの突貫工事。助役が一名減で、助役の分担規定も外したので、助役室を行き来しやすい構造に変え、空いたスペースに参与以下の経営補佐部が陣取った。経営補佐部長の椅子に座ってどんな想いが去来していただろうか？　まず最初にスタッフ全員に、沼上幹著『組織戦略の考え方～企業経営の健全性のために』ちくま新書（２００３）を配った。近著のお気に入りで、自分の組織にどのようにアプローチしていくか、自分なりの戦略、自分で考え、自分で担っていくという主体性が強調されていて、経営補佐部のミッションに照らしピッタリだと思っていた。経営補佐部の第一義の役割は経営会議の事務局機能（議題の設定と論点の整理）である。言葉にすれば簡単だけど、僕にとってはとんでもなく重たい荷物だった。経営会議や経営補佐体制については第2章で詳述するが、何が大変だったかといえば、先ずはその居心地の悪さだったろう。選考採用とは言え、謂わば、あてがい扶持のように係長職で出戻り、1年で課長職、3年で部長職、しかも各局の生殺与奪の権を持つような前人未踏の役回り、失敗するわけにはいかないと、否が応でもバリバリ肩に力が入っていた。

職務として、何が大変だったか？　経営補佐部の第一義的な役割は「議題の設定と論点の整理」である。経営会議への付議を予定する案件は、予めリストアップされ、大まかに年間スケジュール的なものは作成していたが、「縦割り構造や事前調整文化の弊害を克服し、全市的観点からの意思決定を的確に行おう」とすると、議題に挙げるタイミングはトップと現場の局区では、得てして思惑に食い違いが生じる。場合によってはお白洲に引きずり出すような局面もある。その場合の引きずり出し役は経営補佐部になる。さらに手強いのは論点の整理だった。付議案件の総括シートには、「決定すべき内容、決定のタイムリミット、所管局の方針案、問題点、関係局の意見」の外に、経営補佐部が「論点」を整理し付議することになっていた。当然、論点整理の的確性は経営会議の決定の質に直結するので、補佐体制としては最も大切な仕事だと言っていい。しかし、議題の所管局区にとって課題とか問題点は書くことは当然のこととしても、他者に「論点」を設定されるというのは、そもそも経験が多くないし、面白くない。そして往々にして鋭い論点であればあるほど、本来触れられたくないものが多い。目的があって、課題があって、ようやく解決策を見つけて、決めてほしいのに、まさに局外者から論点なんか出されてひっくり返されれば元も子もなくなる。しかも三役からならともかく、謂わば同輩、後輩から弾が飛んでくるのだから堪らない。しかし、論点がなければ経営会議は追認機関にしかならない一方で、案件への的確な理解がないと論点など設定できない。なので、メンバーには論点の深掘りを求め、僕が怒るのは決まって論点の掘り下げが足りないという点だったらしい。そして、深掘りすればするほど、提案したとおりに決めてほしい所管局区との軋轢は大きくなる。結局僕はその隙間に嵌まって身動きが取れなくなっていったのかなと思う。

挫折～長期入院

再びの市役所入りから4年半、ずっと働きづくめで僕は心身共にホトホト疲れてしまっていた。毎週ごとの経営会議開催のプレッシャーは凄まじく、経営会議の日は、8時、7時半、7時と、出勤時間がどんどん早くなってしまっていた。夜の帰りも遅いのに、朝目が覚めて、自宅でじっとしていられなかった。職場もピリピリしていたらしい。僕が覚えているのは、当時係長の下川祥二君[※]（現水道事業管理者／元市民局長）から「そんなに怒らなくてもいいじゃないですか！」と言われてハッとしたこと。一番気心が知れていて、彼の人柄に随分救われてきていたのに、そんな言葉を発させてしまって、他のメンバーはそれすら口にすることも出来なかっただろうに。

※下川君とは不思議な縁があった。僕が失業して専業の大学院生の折（平成9年／1997）、九州大学大学院と福岡市職員との共同研究があり、彼が同じグループに割り当てられてきた。勿論当時は初対面。後年聞いてみると、職場に帰って、吉村っていうのがいると言ったら、上司から、「あの人は危ないから、あんまり付き合わん方がいい」と言われていたらしい。その下川君と、3年後の平

成12年（2000）4月、市長室行政経営推進担当でのDNA改革で相まみえることとなった。僕はただ懐かしかったが、下川君の驚愕は想像に難くない。

9月は敬老の日と秋分の日があって、2週間近く休んでも傷が浅いので、短期の入院をして休みたいと医療職だった荒瀬参与に相談し、心療内科を紹介してもらって受診した。診察券には初診平成15年9月11日とある。クリニックの院長に診ていただき、西区今津の川添記念病院に入院させていただくことが出来た。海沿いの静かで景色のきれいなところだった。当時のことはあまりよく覚えてはいないのだけど、とにかく腰痛も酷かったので、投薬以外の整体的な治療もお願いした。程なくして、担当医から、かなり症状が重いので、入院は短期では済まないと宣告された。診断名は確か「感情障害」だったと思う。抗うつ剤が投与されると、極端に「躁」に振れた。長期入院で腹が決まって外出許可をもらい、市内に出掛けて、スーツを1着、ゴルフのパターとマット、ラジカセを一抱え買って病院に戻ったら、スタッフが唖然としていた。そして外出禁止になった。1ヶ月ほど経った頃だろうか、懇願してPCの使用許可をもらった。寂しくて堪らず携帯電話であちこちに電話をかけ、PCでもあちこちにメールを送ったり、メーリングリストに書き込んだりしたが、情緒は不安定なので、時に過激な書き込みになり、あとで聞けば、友人達は皆どう対応したらいいか、とても心配していたらしい。PC使用再停止になったりもした。なので、スケッチブックや画材を買って、絵を描いたりした。2ヶ月ほど経過すると次第に症状は落ち着き、見舞いの方達と糸島半島のパワースポットでランチしたりして、もう大丈夫だろうと、12月末、3ヶ月半ぶりに退院したが、いざ復帰してみると全然ダメだった。復帰最初の経営会議（進行は経営補佐部長）の案件は、あまり重たいものでもなかったと思うが、僕は調書を読むので精一杯、市長も周りも僕が読み終わって、ホッとする感じだったことを覚えているが、その後のことは全く覚えていない。とにかく、あっという間に沈んでしまい、経営補佐部長を続けることは無理で、議会事務局次長への異動を打診された。今思えば、ここしかないっていうポストをよく見つけ、議会と話をつけてくれたと思うが、僕がそうは簡単に行かなかった。1月から2月にかけて上司や妻、主治医を巻き込んで、市役所を「辞める、辞めない」とすったもんだした。奇跡的に友人とのメールが残っていたので、一部を再掲する。

「主治医の「あなたの今の状態からして、人生の大きな岐路の判断はしてはいけない」というのはごもっともなのですが、私にとっては経営補佐部を去っての転任は、「そんな生き恥をさらすくらいなら死んだ方がまし」というものでした。

しかし、私のかつてのわがままで病に追い込んだ妻の主治医を通しての「いつかは辞めると言い出すと思っていたので、それなりに生活設計は立ててきたけど、今の状態ではいくら何でも不安が大きすぎる」という言葉は、「あなたが健康の心配をしている奥さんがこう言っているのですよ」という主治医の言葉と併せ、さすがの私も断念せざるを得ませんでした」。

第6フェーズ　2004・4～2011・3
2度目の議会事務局～議会改革との出会い

僕は退院後、半年位?・妻に一緒に通勤してもらった。一緒の電車に乗って、役所まで一緒に歩いて、玄関で「いってらっしゃい」と別れた。そうしないととても不安だった。2度目の議会事務局での当時の僕の印象は、次長職は盲腸のように、いてもいなくてもいいという存在だった。市長室経営補佐部長から議会事務局次長というのは、自治体の組織で言えば地球の反対側に来たようなものだが、当時の僕にとってこれ以上のポストはなかったと思う。その後7年間の異例の長期在職となった。議長は川上義之氏（故人）、副議長は大石司氏、議会事務局長は中央大学の先輩西山さん（故人）。ここでも人に恵まれた。川上議長は広太郎さんと同じく南区選出で旧知であり、僕を受け入れてくれた。大石副議長は公明党市議団の実力者で政策通であり、次長職は副議長と様々な会議など同行することが多く、安心してお仕えできた。挫折の傷が癒えるはずもなかったが、開き直ることも覚え、体調は次第に回復していった。そうこうするうちに、公明党の浜田一雄議員が、「折角行政改革をやってきたんだし、いろんな蓄積もあるだろうから、一緒に議会改革をやろう」と声をかけてくれた。民間企業に比べ行政分野の改革は10年遅れ、議会という機関は改革の対象としては一番遠い存在だと思っていたが、2年前の行政経営フォーラム例会で、「天命を知る」50歳の誕生日を迎えていた僕は、「改革が自分の天命である」と宣言していたことを思い出した。

議会改革

会派からの議会制度改革の推進に関する申し入れを受けて、代表者会議において議会の活性化を推進するための検討組織の設置について協議が行われた。そして平成17年（2005）7月、議長の諮問機関として「議会活性化推進会議」の設置に至った。推進会議でとりまとめた事項は、議長に報告した上で、代表者会議で決定するという建て付けで、了解を取り付けた。議会活性化推進会議は2回の改選を挟み平成23年（2011）3月迄の6年間、第1次、第2次にわたり、延べ43項目のテーマに取り組んだ。当時は、政務調査費、費用弁償、海外調査費のあり方が、社会的な問題にもなってきており、この3点セットには大きなエネルギーを注がざるを得ず（座長や議会事務局職員の頑張りで、それぞれに傑出した成果は出した）、インターネット放送などの標準装備は調えたが、本来の改革のあり方を思うと議会という合議制機関の改革の難しさも痛感していた。

※議会事務局がやれば出来ることはどんどん進めた。ホームページのリニューアルと併せ議員への情報提供システムを変更することが決定されたので、市議会HP上に「市議会情報ＢＯＸ」を開設した。ここには委員会に提出される資料なども掲載され、市民にも開示されることとなった。おそらく全国初の画期的な取り組みだったし、「市議会情報ＢＯＸ」の情報の質とレベルは全国のトップクラスだったと思う。これは今でも、福岡市の具体的な施策内容を調べるのに重宝している。

平成18年（２００６）5月18日、北海道栗山町議会が、わが国最初の「議会基本条例」を制定した。これには驚愕した。議会でこんな条例が出てくるなんて想像だにできなかった。その前文にはこうある。「自由闊達な討議を通して、これら論点、争点を発見、公開することは、討論の広場である議会の第一の使命である」。まさに膝を打つ思いであり、外の世界では凄い風が吹き始めていることを知って、僕は打って出ることにした。平成20年（２００８）7月「市民と議員の条例づくり交流会議」にはじめて参加した。栗山町の議会基本条例が制定／施行されていたこともあり、溢れるほどの参加者と沸き立つような雰囲気で、多くの知見と同志を得ることが出来、毎年7月末は自費参加することが恒例となった。「市民と議員の条例づくり交流会議」は、議会改革の謂わば「配電盤」であった。その後もやい九州の仲間と、地方企画に取り組むこととなり、（第五章もやい九州とともに参照）僕は「市民と議員の条例づくり交流会議」の運営委員に選任され、中心メンバーの一人として活動することになった。

山崎市長の落選

議会事務局3年目、平成18年（2006）11月の市長選挙で、3選を目指した広太郎さんが落選した。市長室を離れ、市長公約づくりにも関わらず、少し遠くから見ていたことになる僕には、正直なところ意外さはなかった。国政でも風が吹き始めていたし、不利な条件も多過ぎた。8年前の挑戦の時には必ず勝てると思っていた僕なりの見立てだった。

投票日に福岡にいるのがいたたまれず、早稲田大学で開催された第1回ドラッカー学会に参加して、ドラッカー学会HPにあった「私のなかのドラッカー」の著者、福岡県在住の時津薫さんに初めて相まみえた。ここでの縁が後に福岡でドラッカー読書会を始める切っ掛けとなった。この日行っていなければ、ドラッカー読書会は始まらなかっただろうし、僕のドラッカー思想への傾倒も起きなかったかもしれない？

夕刻の便で戻り開票を待ったが、やはり完敗だった。僕もこれでスッキリ辞められると思った。投票日の翌日、市長の任期中に退職させて欲しいと広太郎さんに懇願したが、認められなかった。当時、議会活性化推進会議の座長を務めていた川口浩議員（僕の採用について議会で追及した方、後に第68代議長）から、「一度辞めて、ああいう形で戻って、また辞めるというのは許されない」と叱責され、親身なだけに、これは堪えた。また同僚の馬場伸一君が市役所内はおろか全国各地の同志に、「吉村が辞めると言い出すから、辞めるなと言って」と「お触れ」を廻していた。自席には次々に辞めるなと言ってくるし、それこそ全国各地の同志からのメールが殺到した。更には、国会、三重県知事時代から知己を得ていて、ローカル・マニフェスト運動を通して、親しくお付き合いいただいていた当時早稲田大学マニフェスト研究所長の北川正恭さんには、市長選挙におけるマニフェスト型公開討論会のメインコメンテーターをお務めいただいたりしていたが、「吉村、辞めるなよ！」とクギを刺されてもいた。僕の病は癒えつつあったが、まだ通院はしていた。経営補佐部長の挫折に次いで、広太郎さんの市長落選後も居残るというのは、耐えがたい屈辱にしか思えなかったが、枕を並べて討ち死にのような辞め方は許されなかった。ほとぼりが冷めてから、また考えようと思いとどまった。あの時辞めていれば、間違いなく野垂れ死にしていただろう。皆さんのご厚情に感謝するしかない。

政務調査費騒動

①平成19年（２００７）12月18日　政務調査費返還請求住民訴訟（対象：８会派29議員）
②平成21年（２００９）６月15日　返還命令取り消し事件
③平成22年（２０１０）１月18日　支払い請求事件

この当時は政務調査費の不正使用が次々と暴かれ、マスコミを賑わせていたが、福岡市議会も例外ではなかった。小さな不正が綻んで、議員辞職に至る例もありで、手を拱いていると議員が身分を失うことにもなりかねず、制度の適正運用の要請も含め、議会事務局職員としても腹をくくって議員と向き合わなければならなかった。そういう中、郵便切手を大量購入して、後に現金化し他の目的に流用するという事例が生じ、マスコミにも取り上げられていた。実費弁償の原則にも悖る一方で、虚偽の報告も重なった。議長に報告し代表者会議を経て返還を求めたが応じないため、市長による返還命令に至った（政務調査費制度は議会の自律性を担保するため、市長の関与は抑制的な建て付けだったが、やむを得なかった。当該議員は所属会派を除名となったが、返還命令の取り消しを訴え提訴に至った）。（②）議会側としては、時効も踏まえ、早期の債権回収が重要であり、福岡市が有する返還請求権と当該議員が有する政務調査費請求権を相殺し、債権回収を図った。政務調査費の重要性を踏まえれば実に悩ましい判断だったが、返還の見通しもないなか、議員におもねらず、果断な対応だったと思う。この件も訴訟に至った。③もちろん、いずれの案件も後に市が勝訴している。この手の訴訟対応はおそらく全国的にも例がなかったと思うが、調査法制課がほぼ自力でやった。衆議院法制局派遣組がいて、法制執務能力は執行部を凌ぐ力量だったと思う。僕はこの頃、在籍5年目で異動の話があったが、政務調査費返還に関する住民訴訟案件①も抱えていて、辞退した。

この事件では実に不愉快なこともあった。この種の案件は機動的に動ける次長職が正副議長や各会派間を走り回ることになるが（この件は特に悪質だったので、僕自身が強い姿勢で臨んではいた）、件の議員の同僚議員から、「お前のことは人事に報告している」「お前はしまやかす（終わらせる）」と恫喝された。強面の長老議員なので、心中穏やかならざるものがあった。パワハラもいいとこで、腹に据えかねるところもありで、よほど法務局の人権相談所に話してみようかと思ったりしていた。このころは、体調は復調していたし、軽い向精神薬の服薬のみだったが、議会棟のエレベーターに立つのは不安だった（議会事務局への異動以降、行政棟のエレベーターは一切使っていなかったし、そもそも行政棟に立ち入ることも殆どなかった。経営補佐部長で挫折し、広太郎さんの落選以後も居残り、人目に触れることに抵抗があったし、議会事務局‐正副議長室‐各会派の控え室‐議場を走り回っていれば次長職は務まった）。しかし、何よりこの頃は、外での活動も充実しつつあったので、乗り切れたのだと思う。

議会事務局研究会ホームページ
QRコード

議会事務局研究会

議員と議会事務局職員が自治体議会改革の車の両輪であるために、議会事務局の体制強化が不可欠であり、議会事務局も改革の客体ではなく主体になるべきと、平成21年（２００９）3月、駒林良則・立命館大学法学部教授の呼びかけで「議会事務局研究会」が発足していた。伊万里市議会の盛泰子議員からのお誘いを受けて、平成22年中途から参加させていただき、平成23年3月の最終報告では、「議会改革時代の議会事務局のミッション」を寄稿させていただいた。この頃学んでいたドラッカー思想の知見やファシリテーションなどを駆使して、活動した。挫折を乗り越え、一皮むけてきた時期だったかもしれない。

○平成23年（2011）6月11日「第1回議会事務局研究会シンポジウムｉｎ京都」

★もやい九州の仲間の近松和博さんのサポートを得ながら、初めての本格的なコーディネーターを務めた。好評をいただき、同様のお役が回ってくるようになった。

○平成24年（2012）6月16日「第2回議会事務局研究会シンポジウムｉｎ大阪」

★パネラーとして登壇したが、尊敬する元鳥取県知事／元総務大臣の片山善博さんの隣の席で、大感激だった。そして、この時は僕の還暦の誕生日だった。有志の発案でサプライズの誕生会を開いていただき、赤のチャンチャンコならぬ赤いポロシャツに、それぞれの思いがこもった色紙をいただいた。忘れられない思い出である。

○平成24年（2012）11月2日　第7回マニフェスト大賞地方議会部門

「優秀賞及び審査委員会特別賞を受賞」

★ローカル・マニフェスト運動には関わっていたが、まさか議会事務局の活動で受賞できるとは思わなかった。ずっと背中を追いかけてきた北川正恭さん／当時早稲田大学マニフェスト研究所長に褒めていただき、記念撮影にも納まって大満足だった。

このほかにも、いろいろ声がかかって、市役所退職後も全国あちこち駆け回った。

○平成28年（２０１６）８月18日「伊万里市議会議員研修会公開講座」『今、地方議会に求められるもの～議会基本条例の意義』
★議会改革の学識経験者ツートップである廣瀬克哉さん／現法政大学総長、江藤俊昭さん／現大正大学教授をお招きしての講演会。当時伊万里市議会議長だった盛泰子さんの肝いりでの議員研修会がフルオープンで開催されて、コーディネーターを務めさせていただいた。栗山町議会基本条例の制定から10年目を迎えての研修会でもあり、この会場には、全国初の自治基本条例であるニセコ町まちづくり基本条例制定の理論的指導者である元北海道大学教授／九州大学名誉教授の木佐茂男さんが参加されており、質問もいただいて、大汗をかいた。
○平成29年（２０１７）３月11日　議会基本条例10年シンポジウム『九州から問う　議会改革』
★栗山町議会基本条例制定10周年記念の一連の取り組みのしんがりとして、当時東京財団研究員／元栗山町議会事務局長の中尾修さんの要請を受けて取り組みを企画・開催し、総合司会を務めさせていただいた。

第7フェーズ　2011・4～2013・3
中央区役所／区政推進部長へ

議会事務局次長職は在職7年を数え、異例の長期在職となっていた。定年退職まであと2年、異動があるなら今年だと思っていたが、中央区役所区政推進部長への異動となった。考えてみると、異動先が内示まで分からなかったというのは、最初の異動（博多区役所→都市計画局交通対策課）とこの最後の異動だった。いつも希望したり、呼ばれたり、不本意な異動というのはなかったということになる。福岡市は博多商人のまち「博多」と黒田如水公以降の武士のまち／城下町「福岡」の双子都市構造が大きな都市の個性であり、福岡市職員として博多区役所でスタートを切り、中央区役所でゴールを迎えるというのは幸せなキャリアであったと思う。しかも、中央区役所での最後の仕事が、大濠まつり／黒田25騎の武者行列（僕は黒田利高役）であったことは望外の喜びだった。

区政推進部長は総務担当部長ではあるが、元々は地域支援部として発足したものであり、肝は地域支援課を所管していることだった。地域支援課には地域支援係長が4人いて、一人3～4校区を担当していた。平成12年（２０００）4月の経営管理委員会の「コミュニティの自律経営」の提言から10年、平成16年（２００４）4月の町世話人制度の廃止、自治協議会制度の発足から7年を経過していた。今、自治協議会制度がどこにいるのか、全く分かっていなかった。数年前に補助金制度などの一定の見直しが行われていたが、それなりに自治協議会制度が定着しつつあった頃かもしれない。吉田恵子区長と一緒に全公民館／自治協議会を廻った。僕自身の関心は公民館の建て替えも進行しつつある中で、コミュニティの拠点として位置づけられた公民館と自治協議会の関係性だった。公民館にも人物はいるし、自治協議会にも人物はいたが、組み合わせ次第だし、中央区14校区、当然だったが、それぞれだった。区政推進部長は各校区の自治協議会の会長さんたちのお付き合いが中心になってしまって、どこか隔靴掻痒になるので、地域支援係長にお願いして、これはと思う自治会長を紹介してもらって、一緒にお酒を飲んだりした。さすがに地域には人がいるなと思ったが、そこまでだった。今となっては食いつきが足りなかったと、ほぞを噛む思いである。

中央区選挙管理委員会事務局長

区の総務担当部長は区選挙管理委員会事務局長を兼務する。

選挙は、若い頃に投・開票事務の従事経験の一方で、候補者側の経験もあった自分が、まさか区とはいえ、選挙管理委員会事務局長を拝命することになるとは。しかも公務員としてのラストステージで。運命のいたずらに驚いた。これで、選挙については、図らずもオールラウンドプレーヤーになった？最初の年に統一地方選挙。これは異動直後なので、お膳立ては全て終わっていて、告示日から投・開票までベテランがうまく廻してくれていたので、邪魔にならないように見守るだけだった。驚いたのは、選挙管理委員会の専任スタッフはわずかで、短期集中する事務量はとてもこなせないのだが、OBが自分の仕事が終わったあとや土日に自主的に集まってきて、手伝ってくれること。それが順送りになって選挙事務が回っていることだった。そして2年目、参議院選挙は翌年で、年内の衆院選はないとの見方が強かったが、前官房副長官の古川貞二郎氏の西日本新聞「堤論」を読んで、僕は年内解散・総選挙を確信した。なので、事務局スタッフに無駄骨覚悟で準備を始めるよう指示した。これは図に当たって、師走の衆議院選挙となり、一週間のフライングは役に立った。不在者投票や郵便投票などの実務を見させてもらったが、郵送でのやり取りなので、かなりまどろっこしいものだった。ここら辺はカイゼンの余地多々ありだろう。オフィス街の中央区なので、不在者投票に来られる方もいらっしゃって、ほかの区では経験できないことだったかもしれない。この衆議院選挙は、政治改革に身を投じたものとして、初めて本格的な政権交代を実現した民主党が政権を失い、しかも解散に打って出た時の総理が日本新党出身で、僕が最も期待していた野田佳彦氏であったこと、その後の悪夢のような安倍政権が続く切っ掛けとなった選挙で忘れられない。それも一切の選挙運動が禁じられる選挙管理委員会事務局長の時なのだから、皮肉としか言いようがない。

情報発信中央区（福岡市）
Facebook ページ QR コード

Facebook 公式ページ「情報発信中央区」の開設

平成23年（２０１１）11月22日、福岡市役所初の公式Facebookページ「情報発信中央区」がスタートした。当時（今も?）Facebookにはまっていた僕は区役所の情報発信ツールとしてのFacebookの可能性に注目していた。担当を区の広報を所管している企画振興課にお願いしたが、Facebookを利用している職員は少なかった。いろいろ心配していたが、8月には当時Facebook課があった武雄市役所の樋渡啓祐市長を訪問し、懸念を一掃してもらった。その時秘書課スタッフとして同席してくれていたのが、今や武雄市長の小松政さんであり、江北町長の山田恭輔さんである。強力な援護をいただいて、案ずるより産むが易しということで、僕の投げかけから半年後の11月22日スタートとなった。今も発信を続けてくれており、フォロワー数は３，３９４人。決して多くはないが、現在はあの頃と違って、ＬＩＮＥもインスタもＳＮＳ乱立の時代ですから致し方なし。福岡市役所で最初の公式Facebookのページを立ち上げたのはちょっと自慢である。

定年退職

平成25年（２０１３）3月31日、合計33年務めた福岡市役所を退職した。2度目の退職だが、今度は定年退職でそれなりの感慨もあった。また、退職後は福岡市を離れて働くことにしていたので、本当の福岡市役所／職員とのお別れだった。区政推進部長時代は、個々の職員との会話の時間がちゃんと取れないので、その代わり?ほぼ毎日、部職員全体に『ドラッカー３６５の金言』を中心に、ドラッカーの箴言をひとつ紹介し、自分の思うところを書き添えたもの（……自画自賛で恐縮だが、毎朝これを読んで、今日も一日頑張ろうと思っていたと言ってくれている職員もいた）をメールで一斉送信していたので、最後の日もさよならメールを送った。残念ながら、控えを残していないので、どういう気持ちで定年退職を迎え、どういうメッセージを部の職員に送ったのか、今となっては確かめようがないのは残念だ。タイムカプセルを開いてみたかったかな？

当時のメールを受け取ってくれた職員の記憶では、「自分の将来と可能性を誰よりも自分が信じ期待すること」というメッセージがあったと、先日教えてくれた。心の底からそう思い、特に若い職員にいつも言っていたことなので、大いに納得。

退職時の確信　～政治・行政の究極的な役割は市民の力を引き出すことにある～

この言葉は、今となっては、広太郎さんから教えてもらった一番大切なメッセージである。これを聞いた当初は、もちろん異論があろうはずはなく、それはそうだろうと、その深さを吟味せず納得していたつもりだった。しかし、定年退職の2、3年前からファシリテーションによる対話の場の必要性や可能性が喧伝され、いわゆるファシリテーターの方々ともたくさん接することとなっていた（恵まれたことに、福岡には田坂逸郎さん、加留部貴行さん、山口覚さんなど、全国屈指の有能なファシリテーターが存在していた）。場数を踏んでいるうちに、ファシリテーターがやっていることは、結論への誘導ではもちろんなく、その場に参加している人が全て適任者との前提で、その場の参加者の思いや力を引き出し、その場に新たな気づきや力が生まれていることだと気が付いた。そして市役所のミッションこそが、これなんだと確信した。どうしてもノイジーなマイノリティに目が向かいがちな行政であるが、サイレントマジョリティの賢明さ、その力を引き出すことの大切さを改めて気づかせてくれた。お陰で僕は「政治・行政の究極的な役割は市民の力を引き出すことにある」という言葉を心の底から確信を持って公務員生活を終えることができた。そして、そのことに、ある種感動すら覚えていたし、幸福感にも満たされていた。やがてこのことは、僕の人生のセカンドカーブに大きな影響を与えつづけることになる。その後経験する介護の世界でも共通のものであり、コーチングの学びでも同様、あらゆる場面で「引き出す」ことの大切さを教え続けてくれている。

第8フェーズ　2013・5～2018・4
人生二毛作／田川・暖家の丘　～コーチングとの出会い

市役所を定年退職したあと、どう生きるかはずっと抱えていた重い荷物だった。※広太郎さんの落選後も不本意ながら居残ってしまった身故、再任用など福岡市にお世話になるつもりはなかったし、退職後の人生を人事当局に預けるつもりもなかったが、かと言って大学教員の道は度々失敗し、見通しは全く立たなかった。そういう中、定年退職の前年、議会改革の取り組みで知り合っていた当時田川市議だった佐々木允さん（現福岡県議会副議長）から両親が経営している社会福祉法人猪位金福祉会「暖家の丘」の事務長を探しているという話を聞きつけた。調べてみると田川市内までは、車で1時間程度（片道50㎞）、通えないことはない。介護事業の経験は全くないし、福祉分野も最初の生活保護行政だけの全くの素人だったが、思いっきり手を挙げた。市役所のOBに務まるのか、先方の不安も大きかったと思うが、話は決まった。もちろん、僕の不安も大きかったが、退職後の人生を自分で選択できたことと、軛が解かれたような安堵感は本当に格別だった。結果として、初めての土地、初めての仕事となり、「人生二毛作」というミッションを手に入れ、自分自身を鼓舞することもできた。

採用は平成25年（２０１３）５月１日であったので、４月まるまる１ヶ月が願ってもないモラトリアムになり、お釈迦様の誕生日の４月８日から「奈良ホテル12連泊」の生涯最高の至福の旅を堪能した。
※その頃は迷いの多い日々を過ごしていたので、平成23年（２０１１）２月から、ｍｙコーチとして丸本昭さん（当時人吉市役所／現オン・ストレングス代表）にコーチングをお願いしていた。僕の問いは、いつも、「これから何をどうやって生きて行けばよいか」、「大きなリスクを取った人生だから、ただ終わりたくない、どうすれば人生の収支が調うか」みたいなことばかりだったと記憶している。

平成26年（２０１４）年賀状にはこう書いた。

「私こと、昨年３月末に福岡市役所を定年退職させていただき、人生二毛作と心に期して、その地を筑豊／田川に求め、５月から社会福祉法人猪位金福祉会「暖家の丘」の事務長として勤務しております。初めての土地での初めての仕事、往復１００キロの車通勤はハードですが、八木山峠、烏尾峠を越えての香春岳、福智山、英彦山などの筑豊の山々は実に豊かです。現在、暖家の丘は日本一の地域包括ケアの拠点を目指し、中期経営計画の策定プロジェクトに邁進しています。ダンケはドイツ語で、ありがとうの意味です。ありがとうは魔法の言葉、ありがとうが日本一飛び交う暖家の丘を目指します。皆さまの温かいご支援をヨロシクお願いします。」

暖家の丘の心／明るい笑顔 暖かいサービス 「ありがとう」で伝える感謝の心

「暖家の丘」は、在宅介護全般をフルラインで担い、デイサービスから始まった法人は創業15年目を迎え、田川地域随一の陣容を構えていた。当時、さらにサービス付き高齢者向け住宅98戸、デイサービス、巡回サービス、保育園、診療所及び法人本部からなる複合拠点施設を建設したばかりで、真新しいOfficeに真新しい机、椅子と素晴らしい環境で、僕の「人生二毛作」は始まった。「暖家の丘」の経営は、万事ポジティブで事業意欲が旺盛かつ情の篤い佐々木陽子さんを理事長に、市議を4期務めながら全く偉ぶったところのない、万事慎重で心配性の佐々木一広さんが相談役という夫婦の絶妙の組み合わせで、それを法人の最大のリソースとして事業規模を着実に拡大していた。僕は着任初日の朝礼で「日本一を目指しましょう」と大風呂敷を広げた。

118vs46ショック

僕が事務長に就任した平成25年度（２０１３）は事業規模の拡大で、職員数は３００人を超える体制となっていたが、1年間の採用者が１１８人で離職者が46人、この流動性は衝撃だった。採用／離職手続きだけでも大変な負担だが、事業所現場では、シフト管理で目一杯となる。介護事業がとことん人で成り立っており、人を育てることと共に、職員の働きがいや働きやすい職場環境づくりが法人の経営と将来に直結することを痛感させられた。ここは僕の得意分野だと思い、外部講師をたっぷり投入して、稼ぎもないのに、あれこれやらせてもらった。やっぱり公務員はお金を使うことが、実に安易なのだと痛感もさせられた。研修と言えば、講師招聘に関わる費用しか頭になかったが、研修参加する職員の拘束時間もコストなのだという意識すらなかった。こうした費用が３Ｋ（キツイ、汚い、給料安い）といわれる職場の汗と涙から生み出されているのであり、介護の仕事を３Ｋではなく、５Ｋ（感謝、感動、交流、貢献、向上）にすることが、経営の仕事だと肝に銘じた。仕事の性格も内容も違うので、一概に比較は出来ないが、給与の面だけを見れば、公務員の半分の処遇だと思った。恵まれない環境の中で、「介護の仕事は天職だ」と頑張っているたくさんの介護職員がいる。超高齢社会に突入しつつある今日、介護事業の重要性は論を俟たない。介護職員の処遇改善は、介護事業に関わる経営者、自治体、政府、そして社会全体にとって喫緊の課題だと思う。

往復100㎞、2時間の通勤は大変だったが、頑張った！

必死こいて働いたら、翌年、年俸が大幅にアップされた（給与については、採用時から一切の要求はしていなかった。福岡市での再任用の場合での相場も知らなかったし、調べなかった。雇っていただけただけで有り難かったから）。

当時経営アドバイザーをお務めいただいた松田美幸さん／元福岡市経営管理委員会委員／元福津市副市長の助言で、平成25年の冬期賞与時から始めていた理事長からの「ありがとうカード」にはこうあった。「想定外の頑張りに、倍返しのありがとうを送ります。職員を大切に思うあなたに学ばせていただきました」。これはうれしかったし、「ありがとうカード」の価値を実感した。それ以降「暖家の丘」の夏と冬の賞与の贈呈時には、全職員に「ありがとうチョコ」二つと、管理者には理事長からの「ありがとうカード」が手渡される。田川市はチロルチョコの松尾製菓発祥の地であり、オリジナルのラッピングをしたチョコ二つ、「一つは頑張ったあなたに、ありがとう。もう一つは、あなたが、大切な誰かにありがとうと共に、渡してください。「ありがとうと言われるあなた」と「ありがとうが言えるあなた」を大切に」、がうたい文句だった。これは今でも続いているそうで、うれしい。

コーチングとの出会い

還暦を超えた身での往復100㎞、2時間の車通勤は、次第に負担となってきたが、それ以上に辛かったのは、毎日のように続く職員との面談だった。殆どが離職の希望だったり、職場内のトラブルの事情聴取だったり、仲裁だったり。みんなギリギリのところでやっているので、ちょっとしたことが大ごとになる。公務員時代はどんなに揉めたところで、離職はまずなかったが、介護業界の流動性が極めて高いこともあって、ちょっとした揉め事も離職に直結する。一人の離職は、ただでさえギリギリの要員でこなしている職場を疲弊させ、離職の連鎖に直結する。内心、離職は致し方無しとは思っても、欠員となる職場の状況からすると何とか踏みとどまるように説得するしかない。僕のポケットにはお金も人も入っていないのに、しかも答えが殆ど当事者の中にあるのに、なんとか自分が解決しようと悪戦苦闘した。僕には、決定的に聴く力が欠けていることにも気が付いた。次第に自分自身の中でのストレスも重たくなってきて、随分久しぶりにかかりつけ医だった心療内科でお薬を処方してもらったりもした。こうなってくると往復100㎞の通勤も辛くなる。「やっぱり市役所のお世話になって、通勤が楽で手慣れた仕事をやっておけば良かったかな」とネガティブな思考の循環も回り始めていた。このストレスから解放されるためにも、コミュニケーションを根本から学ばなければならないと痛感し出していた。以前から、NLP（神経言語プログラミング）には関心があり、単発のセミナーは受講していたが、腹を据えて学ぼうと、平成27年（2015）3月から10回連続講座「NLPプラクティショナー」を、10月には「ファウンデーション／ストレングスセミナー」、2016年3月から「NLPマスタープラクティショナー」の10回連続講座を受講。またmyコーチの丸本さんの紹介で、大好きな奈良の地、しかも東大寺のお水取りの期間に開催される「寧楽さろんスペシャルセミナー」にも2016～2017年と2年続けて参加し、次第に「ファウンデーション（自己基盤を整える）」にも興味関心が広がり、2017年末からは岡山で開催されるFBC／WEST主催「FBC実践講座」の「ファウンデーションコース」「コーチングコース」を2年がかりで受講した。その合間の2018年、2019年の夏にはさらに憧れの地、明日香村での「対話セミナーin飛鳥」にも参加するなど、セミナーまみれで財布の底はすっからかんに抜けたが、得たものは大きかった。

何より自分を知ること、理解することの大切さ、それが、他者理解につながり、他者への貢献も生まれる。空海が空海密教の核心としたものがまさに、「如実知自心」＝ありのままの自分を知ることであったし、般若心経の「観自在」も同じである。おかげで今、週に一度の臨済宗／萬松山／承天禅寺さんの早朝座禅で「今ここ」を堪能している。

この一連の学びでつながった「&Reprentm」の國弘望さんと安増美智子さんは、今僕のｍｙコーチである。丸本昭さん以降、歴代ｍｙコーチとセッションを続けているが、このコンビはなかなか辣腕である。ゴミの山と化していた、地下のアジト（書斎）の整理と再構築が、この10年来の片付かない課題だった。そして永年の懸案だった本の出版構想も浮上しつつあった。そこで彼女たちは、僕の「褒められたがる」「観られたがる」という資質をテコに、71回目の誕生日の6月16日に、出版構想と地下のアジト再構築披露会を開くという目標設定を投げてきた。これは効いた。この10年間、何度も挫折し、今回も挫折しそうになっていたことを今回はやり抜いた。お陰で約束通り、6月16日に出版構想とアジトの再構築披露会を無事に開催できた。そして、今、快適な地下のアジトで、本の出版に向けての執筆活動は順調に進んでいる。さらにこれには尾ヒレがついた。大好きな奈良でのコーチングの先生大川郁子さん、学びの仲間の久吉猛雄さんとの語らいで、「本はいつ出来上がるのか、目標を決めましょう」と来た。目標は決めずにゆっくりやろうと思っていたが、年内が目標だから、奈良／東大寺のお水取りの時に出版報告会をやりましょうと、言ってしまった。まだ一文字も書いていなかったのに。モチベーションはいくらあっても困らない。コーチングの「引き出す力」恐るべし。

卒業証書　平成30年（２０１８）４月27日

「あなたは入職以来事務長として、持ち前の人なつっこさと巻き込み力で様々な取り組みを重ね、ありがとうの文化を育み、当法人の発展に大きく貢献されました。その功績をたたえると共に、暖家の丘の心を体得した者として卒業生の称号を得たことを証します。」

〈ありがとう基金の創設〉

退職にあたって、規程以上の退職金をいただいたので、その中から拠出して、「ありがとう基金」をつくってもらった。「暖家の丘の心」である「「ありがとう」で伝える感謝の心」が、より法人内の職員に定着し、広がるよう、「認めて、褒めて、励まし合う運動」に発展することをその目的とし、ありがとう大賞の発表・顕彰を行う経費にあてる。これは今でも、年末に実施していただいているらしい。

後任の事務長が見つからないままだったが、往復100㎞の通勤は体力的にも限界だったし、何より高齢の両親の介護も必要になってきたので、丁度丸5年を区切りに、事務長職を引かせていただいた。快くご理解いただき、送り出してもらった。盛大な卒業式、職員の皆さんの心のこもったメッセージや動画を胸に心置きなく田川の地を離れた。後に理事を委嘱され、年に何度か、香春岳、福智山、英彦山などの筑豊の山々を眺めに、八木山峠、烏尾峠を越えてのドライブを愉しんでいる。

ジェットコースターはまだゴールに辿り着いていないが、これから先は、第4章、第5章に譲り、第1章をここで閉じさせていただく。

【第二章】山崎広太郎市政の挑戦

2004年9月21日　上海人民政府公会堂にて3市長会談
左から山崎広太郎福岡市長、許南植釜山市長、韓正上海市長（現国家副主席）

第一章では、僕のジェットコースター人生の視点で山崎市政に触れてきたが、ここでは山崎市政の8年間に直接光を当てて、エポックメーキングな出来事を中心に紹介していきたい。

平成10年（1998）11月15日の市長選の結果、盤石と思われていた現職を破って広太郎さんが当選することとなった。この選挙結果に、文字通り市役所は震撼したという。福岡市にとって、現職若しくはその後継者が選挙で敗れることは戦後初めてのことであり、まさに政変だった。そうした中で誕生した山崎広太郎新市長は、明確な公約を掲げ市民の負託を得ており、以後、福岡市政はその公約を基軸に展開することとなった。

選挙公約は公開質問状への回答と共に、総務局企画調整部に集められ、それぞれの項目について、現状、課題、具体的な政策が整理されていった。選挙が終わってそれほど時間は経っていないと思うが、企画調整部長だった鹿野至さんに呼ばれて「公約はこういう整理をしたが、どうか」と聞かれた。我が子を里子に出したような気分というのが正直なところだったが、公約は生煮えのところも多かったので、「未熟児をしっかり育ててもらって、ありがとうございました」と返事した。半分本音で、半分日和っていたかもしれない⁉

広太郎さんから、ある時こう言われた。「吉村、大きな船の舵を大きく切ったらいかん。船が大きく軋むし、荷崩れを起こす。舵をしっかり握って、じわっと切っていくんだ」と、「1年でできないことは4年かかってもできない」と、はやる僕の手綱を締めていたのだろうか。こうも言っていた。「素のままで行くぞ」と。知らないこと、わからないこともいろいろあるし、力足らずもあるだろうが、知ったかぶりをしないし、分かったふりをしない、虚勢も張らないという自らへの戒めだったのだろう。今にして思えば、選挙に勝つには勝ったものの、第32代福岡市長就任は当然のことながら、広太郎さんにとっても途轍もないプレッシャーだったはずである。因みに130年を超える福岡市政史上、市長と市議会議長の両方を務めたのは、大正から昭和初期に第8、9、12、13代市長、第34代市議会議長を務めた久世庸夫氏と第32、33代市長、第57、58代市議会議長を務めた山崎広太郎氏の2人のみである。このことは、きちんと顕彰されなければならないはずである。

「起の巻」～何を変えようとしたのか

広太郎さんが先ずは1期目、何に取り組んだのか、2期目の選挙に臨むにあたって、「山崎広太郎後援会／澄まそう福岡・市民の会」が、平成14年（2002）9月に発行した『私の一期目　山崎広太郎の挑戦』を辿ってみる。

◇印が広太郎さんの草稿　◆印は僕が見てきた景色の対比である。

初登庁～緊急景気対策融資の実施発表

◇「私は市長選挙の公約のトップに地場中小企業向けの融資拡大のため、新たに200億円規模の融資枠の確保をあげていました。年末を控え融資を実行し年越しに活用してもらうとすれば残された時間は限られていました。市当局の意見は、これまでの融資実績からして新たな200億円の融資規模の拡大はいわば天文学的な数字であり、とても消化できないので新たな融資枠の設定は無理であるというものでした。しかし選挙戦を通じて厳しい経済状況の中、融資への期待は極めて切実かつ大きい一方、そうした商工金融資金の制度そのものについてあまりにも知られていないこともわかっていましたので、融資枠設定の実行について強く市当局に指示し、また地場中小企業者への効果的な周知を図るため、私の初登庁の記者会見と同時に緊急景気対策融資の創設を発表できるよう準備を進めてもらいました。私にしてみれば融資制度以上に福岡市政は地場中小企業と共にあるというメッセージを伝えることがとても大切であるとの思いがありました。幸いマスコミ各社にも大きく扱っていただき、市当局もやると決まったら業界団体を通じたＰＲなどを積極的に行ってくれました。極めて有利な金利の設定もあって大きな反響をいただき、翌年３月までの間に関係者の予想をはるかに超える４６０８件、約１９０億円の融資が実施されました。市役所の常識からすればとんでもない額の融資制度であったかもしれません。私は行政はとかく役所の窓からものを見がちで、これからは市民の生活実感に根ざした市民の常識にかなう行政運営に舵を切り変えることの重要性を改めて肝に銘じたのでした。」

◆担当局長から電話をいただき、「予算技術上、12月議会で増額予算を組んでも消化できなければ、2月議会での減額補正が必要である。補正予算案の提出期限を踏まえると、融資期間は一月程度となり、２００億円の融資枠は天文学的数字である」とのことだった。僕は議会事務局職員の経験があり、議案処理の困難性が分かるが故に、動揺した。勘のいい西日本新聞のK記者が「早速、公約違反ですか?」と衝いてきた。広太郎さんに報告したが、こういう説得をたくさん受けてきただけに、「つまらんことを吹き込まれるな」と一喝された。そして、現場の課長さんから、「やります！」との一報。市長初登庁に間に合うようにしっかりとした内容に組み立ててくれた、初登庁の記者会見で発表できた効果は絶大だった。この公約は広太郎さんが中小企業者の生の声、悲鳴を聞く中で生まれたものであり、制度があっても知られていないこともわかっていた。この手の融資は焦げ付きやすいとの懸念の声もあったのだが、結果としては極めて完済率が高かった。市長の決断に市民が見事に応えてくれたものと思う。やはり机の上でものを考え、役所の窓からものを見がちな行政の限界を痛感するとともに、これが政治の醍醐味かと、忘れられない一件になった。

市長就任を前に

◇初登庁前に私は市役所の外で重要政策について大まかなレクチャーを受けることにしました。選挙戦の中で本市におけるサミット開催に、私が消極的であると受け止められているということもあって、いの一番のレクチャーはサミット問題でしたが、アイランドシティや九大移転、国際会議場など私が公約で大規模事業の一斉再点検の対象にあげていたものを中心にお願いしました。しかし、このレクチャーを数日間にわたって受けながら私は不思議な思いに駆られていました。私は5期20年市議会議員を務めており、そのうち6年間は議長の職にありました。その間、議員の立場の私は一貫して当局の既成事実を聞かされ、ひたすら説得を受け続けてきました。しかし数日後には市長に就任しようとする私の前で、これまでと同じような説明が延々と続いていったのです。「厳しい財政状況の中こういう目的で始めたけれど、こういう状況の変化があって、こういう問題を抱えている、どうしたらいいだろうか」という話が聞けるのではないかと期待していましたが、全ての事業が問題なく粛々と進行しているということでした。行政組織の病理と言われる「間違いがないー無謬性」「一度始めたら止められないー継続性」「悪い情報は上に上げない、出さないー秘匿性」などの悪しき慣習が私の市長としての戦いの標的になって行くと覚悟せざるを得ませんでした。

◆この時の呆れ果てたというか、静かな怒りに満ちた広太郎さんの表情は忘れられない。レクチャーの相手は多くが局長、部長達だが、広太郎さんからすれば、若い頃からよく知っているメンバーであり、何処かに正直な声が聞けると期待していたのかもしれない。その分失望が大きかったのだろう。初日は一人で行って、2日目からは僕が同行した。「吉村が、同席している」というのは、すぐに庁内に広まったようで、僕の耳にも入ってきた。皆、よく顔を見知った上司や先輩達。僕自身の身の振り方は決まっていなかったが、それはとても居心地の悪いものだった。軽率には僕も発言しないが、何処かで「市債残高が2兆2,300億円で、新規プロジェクトを積み上げると2兆円を超えますが、どう思いますか？」と問うたが、「それは財政の仕事だ」と正直過ぎるほどの返事で、問題の所在が見えた気がしたし、目に見える形での大規模事業の一斉再点検作業が欠かせぬものだとの確信も得たと思う。

初議会での所信表明

◇平成10年12月14日市長就任後初の議会となる12月議会が開催され、冒頭私は挨拶を行い、「海に開かれたアジアの交流拠点づくり」は継承し、さらに一層の政策的な肉付けを行い、福岡市は名実共にアジアの一員としてその役割を強め、自らも発展し続けることを目指していくと申し上げさせていただきました。このことについて「市政を変えるといったのに継承するとは何事か」というご批判もいただきました。しかし私はこのアジアの交流拠点都市という本市の都市像は福岡市の長い歴史的文脈から必然的に導き出されたものであって、市長が替わったからといって変わるようなものではない。誰が市長になっても継承されるべきものと信じております。変革にあたっては変えるべきもの、変えないものをしっかりと仕分けして行かなければなりません。私はまずそのことを議会の冒頭で確認させていただいたのです。その他以下のようなことを申し上げさせていただきました。

・桑原市政の12年間で本市の都市基盤の整備は著しい発展を見せたと評価させていただきますが、一方で本市も開発・発展の時代から、市民が日常の生活の上で抱える問題に重点を置いた行政の質が問われるべき時代を迎えていると認識している。
・こうした認識の上に立って、私は本市の行政を市民生活優先の行政に転換し、市民の生活上の不安や不便を取り除き、市民の豊かさの総和を引き上げることに全力を傾注したい。
・本市の財政状況に重大な危機意識をもってこれを健全化し、少子高齢化の波が押し寄せる21世紀に備えるための諸政策を講じる。
・平成14年度までに市債発行額と市債償還額を均衡させるプライマリーバランスを達成する。
・そのため本市の大規模プロジェクトの一斉点検を行い不要不急の事業を抽出するとともに財政負担を軽減する事業手法等について多面的に検討を行いたい。
・拡大する公共施設の維持管理費の精査や公営企業体や外郭団体の運営についても公共性を生かしながら経営的手法を取り入れることによって市財政の負担を軽減したい。
・このため早期に大規模事業点検プロジェクトチーム並びに経営管理室を発足させ、これを両輪として本市の経済活力を損なうことなく行財政改革を推進する。
・行政はもとより市民やボランティアの方々のお力を頂き、さらにはNPOの支援政策を推進し、市民が安心して暮らしていける信頼の絆で結ばれた地域社会づくりをめざしていく。

◆この最初の議会は大規模事業の再点検を含め市長公約事項に質問が集中した。

2つのことを特筆しておく。

ひとつは、九大移転である。一般質問2日目の最初の質問者が九大の移転先としている西区の地元選出の小川周一議員で、勇退前の最後の質問だった。九大移転事業はそもそも国の事業なので、それ自体に市がどうだこうだとは言いづらいため、公約では、関連事業にかこつけて、大規模事業点検対象のひとつに挙げていた。実際、広太郎さんの元には、九大関係者から（特に理系学科の教員達）九大移転反対の声が多く寄せられており、そもそも大学の郊外移転は失敗事例が続いていたので、なんとか止められないかというのが本音だった。議会の勉強会は終わって答弁資料はできていたが、あまりに既定方針通りの答弁で、市長自身揺れていた。その頃僕は、身の置き所は決まっておらず、市役所にいる時は、市長室周辺の会議室をウロウロしていた。答弁資料を見せられて、朱書きを入れることになった。ポイントは九大移転は本市西部のまちづくりの一環として市も取り組むことになっていたので、これを切り離すことで、本市西部のまちづくりはしっかり取り組み、九大移転については国の動向を注視して行くみたいなニュアンスで書いた。だが、当日の朝イチの議場には九大移転促進協議会だったか？代表の九電幹部以下、地元からも大勢の傍聴者が詰めかけていた。結局、朱書き入りの答弁資料を広太郎さんは読めなかった。

2つめは、契約議案「アイランドシティ地区平成10年度外周護岸築造工事請負契約」である。アイランドシティ事業は事業点検の対象としているのに、契約議案が出るのはおかしいじゃないかと、共産党さんのみならず保守系会派からも異論が噴出した。この契約の取り扱いについては、後援会内部でも大激論をしていた。「大規模事業点検の対象とする以上、点検期間中は工事を発注すべきではない」と、「引き返す勇気」を活字にしてしまった僕は単純素朴に主張した。この契約はくせ者で、外周護岸は海上に姿は見せないが、埋め立ての区域を確定することにつながる工事でもあった。広太郎さんとしては、「中止する」とか「撤退する」とかは考えていないし、言ってもいないし、契約差し止めの波及効果の大きさを考えると、契約議案は提出せざるを得なかった。広太郎さんは議場で集中砲火を浴びるが、越えていかなければいけない一線だった。

SBCの特別清算

◇川端は商人の街博多の中心だったところです。私の実家は今も下川端で蕎麦屋をやっていまして、たまに手伝うこともあります。その隣に私の市長就任直後の平成11年3月にオープンした博多リバレインは、ホテルオークラ、スーパーブランドシティ、博多座を中心とした大変豪華な施設で、博多部の振興と活性化の期待を一身に担い、昭和55年から長い年月をかけて組合施行の再開発として進められたもので、施設全体の総延べ床面積6万坪、総事業費1，350億円という大事業でした。しかしその中の中核商業施設であるスーパーブランドシティが開業早々行きづまり、当初の契約通り再開発組合から床を取得するどころか、運営会社自体の存続も難しくなってしまいました。スーパーブランドショップの誘致が充分でなかった。さらには事業全体のコーディネートを行った第三セクターの「都市みらいふくおか」の力不足など批判が噴出していましたが、責任より先に商業施設の空洞化によるリバレインの幽霊ビル化を回避しなくてはなりませんでした。博多部振興という目的が頓挫することになります。当初市当局は直接市が出資していない民間企業の問題に立ち入ることに慎重でした。私はあえて火中の栗を拾うという道を選択しました。私は市に指導監督責任があったのだから、その程度に関わらず率先して問題解決の取り組みを指示し、経済界、金融機関の皆さんとの協議を始めてもらいました。結果の責任は市長の私が負うから、職員の皆さんには全力を挙げて解決に取り組んでほしいということ、そして関係者の皆さんへは責任ある当事者として対処しますというメッセージを送ったつもりです。そこで問題はどのような解決策を取るのかということでした。あれだけ巨大な施設になると管理経費も相当かかります。それに見合う収益をあの場所で確保するには他と違う質の高さが求められますし、市民の税金を投入した地域振興の核でもあるわけですから、市民に親しまれ愛される施設になるべきです。これは二律相反のようなジレンマです。また博多部振興の拠点というからには市内に留まらず九州全域から人が集まるような魅力づくりも必要です。それができる担い手が誰かというと、いうまでもなく「やる気」と「実力」のある民間企業しかないと私は考えました。新たな第三セクターをつくり、とりあえず床を引き取り、運営委託をする案もありましたが、結局問題を先送りするだけで真の解決、商業施設の再生に繋がらないどころか、問題が大きくなる可能性が高かったのです。民間売却しかないという思いで折衝が続く中、幸い昨年の2月以来ご相談していた三菱商事さんが私の思いと合致する施設を運営したいということで、同年8月買収の決断をいただきました。その後紆余曲折はありましたが関係者のご尽力により協議が整い、今年9月2日に床引き渡しも終え、清算されるSBCに代わる新しい運営会社さんが来年9月のグランドオープンに向け、知恵を絞っておられます。地域との共生も大きなテーマとして、上川端商店街やキャナルシティとの連携や市民に親しんでもらえる施設づくり、イベントづくりに頑張っておられます。ぜひ博多の新しい可能性をひき出し、商業施設として成功していただきたいと願っております。勿論、今回の解決は金融機関や地元経済界のご理解とご協力あってのことでした。金融機関には多額の債権放棄をしてもらい、地元経済界には組合資産の買収に協力してもらいました。厳しい経営環境に関わらず決断をしていただき本当にありがたい思いです。（中略）SBCは我々に多くの教訓を残して行きました。再生に向けて市当局は背水の陣でよく頑張ったと思います。しかし、問題発生の根をたどると、ここにも行政の「間違いがないー無謬性」、「一度始めたら止められないー継続性」「悪い情報は上に上げない、出さないー秘匿性」が顔を出していると思います。SBCの轍を踏んではなりません。

◆市当局／現場の奮闘ぶりは、当時の都市開発部長／前副市長の貞刈厚仁氏がその著書『Ambitious City』（松影出版、２０２０）で活写している。僕は当時市長室の課長職だったが、都市開発局の出身でもあり、再開発事業の難しさはそれなりの土地勘もあったので、とても心配だった。担当助役が港湾局時代から厳しく指導を受け、強く信頼していた美山彰生さんだったので、なんとかしてくれるだろうと固唾を呑んでいたのが正直なところだったか。

元々この再開発事業の目玉は、博多部の中心商業施設であった百貨店「福岡玉屋」の再生だったので（僕の幼い頃は、天神に行くと言えば「岩田屋」、博多に行くと言えば「玉屋」だった）、生き残りをかけた玉屋がその経営判断として出店できないとした事業スキームにそもそも問題があったはずなのだが、時のバブル経済の風潮もあってか、テナントリーシングのノウハウもないままに、しっかりとしたフィジビリティスタディもプロジェクトファイナンスも詰めないまま、あけすけに言えば、ただひたすら福岡市役所の看板で突き進んだということだろう。当然、福岡市は債務保証も損失補償もしていなかったので、その尻拭いは金融機関に降り掛かった。しかし、この時の金融機関、Ｆ銀行の怒りは凄まじかった。何と言っても９銀行で４５０億円の債権放棄で、Ｆ銀行の経常利益１年分を飛ばしたといわれ、頭取は「福岡市を一生許さん」と発言されていたとも仄聞していた。広太郎さんは、「頭取は会ってもくれん」とか、「某幹部が大通りで大の字でひっくりかえった（これは福岡市のことはもう知らんと、寝てしまったことの喩えだった）」とこぼしていた。しかし、この事件はある意味市役所と金融機関（指定金融機関という位置づけも含め）の関係を正常化させていく契機になったと思う。これまでは、福岡市の事業だからと、よく言えば信頼関係、悪く言えばもたれ合いの関係にあった側面があり、肝心の事業のフィジビリティスタディやプロジェクトファイナンスの詰めがズブズブだったところがあったというのが正直なところ。金融機関自体がバブル後の不良債権処理を契機に、厳しい経営環境に直面してきたこともあり、そのような緩みは一切許されない環境が生まれていたし、福岡市も資金調達が役所の看板では片付かない極めて厳しい環境に遭遇するようになっていった。お互いにとって「目を覚ます」機会になったということだろう。このSBCの清算は、その後の福岡市政の大きな転換点になったと記憶されなければならない。そして早速、福岡市が51％を出資する博多港開発／アイランドシティ事業には猛烈な逆風が吹くことになっていった。

大規模事業点検

◇12月の初議会での質問の多くが、私が公約に掲げた大規模事業の点検に関わるものでした。私は議会終了後直ちに点検体制の検討に入り、正月を挟んで平成11年1月7日10人の若手の部課長からなる市長直属の事業点検プロジェクトチームを発足させました。さまざまな既成事実やしがらみに取り巻かれているであろうプロジェクトを、鋭い問題意識と若い斬新な感覚で点検して欲しいという気持ちを込めてのスタートでした。しかし彼らの苦労や苦悩は想像以上のものがありました。それほどに一度動き始めた仕事を途中で点検したり、ましてや変更したり、やめたりすることは途方もないエネルギーを必要とします。点検はまず、点検の方針、点検対象の検討を行い、4月20日、100億円以上の「市街地整備等の基盤整備」として①アイランドシティ整備事業②地下鉄3号線建設事業　③香椎駅周辺土地区画整理事業　④九大移転先関連事業　⑤渡辺通・春吉地区市街地再整備構想。40億円以上の「都市施設」として⑥鮮魚市場の再整備　⑦国際会議場　⑧武道館機能を有した市民体育館　⑨グリーンヴィレッジ構想　⑩自然動物園構想の5事業ずつ、計10事業を選定したことを発表しました。また、①社会経済状況や市民ニーズの変化などにより事業の意義、必要性が薄れていないか。②事業目的に即した効果が期待できるのか。規模、機能は適切か。③効率的な計画となっているか。採算性はどうなのか。④厳しい財政状況や市民ニーズを踏まえ事業の実施時期、実施期間は適切か。これらを点検の柱として位置づけ、併せて市民意見を募集し参考としました。点検結果は9月に素案を公表し、議会や関係者の意見を聞いた上で最終的には12月に事業の方向性について発表させていただきました。この事業点検では上記の視点で検討したものを継続、変更、縮小、凍結等、事業の方向性について私が判断するという方法をとりました。

点検結果で再検討とさせていただいた武道館機能を有した市民体育館、自然動物園構想、グリーンヴィレッジ構想の3つの事業についてはあらゆる角度から検討を行い、「武道館機能を有した市民体育館」は建設計画案を中止し、歴史もあり市民になじみの深い九電記念体育館を九州電力から無償譲渡いただき、市の体育館として活用させていただくことになりました。多額の投資を行い、新たな体育館を建設することなく、市民に新たな体育館を提供できることになり、まさに私が提唱してきた「つくる」行政から「活かす」行政の象徴的な取り組みができたと思います。また、残念ながら自然動物園構想とグリーンヴィレッジ構想は取りやめさせていただくこととい たしましたが、地域活性化に向けて地元の期待も大きなものがあり、今後地元の皆さんとしっかり現実的な地域振興策について取り組んでいくつもりです。

今回の事業点検によって1,000億円を超える事業費の削減を行いました。どれだけ削減したかということは勿論大切なことですが、一度決めたことであっても時間の経過とともに随時、事業を多面的に見直し、より現実的に、効率的で完成度の高いものに仕上げて行く、そして時には、大胆に反転するという仕事のやり方の転換の方が長い目で見た場合市政におけるインパクトとしては大きかったのではないかと思っています。こうした手法はこれまでの行政ではある種タブーに等しいものがありました。しかし、新たなスタートを切る上で、このようなタブーに挑戦したこともまた大事なことでした。今後はこのような大規模な事業については普段の見直しや点検が行われるような計画スキームを定着させたいと思っています。また市民の皆さんへの情報開示と説明責任を踏まえた事業評価の仕組みも構築して行きたいと考えています。

◆この大規模事業点検は、前年（平成9年／1997）から始まって注目を浴びていた北海道庁の「時のアセスメント」に発想を得ていた。なので、公約にも「福岡版 時のアセスメント～大規模事業一斉再点検」としていた。そもそも「時のアセスメント」という言葉は、「時代の変化を踏まえて公共事業を評価し直すような仕組みをつくりたい」との道職員の投げかけに、作家／倉本聰氏が発案したもので、平成9年の北海道庁仕事始めで、堀達也道知事が道職員への新年挨拶で初めてこの言葉を使って、一挙に注目が集まったといわれている。北海道庁の検討体制は、対象施策を所管する部局長と副知事の間で行う、道庁内部での検討だった。広太郎さんは、12月7日の市長初登庁時の記者会見で、財政再建の柱として①大規模事業プロジェクトの一斉点検と見直し　②経営管理室（仮称）の設置を表明し、「直ちに市長直属の再点検プロジェクトチームを編成し、再点検の視点や目標、期間、対象などのフレームを定め、取り組みます。その内容については情報を公開し、学識経験者や市民の意見を反映させるための委員会の設置も検討していきます。国際会議場などの未着手事業は当面凍結の措置を執り、再点検を行った上、事業の選別を行います」としていた。記者会見での質問に対して、市長は、「大型プロジェクトの実態をつかむ必要がある。第三者的にスタートすると行政は防衛に走るので、むしろ、内で正確に把握することが大事だと考えている。その上で学識経験者を入れ意見を聞くなどの段階を踏むべきと考えている」と答弁している。もう一本の柱である「経営管理室」の設置について、「企業経営に精通した民間人からの人材を公募する」としていたので、柱の2つとも外部というのは如何なものかとの意見もあったように記憶している。それぞれの大規模事業は当然のことながら、それなりの時間をかけて地域を巻き込み、議員の後ろ盾を得て進んできたものであり、第三者という弾除けがないままの再点検作業は、チームの部課長メンバーに多大なプレッシャーを与え続けたことは容易に想像できる。

8月に「経営管理委員会」が立ちあがったので、学識経験者の立場を含め、委員への意見聴取が検討されたが、経営管理委員会としては、個別事業の是非には関わらないということで、実現しなかった。

秋頃だったと思うが、チームの座長だった渡辺正光／後の副市長（故人）さんが、僕の席を訪ねてきて、「このままじゃ、目に見える成果が出せない」と訴えてこられたが、僕も経営管理課の業務で忙殺されており、力なく「頑張ってください」と返事するしかなかった。

中間とりまとめの時点での凍結の判断は、いずれも市長の政治判断だったと、後に聞いた。

平成11年（1999）1月7日　事業点検プロジェクトチーム発足
〃　4月20日　事業点検方針公表(国際会議場についてはコンペの中止を発表)
〃　5月17日～6月7日　市民意見募集
〃　8月　中間取りまとめ
〃　9月　各会派に事業の方向性に関する（素案）を説明
　　第一会派自民党、第二会派福政会から意見書の提出
〃　9月10日　市民意見・提案のまとめを公表
〃　12月21日　事業点検結果の公表、市民意見・提案に対する考え方を公表

平成12年（2000）2月1日　市政だよりに概要掲載

アイランドシティ事業

◇10事業の中で一番議論が多かったのが、アイランドシティ整備事業です。この事業は博多湾の国際競争力を保持するために航路を深く浚渫し、船舶の大形化に対応しようとする意図によって生まれた事業です。したがって多くの方々が誤解されているように、「まず土地を作ろう」という土地崇拝的な事業ではありません。本市経済の約25％強を担う博多港の港湾機能が損なわれることは、そのまま本市の経済的衰退を伴うはずです。私はそれゆえ選挙中もこれを「中止する」や「撤退する」とは言っていませんでした。しかし博多湾の航路浚渫によって生まれる都市機能用地を福岡市の将来に、どう役立てていくかという視点が必要であると考えました。点検の結果、地盤改良工事の大胆な工法の見直しなどによる工費の縮減を行うことにより、①総事業費が当初の約4，600億円の範囲内で推移する見込みであること　②社会経済状況に応じた土地処分計画に基づいた予測を行ったところ、事業採算性に見通しが持てると確信したこと　③土地利用に関し今後導入機能を絞り込み具体的な検討を行っていくということから事業は継続と判断しました。もちろんアイランドシティの事業環境は刻々変化しており、随時の見直しが必要と考えていますが、平成14年3月には大胆に事業計画を見直し、事業そのものに本市の都市政策上の新たなミッションを付与するとともに、金融機関にも納得頂ける収支計画を策定致しました。また新世紀社会の創造モデルとなる実験都市と位置づけた本事業を、文字通り福岡市が一体となって実現して行くため全庁的な事業の推進体制を構築致しました。都市は生き物であり発展するか衰退するかの二者択一しかあり得ません。現状維持はあり得ないのです。私はこのアイランドシティを福岡市の将来を担う希望の地として、そしてまたアジアや世界へのゲートウェイとして積極的に活かして行かなければならないと考えています。

◆今読んでも、歯切れが悪いかな。この時点では、まだ銀行団との決着がついてなかったので、致し方ないのだろう。とにかく、2期目の改選を控え、大規模事業点検と併せて、2000年新生銀行、2001年の鹿児島銀行による博多港開発㈱への新規融資停止やSBCの清算以降、金融機関から吹き付ける猛烈な逆風の中、当時の市の総力を結集して、事業計画や収支計画を見直したことは言及したかったと思う。

①博多港開発㈱の資本金の増資　4億円→64億円
②博多港開発㈱の事業費　1,850億円→1,600億円への引き下げ
③分譲価格の引き下げ
④200億円の緊急融資制度
⑤地下鉄の延伸（これは幻に）

SBCの清算→博多港開発、まさに江戸の敵を長崎で討たれているようなものだったけど、当時財務省から来ていただいていた渡部晶さん※／総務企画局長（平成13年／2001年2月着任）まで巻き込んで、銀行団との厳しい折衝が続き、山崎市政は大波に襲われていた。僕の耳には届いていなかったけど、当時市役所の中では、「俺らの退職金は人工島の土地か？」との話が蔓延していたらしい。

そして、さらに大きな一手が打たれた。平成17年（2005）、博多港開発㈱第2工区の埋め立て権の399億円での譲り受け、起債による第2工区の市直轄化である（シンジケートローン300億円、市場公募債100億円）。将来の事業リスクを福岡市が引き受けたことにより、博多港開発㈱に対する金融機関の不安はほぼ払拭された。勿論、土地が売れてなんぼなので、取り敢えずは「時間を

稼いだ」に過ぎなかったのだけれど、結果としてみれば、とても大切な「時間稼ぎ」になったのだと思う。そして、なぜこのような起債が可能だったのか？　当時の山崎一樹財政局長を先頭に積極的なＩＲ活動（投資家への市の業績や経営方針の情報提供活動）に取り組んでもらっていたが、何より、大規模事業の再点検を始め、財政健全化の取り組みにより、他都市に数年先んじて12年度決算からプライマリーバランス（新規起債発行額と公債費／償還額の差）の黒字化を達成していた。平成17年度（２００５）からは全会計ベースで市債残高が減少に転じ、市債市場もそれを評価して地方債の格付けが平成17年3月3日、ＡＡ－からＡＡに1ノッチ引き上げられていたことなども影響していたはずである。「天は自ら助くるものを助く」ということだろう。

◆「都市は生き物であり、発展するか衰退するかの二者択一しかあり得ません。現状維持はあり得ないのです」という言葉は、広太郎さんから何度も聞かされた。若い頃に秘書として仕えた故柳田桃太郎さん／元門司市長、元参議院議員から教えられた教訓とのことだった。広太郎さんは、本気でアイランドシティは必ず将来の福岡市にとって、貴重な土地になると信じていたので、「売り急ぐな」とすら言っていた。当時、日銭を稼がなければいけない身からすると、何をノー天気なと言いたくなる発言だったが、今思い返すと、福岡市の将来を見据えて、アイランドシティの可能性を信じていたし、福岡市への期待や愛情が途轍もなく大きかったのだと思う。

紆余曲折の歳月を経て、令和4年（２０２２）「アイランドシティ」の分譲が完了した。

振り返れば、アイランドシティは福岡市政の喉に突き刺さった魚の骨のような存在だった。桑原市政から山崎市政への転換では、アイランドシティを含めた大規模事業を「引き返す勇気」を持って再点検するとした開発行政の見直しが、前評判を覆しての広太郎さんの勝利につながったし、8年後の山崎市政から吉田市政への転換では、市民病院とこども病院のアイランドシティへの統合移転などが争点になり、当時の吉田候補の選挙戦はアイランドシティの入り口、御島かたらい橋から始まったと記憶する。そして、4年後は、さらにアイランドシティへのこども病院の移転決定の経緯などが争点となり、吉田市政から高島市政に転ずるなど、目まぐるしい政変／政権交代を招いてきた。今、そのアイランドシティには、「世界と福岡を結ぶ先進的な物流拠点と、未来都市の機能を備えた自然豊かな暮らしが広がるまち」が誕生している。人道橋の「あいたか橋」で結ばれたアイランドシティの海岸緑地と片男佐海岸緑地（一周約3㎞）のロケーションは、香住ヶ丘の緑、立花山塊の緑、三郡山系の緑の三層構造と修景の行き届いた戸建、中高層マンションに囲まれ、大濠公園以上の景観であり、毎日多くのウォーキングやジョギングを楽しむ市民で賑わっている。徒歩15分、車なら5分の位置にわが家はある。広太郎さんと今のアイランドシティをゆっくり歩いてみたかった。

※渡部晶さんのこと

平成13年（2001）1月26日、K総務企画局長の逮捕には大きな衝撃が走った。一年で一番大切な当初議会が目前に迫っていたし、第1回目のDNAどんたくの開催（2月16日）が準備万端で間近に控えていた。なんせ、総務企画局長だから、中で穴を埋めようとすれば、玉突きでいろいろ動きが出てしまい、当初議会を目前にして、それは不可能だった。その頃僕は大蔵省から三重県の総務部長に出向して、北川正恭三重県政改革の立役者となり、「WHY NOT」という行政改革を志すメンバー達とのグループを立ち上げていた村尾信尚さん（当時財務省国債課長／後に三重県知事選挙に立候補し落選、その後日本テレビ系「NEWS　ZERO」のメインキャスター／現関西学院大学教授）とお付き合いがあった。福岡市には三重県政における村尾さんのような存在が不可欠だと思っていたので、広太郎さんに財務省からの派遣の了解を取り付け、早速都内のホテルでお会いした。その後、市長ルートで交渉し、当時の官房長から「最も適材の人物」として推薦いただだいた、財務省理財局計画官補佐の渡部晶さんに来ていただけることになった。広太郎さんは記者会見で「市の体質が問われている時期なので、外から清新な人材を求めた」「新しい感覚、視点で情報公開、公務員倫理などの諸問題をやってもらいたい」（H.13.2.24西日本新聞）と語っていた。渡部さんの総務企画局長発令の2月26日は、なんと2月議会初日だった。丁度この頃、SBCの破綻処理もありで、博多港開発㈱のへの融資について銀行団との協議が紛糾しており、いきなり渡部さんが矢面に立つ場面もありで、申し訳なかった。

渡部さんの功績を語る上で、情報公開日本一のことは外せない。着任当時、情報公開制度の拡充に向けて福岡市情報公開審査会へ諮問するタイミングであり、渡部さんは早速市内部のオンライン（DNA掲示板）に「情報公開度1位を目指す」と宣言された。また、市議会の意向などを臆病なまでに気にする職員に対しては、「事務局としては審査会や市民の意見をしっかりと踏まえて、恥ずかしくない内容の条例をつくることが大事であって、市議会は市民代表として、また様々な角度からの議論がある。その結果仮に否決されたとしても、事務局として恥ずべきことではない」とその強い決意を伝えていた。この取り組みで事務局として終始中心的な役割を果たしたのが、情報公開室情報公開係長の寺島浩幸君であるが、当初は「やるのはいいけど、どこまでやればいいのだろう、どこまでやっていいのだろうか」との戸惑いを禁じ得なかったらしい。しかし、率先垂範して先頭に立った渡部局長の「情報公開日本一を目指そう！」という思いと、広太郎さんの「思いっきりやれ！」の号令に、彼持ち前の突破力と使命感が鼓舞され、情報公開日本一に邁進した。そのようなプロセスを経て、平成14年（２００２）７月に施行された新しい情報公開条例は、実施機関に地方公社を加え、公開請求から決定までの期間を原則として７日間とし、市の出資法人などについては、情報公開協定方式を採用するなど、随所に政令市で初めての先進的な内容を盛り込み、関係者の間で高い評価を受けるに至った（※平成14年8月日経新聞「第３回行政サービス調査」において、本市の透明度は11位（前回１３９位）にランキングされた）。

渡部さんが着任された当時は、市長室長の陶山さんが異動しており、僕には親身になって相談できる相手がいなかった。局部長達の中には、若い頃から顔を見知った人もいたが、彼らにとって帰り新参の僕は「虎の威を借りる狐」のような存在だったのだろうし、僕は僕で彼らの市長に対する面従腹背の気配を感じてしまっていた。市長がやろうとすることに対して、正面から向き合おうとしてくれる渡部さんはとても大切な相談相手だった。当時、僕は不思議な感覚に苛まれていた。翌年、総務省出身で、財務局長に就任された山崎一樹さんも同じなんだけど、生え抜きよりも外部から来られた方が頼りになる？　なぜなのか？　長年のしがらみや背負っているものがなく、限られた任期を務めるのだから、やりやすいというのは誰もが思うことだが、それだけだとも思えなかった。議院内閣制の国政での政官関係と謂わば大統領制（二元代表制）の地方自治体での政官関係の違いがあるのか、はたまた長期雇用を前提にした日本型経営と社外取締役を重要視する新たなコーポレイトガバナンスとの違いを示唆しているのか？　いろんなことを考えていた。いずれにしても、渡部さんの存在は支えであり、２年半後の渡部さんの退任を境にあっという間に僕は潰れていった。

渡部さんは大変な読書家で、２年半の在任中に、局長室は本で溢れ、まるでまちの本屋並みの蔵書の数だった。今、あちこちの媒体で書評を書いておられる。また、昨年の人事異動で財務総合研究所の所長に就任された。局長級のポストであり、新聞で見つけて、すぐに広太郎さんの愛娘／満喜子ちゃん、和歌子ちゃんに伝えて、美知子夫人と霊前に報告しておくようにと依頼した。広太郎さんは、渡部さんが福岡市に来てくれたことが、キャリアに傷をつけることにならなければいいがと、ずっと心配していたので、きっと草葉の陰で喜んでいてくれるだろう。

もう一つ、渡部さんには感謝しておかなければならない。僕は平成9年（１９９７）に九州大学大学院に入学し、修士論文を書く年に市長選挙に突入してしまい、以後休学同然となっていた。仕事に追われ、修士論文は半ば諦めていた。在籍可能な7年目の平成15年（２００３）1月30日の〆切がラストチャンスだった。平成14年（２００２）11月の市長再選後だったか？　渡部さんの号令で、馬場君や奥田君達、ＤＮＡ組が秘かに集められ、僕の修論対策チームが結成されていた。僕も腹をくくって修論作成に取り組むことになった。こうして提出期限最終日の1月30日に、本文96ｐ／７７，１６６字／資料編70ｐからなる僕の修論『体験的ＮＰＭ論―福岡市ＤＮＡ改革の検証―』を提出できた。修論審査の主査は福岡市経営管理委員会委員をお務めいただいた山田治徳助教授、副査に指導教官の今里滋教授、木佐茂男教授にお務めいただいたが、大変好意的に評価いただき、今里教授からは出版を勧められた。もたもたしている間に20年の歳月を経て、ようやく今回の本著の出版の運びとなっている。木佐先生は北海道ニセコ町での自治基本条例制定を指導されており、ご著書の『豊かさを生む地方自治』のファンだったので、北大から九大に来られたことを喜んでいたが、まさか僕の修論の副査をお務めいただけるとは思っていなかった。ご評価いただいたことは大変光栄なことだった。木佐先生の九大定年退官の折は最終講義を拝聴させていただき、退官記念パーティではご挨拶の機会までいただくことになった。いずれにしても、渡部さんのハッパがなければ、この修論が世に出ることはなかったし、今回の出版もなかっただろうと思うと、改めて、感謝を申し上げたい。

「承の巻」~何を変えたのか

公約事業の進捗状況の公開

市長公約は先に述べたとおり（85~88ｐ参照）、３段階で示し、重点政策として、３つの柱と15項目程度の重点政策を掲げ、その中でも「すぐやること」として、４つの政策の優先順位を明示し、具体的なプログラムとして、43項目の個別政策を掲げた。市長就任後1年程度経過した後、庁内での共有を図るため、庁内のオンライン掲示板で公約を掲示した。また、その当時政策決定機関であった「政策会議」において、公約事業ごとに進捗状況を把握することとした。対市民には、任期半ば、３年目の記者会見(H13.12.4)において、公約事業ごとの進捗状況を公表した。進捗状況としては、「実施済み」

「一部実施」「趣旨を踏まえて実施」「検討中」の4段階だった。マスタープランの実施計画ならともかく、市長公約事項の進捗状況を取りまとめて公表する事例は当時殆どなかった。少なくとも福岡市政では初めてのことだった。ローカル・マニフェスト運動のスタートが平成15年（2003）の統一地方選挙からだから、それと比較しても先進的な取り組みだった。広太郎さんは、平成8年（1996）の小選挙区初の衆院選でのマニフェストの原型とも言える新進党の「国民との契約」の体験が頭にあり、福岡市政史上現職及びその後継者が落選したのは初めてだったので、選挙公約が大きな意味を持つことから、組織の内外にしっかり公約が浸透するよう、このような進行管理／公表に踏み込んだ。第1回「ローカル・マニフェスト推進大会・九州ブロック」～ゲームを変えよう～（平成17年1月30日／福岡市中央市民センターで開催）に『山崎市政の検証～マニフェストに先駆けて～』と題して講演し、「甘い評価は何も与えてくれない」とも語っていた。

○市役所組織内での共有／進行管理
・市役所内のオンライン掲示板で公表
・市の政策会議で進捗状況を把握
○毎年、記者会見にて公約事業ごとに進捗状況を市民へ公表
・4段階評価→「実施済み」「一部実施」「趣旨を踏まえて実施」「検討中」
○平成13年（2001）12月4日（任期中間点）「実施済み」23項目、「一部実施」9項目、「趣旨を踏まえて実施」6項目、「検討中」5項目。
○平成14年（2002）9月（3年目）「実施済み」25項目、「一部実施」10項目、「趣旨を踏まえて実施」6項目、「検討中」2項目。

財政の健全化の取り組み

市長選挙時には「財政危機宣言を行い、財政再建に取り組む」としていたが、翌年の決算委員会では、「『財政再建』という言葉は適当ではない。健全財政を維持し、弾力性を保つという考えに立つ」と答弁を転じていた。しかし、財政の健全化には多くのエネルギーを費やした。当時の友池助役も「山崎市長はいまの財政状況ではやりたいことも出来ずお気の毒」と発言されていた(H11.12.9毎日新聞)。

①プライマリーバランスの達成

年度の経費をその年度の収入で賄うという財政健全化の目安を、当初目標を前倒しして、12年度決算から達成し、国に先駆けて財政健全化へ舵を切った。また、将来税金で返さなければならない市民1人あたりの市債残高の削減を達成(平成17年度には全会計での市債残高が減少した)。

②市債依存体質からの脱却

市長就任以降、市債発行額を毎年縮減し、平成10～14年度で約400億円を縮減、急速に市債依存体質から脱却しつつあり、国の都合による起債を除くと、市債依存度は8・5％と、過去の福岡市政の中では最も市債に頼らない財政運営へと転換している。

③経常経費約150億円の削減

全ての事業の経費に踏み込んだ必要性の検討、見直し、さらには見直しインセンティブ予算や枠配分予算などの予算要求や査定の工夫を行い、大幅な削減を実現。

④様々な予算編成手法の工夫

見直しインセンティブ予算や節約インセンティブ予算、さらには枠配分予算など、各局の自発的な見直しを喚起し、予算の無駄遣いを追放する一方、最重点分野の設定やアイデア予算の執行などにより、限りある資源を最大限活用できるよう様々な創意工夫を凝らしている。

これらの取り組みにより、先述した市債の格付けがＡＡ－からＡＡへのアップとして実現したことが、財政健全化の何よりの証左だと言ってよいと思う。

前例なき方策でＮＰＯ政策のフロントランナーへ

僕のＮＰＯとの出会いは、先に書いたとおりであり（58ｐ参照）、分権社会に欠かせないインフラとの思いから、市長公約を検討する上でも真っ先に取り上げ、「市民活動（ＮＰＯ・ボランティア）支援策の全面的展開」として、ＮＰＯセンターの設置などを掲げた。しかし、ＮＰＯ法は成立したばかりで（１９９８年3月25日公布）、当時の市当局は、こういう団体って、いろいろ行政にもの申してくるような団体なんじゃないか、そういう団体に支援するのか？程度の認識だったことを記憶している。１年以上経っても、全く動きが見えてこず、ＮＰＯふくおかの理事長であった今里滋／当時九州大学大学院教授からも、「どうなっているのか」との注文をいただいていた。広太郎さんと一緒に今里さんを訪ねて、これからの進め方を相談した。方法は２つ、①ＮＰＯ支援策のノウハウを持ったところに外注する。②外部の専門家を福岡市で登用する、だった。②の場合の候補者は、当時ＮＰＯふくおかの事務局長で西部ガス㈱の社員だった加留部貴行さんだった。今里さんから本人の意向をそれとなく確認してもらい、市長には即西部ガス㈱の平山良明社長に加留部さんの出向を直談判してもらった。幸い話はトントン拍子に進み、平成13年（２００１）10月1日付で、福岡市ＮＰＯ・ボランティア支援推進専門員（市民局地域振興部総務課→市民局コミュニティ推進部ボランティア・ＮＰＯ支援課）として出向していただくことになった。その際、市民局の担当部長からは「市職員を信用できないのか」と強い抗議を受け、人事担当部局からは、民間企業からの出向受け入れは初めてで、全国的にも例が少なく、健康保険や年金などの移行手続きルールがなかったため、「こういうことを上で決めてもらったら困るんです」との苦情もいただいた。私からは、「市職員を信用するとかしないとかの問題ではない、少なくとも市職員のためのNPO施策じゃない」「こんな前例のないことは下からあげたらできないでしょ！」とやんわりお返ししておいた。しかし、加留部さんの人柄と能力はいっぺんで市民局の職員を虜にし、学生時代から市民局とはつながりを持っていたことも功を奏して、あっという間に彼は「市民局の星」になってくれた。そしてNPOセンターの設置に向けた市民検討会のコーディネーターを務め、活動の現場起点のゼロベースから議論を重ねて、翌年2月にはボランティア・NPOセンターの基本計画が策定され、平成14年（2002）10月6日「福岡市NPO・ボランティア交流センターあすみん（この名付けの秘話は、263pを参照）」が開設の運びとなった。加留部さんの出向期間の約束は1年半、期限は平成15年（2003）3月までだったのだが、センター開設後の課題も多く、任期を1年延ばせればだいたいの見通しがつくとのことで、勿論市民局は大歓迎。加留部さんもキチンとやりあげたいとのことで、簡単に考えて、広太郎さんに派遣期間の延長意向を伝えた。ところが広太郎さんは、「そりゃいかん。約束はちゃんと守らないと。これで加留部君の将来に傷がついたらどうするつもりか」と一喝。全く不意を突かれて、そんな風に考えてくれていたのかと、胸が熱くなる一方で、自らの不明を恥じた。この話は結局、西部ガス㈱さんにもご理解いただいて円満に1年延長となり、加留部さんには、「あすみん」の活動をしっかり軌道に乗せていただいた。「あすみん」は、九州始め各地から羨まれ、目標とされるセンターとなり、令和4年（2022）10月に開設20周年を迎えている。このような「あすみん」の誕生に関わった一人であることの秘かな自負をお許しいただきたい。その後、加留部さんは新たなミッションを求め、西部ガス㈱を退職して独立、現在は加留部貴行事務所AN・BAI代表、九州大学大学院統合新領域学府客員教授として、「ひとり産官学民連携」のコラボレーターの強みを活かし、様々な分野から引く手あまたで全国を飛び回っている。中でも特に、「福岡市／行政内部での経験が大きく役立っている」との言葉に、きっと広太郎さんも安心して喜んでくれていることだと思う。

経営管理委員会委員長の市長選挙出馬騒動

平成14年（2002）5月、提言後の2年間にわたるモニタリング活動を終え、最終報告書が提出され、経営管理委員会の活動は終了した。その頃から、委員長であった石井幸孝氏の市長選挙への出馬が取り沙汰されていた。市長公約で誕生した経営管理委員会、その提言を自らの市政運営の教科書にするとしてきた広太郎さんにとって、これ以上の反旗はなかった（平成14年6月8日の朝日新聞には「ブレーンの反旗」の見出しが躍っている）。委員長を石井氏に依頼することは、当時の広太郎さんに迷いはなかった。「国鉄分割民営化、まさに一足先に官から民への転換を実体験された方であり、市長選挙の告示を前にした平成10年（1998）10月17日、NHKの衛星放送『BS討論：地方自治体破産は避けられるか』という番組に石井氏はゲスト討論者として出演され、「行政にも民間経営手法の導入が必要である」等と当時の山崎候補の公約と同じ主張をしておられ、その番組を広太郎さんも見ていた」（修論2003 - 34p）ので、委員長には石井氏をとの打診に、二つ返事でのゴーサインだった。

広太郎さんは、石井氏の出馬の報に対し、記者クラブへこのようなコメントを発している(H14.6.7)。「かねてから取り沙汰されてきたことであり、冷静に受け止めている。どのようなお考えで市長選挙に臨まれるか定かではないが、ご批判があってのことと思うので、よくお聞きしたい。私としては、福岡市のDNA改革もようやく軌道に乗り、着実に職員の意識や組織風土に変化がもたらされてきており、これからが改革の正念場であると認識している。自らの2期目に向けた意思は改めて明らかにさせていただくつもりであるが、石井氏の出馬によって、市民にとっては選択肢が増え、市長選挙に向けて活発な政策論争が喚起されること自体は大いに歓迎したい」。これは、広太郎さんがじかに手を入れた謂わば「オトナ」のコメントであるが、心中穏やかではなかったことは当然である。当時担当部長だった井崎進さんにも心労をかけてしまったが、経営管理委員会の事務局を担当する我々は、日頃から経営管理委員会にマインド・コントロールされていると周囲から揶揄されてきたし、それ故「それみたことか」との空気も感じていた。僕は、経営管理委員会の立ち上げから3年、自分自身の力不足を痛感しながらも、心血を注いできたので、まさに身を八つ裂きにされるような痛恨事だった。

結局、経営管理委員会というか石井氏が問題として主に取り上げたのは、市長のリーダーシップとスピード感の不足だった。経営管理委員会の中でも、改革に当たっては、リーダーは「箸の上げ下ろしまで、コミットすべき」との意見もあった。確かに分からぬでもないが、この提言の場合、どうだったのだろうか？　経営管理委員会の提言は、「市長への提言」とある。リーダーである市長がしっかり咀嚼し取り組みなさいということだったと思うが、提言を受け取った広太郎さんは、その日の記者会見で「提言を市政の教科書とし、強い意志を持って取り組む」と述べたし、提言から2週間後の5月11日、職員向けの「提言説明会（キック・オフ・ミーティング）」を開催、400人の市幹部・一般職員が参加した席上、冒頭で広太郎さんは「提言は、単に手法を示したものではなく、まず我々が運動体として取り組み、そして最終的に目指すのは地域コミュニティの自律という目標を掲げ、そこに至るまでの過程についても具体的に提言をいただいたものである。私自身がこれから目指す福岡市政のあり方の、まさに教科書にしたい」「この提言を実現していく形は、全職員による運動、それもできれば楽しい形で、明るい運動として展開したい」と述べた。組織をあげて提言を実行していくとの宣言であった。さらには、キック・オフ・ミーティングという名称には当初担当助役からクレームが付いて、「キック・オフ・ミーティングとはまさに、試合開始ではないか。提言をもらったばかりで、まだできることとできないことの検討ができていない。あくまで提言説明会にすべきではないか」というものがあった。これに対して市長は、「自分が依頼した委員会が出してくれた提言であるから、やりもしないうちから、どれをやる、どれをやらないというのは失礼な話だろう。やっていくうちに現実的にできないものも出てくる、できないものがあれば変わっていっていい、そこに今の行政が抱えている新たな問題が明らかになるはずだ」という意見で、僕は膝を打つ思いがしたし、まさに卓見だと思った。確かに、この難解な提言を何処まで広太郎さんが理解しているのか、訝る場面も勿論あって、事務局としても不安になることもあったが、これが、広太郎さんなりの、等身大のリーダーシップではなかったろうか。広太郎さんのリーダーシップは、みんなの先頭に立って旗を振るというタイプではなかった。どちらかといえば、フォロワーシップというか、皆でやろうというタイプだったと思う。かつての「市民球団誘致運動」や「アジア太平洋こども会議」がそうだった。また、政治家なのに、言葉で自分の思いを伝えることは苦手だった。概ね、説明が足りず、真意が伝わりにくいのだ。これは、ずっと広太郎さんについて回った印象であり、決して褒められたことではない。文字にすると凄いフレーズが出てくるのに（僕は名文家だったと思っている）、言葉にするのは確かに苦手だったと思う。「政治家としては致命傷ですね」と冗談めかして、言ったことはあったけど。

さらに付言しておきたい。経営管理委員会は、提言実行に関する助言及びモニタリングを行う機関として、提言後2年間存続したが、平成14年（２００２）6月5日、提言後はじめて開かれた第10回委員会では、審議が中断し、委員会は、提言を実行するという方針が市役所内で明確に伝達され了解されていないとの強烈な疑念を表明し、提言実行について福岡市役所の組織としての明確な方針決定を求めた。これを受け、福岡市役所では前代未聞の三役・全局長決裁、謂わば連判状という形で、「提言の精神を真摯に受け止め、提言実現への手順を踏まえながら、福岡市として本提言の実現に向け全庁を挙げて取り組んでいく」との方針決定が下された。これは全庁的に強烈かつ決定的な経営管理委員会アレルギーを生んだ。さらには、提言に対する違和感をぬぐいきれない市役所側の心情を象徴するように、委員会中断から2週間後の6月19日、再開後の委員会の席上、当時の助役・友池一寛氏が提出した「意見書」は、提言を受け取った市役所職員の提言に対する違和感、特に過去の市政運営を支えてきたとの自負心の強い職員らの当時の心情を代弁する内容であった。当時僕はこの「意見書」をネガティブに受け止めていたが、広太郎さんはこう言った。「友池助役は「あの」経営管理委員会の議論を毎回、最初から最後までズーッと黙って聴いていたんだぞ」と。この深い洞察に僕は正直驚いた。広太郎さんもほぼ最初から最後までフル参加してきていたが、言葉は悪いが、終始福岡市役所は「コケ」にされ続け、友池助役を始め幹部職員達が自負心をズタズタにされてきたであろうことを理解し、その上での真摯な「意見書」であることを受け止め、しかし、それを踏まえてもなお、この取り組みを進めて行く決意だったのだと思い知らされた。

石井氏は、「民間経営手法で市政改革を」として、9月6日に立候補表明したのだが、結局告示前に立候補を断念された。結果的に、市役所内には経営管理委員会への懐疑だけが残った。僕が接した限りでは、石井氏は素晴らしい経営者で、類い希な経営センスをお持ちの方だったと思う。工業デザイナーであった水戸岡鋭治氏を発掘し、今のJR九州のD&S列車戦略の先鞭をつけられたのも石井氏であり、日韓航路（ビートル）の実現、今日では新幹線物流や西九州新幹線の南ルートの提案などの積極的な言論活動もされている（『国鉄―「日本最大の企業」の栄光と崩壊』中公新書２０２２）。あの騒動さえなければ、間違いなく九州財界のリーダーになられた方だと思えて、口惜しくてならない。

総括　2期目を目指した市長公約ペーパーより
「1期目の任期中には、過去借金体質になっていた市の財政運営を軌道修正し、その年度の歳出を借金以外の収入でまかない、後の世代に負担を残さない、いわゆるプライマリー・バランスを国に先駆けて達成しました。また大規模事業点検や予算編成手法の見直し、DNA改革の進展などにより、市政改革全般について全国的に高い評価を頂けるようになりました」。平成16年（2004）の関西社会経済研究所の調査（人口10万人以上の市区）で、行革の取り組みが全国第2位と公表されていた（H16.5.13 西日本新聞）。

3つのビジョンと2つのプロジェクト

手元に「これからの福岡市政について」として、3つのビジョン（①自治都市・福岡　②ビジターズ・インダストリー　③フォア・ザ・九州、フォア・ザ・アジア）と2つのプロジェクト（①アイランドシティ　②新福岡空港構想）が記載された平成13年（2001）10月付けの市長室報道課のチラシがある。どういう経緯で浮上してきたのか記憶が定かではないのだが、平成14年6月議会では、福政会の渡辺健生議員の3つのビジョンと2つのプロジェクトを進めるべきとの質問に総務企画局長が答弁しており、その時点では何らかのカタチで市全体でもオーソライズされていたものと思われる。その年11月の市長選挙の公約の柱として、その3つのビジョンも含まれ、2つのプロジェクトも明記されていた。広太郎さんの都市づくりの哲学として、「都市は生き物であり、発展するか衰退するかの二者択一しかない。現状維持はあり得ない」というのは何度も聞いていたが、僕の中では開発行政への先祖返りではないかとの違和感もあった。市長退任後の平成22年（2010）、九州大学とのオーラル・ヒストリーでのインタビューでも、「発展の意味が開発に聞こえるが」との質問を投げかけられた。広太郎さんは「都市としてのテーマを持っているかどうかが大事で、東京一極集中はダメで、それぞれの地方が特色を活かした分極化を図るべきである」「アジアとの接点は福岡が務めるべきで、つながりを強めるための投資は必要である」と主張していた。新空港については、新宮沖は非現実的で、「雁ノ巣飛行場の拡張を中心に考えるべきであり、滑走路増設案は、何年持つか分からぬ暫定措置だ」と切り捨てていた（『山崎広太郎オーラル・ヒストリー』２０１１）。今回、新聞をめくっていて、平成15年（２００３）３月の記事で「福岡市長、必要性を強調」との見出しを見つけた。「新宮沖構想は海上空港で莫大な金がかかる、４、５千億円でつくらなければならない。これを市民に訴え、住民投票にかけてでも決めなければならない」と商工会議所主催の講演で語っていた。この当時は新空港問題が争点とされていた福岡県知事選挙の告示が目前だったが、国が現空港の活用や近隣空港との連携を含めた調査を打ち出していたことから、争点から消えつつあるタイミングであり、一石を投じておきたかったのだろうか？　雁ノ巣飛行場の拡張案は、市長サイド（民間のブレーン）ではかなりフィジビリティスタディを進めていて、図面をいつも背広のポケットに入れていた。僕が反対論者なので、会えばポケットから図面を取り出して、東区の僕の住まい周辺でも騒音の心配がないことを力説していた。さらに「飛行機が市街地を飛来するという目の前の不安を政治・行政が看過することは許されないし、当事者として「腹をくくる」ことが大切で、成り行き任せではいけない。都市の将来を左右するような課題は、市民の意見に振り回されず、トップが責任を持って決断することもある」とも語っていた。いよいよ福岡空港の混雑ぶりは激しく、羽田発福岡行きの最終便は引き返すリスクがあって怖くて乗れないという評判であり、滑走路増設の効果は限定的であるとされる昨今、あの厳しい経済／財政環境の中で縮小均衡に陥らず、福岡市の未来を描いていた広太郎さん。それがトップというものなのかと、遠い目で感じている。

「転の巻」～次の展開は何か

2期目公約と三位一体経営戦略プラン

市長選挙を跨いで、基本計画を策定中だったので、市長選前は、素案までの作成とし、公約は、基本計画の素案を下敷きにしながら、「自治都市・福岡」「元気都市・福岡」を目指した5つの柱と99項目の具体的なプログラムを提示し、1期目の公約とは異なり、基本計画に組み込み、具体的な事業は実施計画に落とし込まれていった。今回は庁内からの協力をもらいながら（随分持ち込みもあった、ボトムアップでは通らないので、公約に入れ込むとか？）報道担当部長だった広川大八君や若手のY君などとも侃々諤々詰めていって、僕のところで取りまとめた。ボトムアップの部分最適の寄せ集めではない切れ味や全体最適の方向性はクリアになるが、各局からすると自分たちがつくったものではないが故に、自分ごとにならない、やらされ感。選挙公約＝マニフェストって、現職になると、リソースはたっぷりあるのに本当に難しい。

①市民のために、市民とともに、「自治都市ふくおか」を築きます。（19項目）
②今日と未来の安全・安心を築きます。（26項目）
③イキイキとしたまち・福岡を築きます。～おもてなしの都市づくり（24項目）
④九州・アジアの未来を拓く挑戦都市を築きます。（7項目）
⑤市民に信頼される「自治体経営先進都市」を築きます。（23項目）

2期目の市長選は石井氏の出馬断念もあり、ほぼ無風に近いもので、得票も199，821票（前回188，539票）と伸ばしていた。

公約としては期限等を明示しなかったので、市長公約事業行程表をつくり、取り組み方針、スケジュール、進捗状況や予算額を経年変化と共に市民に公表した。平成15年（2003）5月15日の市長会見でも、マニフェスト的な意味合いを持つもので、全国でも新しい試みであるとしていた。また、毎年の予算資料に公約事業関連経費を明記するなど、いずれも画期的な対応だった。さらに、これらを踏まえ、「政策推進プラン」「行政経営改革プラン」「財政健全化プラン」を三位一体の「市政戦略プラン」として策定していくこととし、その策定方針を公約事業行程表と同時に公表した。

◆市長公約事業（行程表）の進捗状況
平成15年（2003）5月15日　実施済み3、一部実施34、着手37、検討中25
平成16年（2004）6月29日　実施済み10、一部実施50、着手26、検討中13
平成17年（2005）7月19日　実施済み20、一部実施63、着手16、検討中0
平成18年（2006）6月27日　実施済み34、一部実施56、着手9、検討中0

三位一体の市政経営戦略プラン策定方針

～DNAセカンドステージへの展開～
○この4年間に取り組んできたDNA改革の成果と反省を踏まえ、「運動からシステム改革へ」と、新たなステージへの展開を図る。
〈DNA改革の成果〉
現場レベルでの仕事のやり方や組織風土の変化

・戦略的行政経営への転換の着手（局経営戦略）
・意思決定のあり方の改革（経営会議）
・行政システム全体への改革の取り組み不足（資源配分システム、庁内分権化）
・財政／コストの視点での踏み込み不足（財政フレームに沿った事業の選択）
・新たな発想での施策提案や改善、大胆な事業見直しの不足（民間委託、民営化等）
〈DNA改革の反省〉
○自由闊達で人輝く「自治都市・福岡」「元気都市・福岡」の実現を目指し、その実現方策として、「コミュニティの自律経営」の考え方を中軸に据えながら、政策推進、財政健全化、行政経営改革の3つのプランを三位一体で策定（プラン策定にともない「第二期事業点検」を実施）し、行政の発想や手法の見直し、限られた資源の再配分と有効活用を図り、戦略的な都市経営を推進していく。
○市政改革の方向～市民・民間・職員の力を引き出し、共働する市役所へ
・市民・地域の力を引き出し、共働を進める。
・民間の力を引き出し、九州・アジアの未来を拓く挑戦を進める。
・職員の力を引き出し、経営体制の見直しや組織風土づくりを進める。

◆三位一体の市政経営戦略プランは一年がかりで作成され、平成16年（2004）6月、「政策推進プラン」「財政健全化プラン」「行政経営改革プラン」として、3つのプランが一体的に、また相互に連携を図りながら推進していくこととして公表された。こうした「プラン」の策定に当たってその具体的な策定方針や工程表が公開されていったことは、当時のDNAセカンドステージへの勢いを感

じるし、初めて財政の中期見通しが明示されて、その財政フレームに沿いつつ、市役所自身の改革を進め、施策や事業の選択と集中を進めようとする戦略的な都市経営への意気込みも感じられていた。しかし「プラン」づくりは魔物である。この時点で、局区レベルの戦略計画づくりは10局を数えていたにもかかわらず、市全体のプランでは、結局のところ、What はあるが How がない総合計画の罠（ボトムアップ、網羅的、一律平等、間違いない）に嵌まってしまったのではないだろうか。いよいよ全体最適を描くための経営体制の整備が不可欠となってきていた。それはもっともっと険しい山なのだけど。また、中軸に据えるとしていた「コミュニティの自律経営」がどこに行ったのか、三位一体市政経営戦略プランの根底となるはずの「コミュニティ推進プラン」はつくられないままであり、「コミュニティの自律経営」が中軸に座ることはなかった。結局のところ三位一体の経営戦略プランは中軸を失い、「プラン」は連動せずに、「それぞれ」になってしまったのではないだろうかと、今にして思う。

経営会議の設置などのガバナンス改革

山崎市政2期目のいわば本丸である。経営管理委員会の提言で「持続的革新の仕掛け」として、「職員の改革意欲」、「市民の参画・監視」、「民間経営手法＝イノベーション」とともに、「トップのリーダーシップ」が真っ先に掲げられており、提言後の取り組みも、「現場任せで、あとはよきに計らえ」とならぬよう、全局長決裁による提言実行の方針決定、行政経営推進委員会の組成、ＤＮＡ局部長ミーティング、トップセミナー（幹部合宿）、局区長ＤＮＡ運動等、三役、局区長を意識した取り組みも展開し、経営体制刷新にむけての10局の戦略計画の策定など、ガバナンス改革への準備を進めてきた。再選された広太郎さんの市長公約を受け、経営会議の設置など、いよいよガバナンス改革の本丸に入っていくことになった。

1. 経営管理委員会の提言（7つめのハコ）平成12年（2000）4月26日
（コーポレート・ガバナンスの確立）

「各局の利害を超えた視点から経営戦略を判断する経営会議とその補佐体制をつくるべき」
2. 市長公約　平成14年（2002）11月
V市民に信頼される「自治体経営先進都市」を築きます。

（経営ボードを確立します）

トップマネジメント強化のため、市政に関わる重要事項を一元的に統括する経営会議を設置し、現行の助役分担規定を見直します。全庁経営補佐スタッフとしての組織を確立します。
3. 三役新体制の発足　平成15年（2003）4月1日
①　経営会議の設置
局・区・室を越えた全市的な観点や都市経営の観点から、市政に関する様々な課題に迅速かつ戦略的に対応するとともに、行政経営改革を推進していくため、市政運営の基本方針や重要施策に関する意思決定を一元的に担う「経営会議」を設置する。
②助役の事務分担の見直し
全市的な観点からの意思決定機能、決定事項の実行体制、市長の補佐機能の強化を図るため、「経営会議」の設置と併せ、助役の事務分担を見直す。具体的には、縦割り構造となりやすい助役の局分担制を廃止すると共に、事務決裁規程を改正し、助役専決事項を廃止すると共に、局長への権限移譲（経営会議の審議事項以外は原則として局長決裁）を行う。
③補佐体制の整備
経営会議の設置や助役の事務分担の見直しなどトップマネジメント機能を強化することに伴

い、経営会議の事務局機能、内外の情報収集など三役の全市的観点からの意思決定、課題解決などをサポートする経営補佐部を市長室内に整備すると共に、何処の局にも属さない局長級の参与（経営補佐担当）を設置する。

◆経営会議の設置と補佐体制の整備は不可欠だと思っていたが、助役の局分担制の廃止はあまりに変化が大きすぎて、一挙にやるのはとても無理だと僕は思っていた。しかし、ここは広太郎さんが強硬で「分担は明確に外すべきで、中途半端はいかん」と三役会議（平成14年12月24日）でクギを刺していた。市長と助役の持っている情報ギャップを指摘する声もあったが、「助役が下からしか情報があがってこないというのは話にならない、これからの本格的な市政経営改革に当たっては、市長一人では出来ない。助役が局の立場を代弁するようではダメだ。三役が基本戦略を決めて、後は局に任せるのだ」と姿勢は明確だった。民間企業のコーポレート・ガバナンスの確立は「経営と執行の分離」が基本だったが、広太郎さんの思いもそこにあった。しかし、トップマネジメントの機能強化と局区の自律経営は、言うは易く行うは難し。実施が目前に迫った3月の幹部の会議では、西助役からこんな発言も。「経営会議・補佐体制は、使い方によっては凄く市役所がよくなるし、使い方を間違えるとぐちゃぐちゃになる」。慣れ親しんだボトムアップと本能的な縦割り意識の壁は厚い。市長以下、ここは一挙手一投足、箸の上げ下ろしレベルのサポートやアドバイスが必要な場面だったと思うが、経営補佐部ではとても賄いきれない。第一僕は半年で潰れているから、何をか況んやなのだが、手元に残る資料でその後の足跡を追ってみたい。

経営会議のあり方についての市長コメント 平成15年（２００３）７月17日の庁議冒頭

○本年４月に経営会議を立ち上げ、助役の分担を見直し、補佐体制を整備するなど経営体制の強化を図ってきた。

○それから３か月以上経過し、その間経営会議も17回開催してきた。そうした中で三役あるいは局長とも率直な意見交換ができるようになり、全体的には良い方向に向かっているのではないかと感じている。

○しかしながら、経営会議をやっていく中で何点か感じたことがある。まだこれまでの助役に上げていくような感覚で、経営会議に案件を上げてきているのではないかということである。局長さんたちは実務レベルの最終的な責任者であり、局内での意思統一をきちんとしてもらいたい。また全市的観点から担当する分野の企画立案そして執行をお願いしたい。そのためには局内にも経営会議のような場を設定して、局内できちっと論議をし意思をもって会議に臨んでもらいたい。また部長さん達も局長を補佐してもらいたい。

○それとまだまだ意識が内向きではないかということである。市民の中にもっと入っていかなければならない。これからコミュニティの自律経営に本格的に取り組んでいく。このことにより行政は抜本的に変わっていくものと考えている。

○局・区長の皆さんには期待している。職員の力を引き出して、局・区の自律経営を目指してほしい。

◆市長の発言は、ある意味核心を衝いているとも思う。慣れ親しんだボトムアップと本能的な縦割り意識の壁はお役所仕事の宿痾とも言うべきもので、未だにそれは、様々な組織で克服できていないのではないか。しかし、市長は根っからの政治家であり、実務の経験はなく、ある意味思想家ではあっても実務家ではないが故に、実務者の不安や悩みが咀嚼できず、痒いところに手は届かない。箸の上げ下ろしまでは指示できず、圧倒的な情報の差は、市長一強の構造をより際立たせていったのではないか。

◆僕の長期療養明けの年末、ある友人から意見具申のメールがあった。ポイントは2点。

①助役ポストの空洞化

・局担当制を外したことにより、助役に情報が入らなくなっており、経営会議における助役の発言の重みがなく、助役が「評論家化」している。

・経営会議案件の事前説明禁止が助役の情報過疎をますますもたらしている。

②経営会議の機能不全

・経営会議でものが決まらない、繰り返し同じ案件があがる。これまでの流れと異なる意見が唐突に出る。経営会議が課題を無くす場ではなく、問題をつくる場になっていないか?という辛辣なものだった。

僕は年度末で失脚し、平成16年（2004）4月6日「経営会議の運営及び経営補佐部と企画調整部の役割分担の見直し」が通知された。前述のような懸念への対応かとも思われる。

①経営会議の見直しについて

・経営会議の局／区からの付議案件は、企画調整部で受け付け、局区調整サポート会議の開催などを通じて、必要な調整等のサポートを行う。

・経営会議の開催日時、出席者の調整など、経営会議の運営にかかる業務については、企画調整部との十分な連携のもと、従前通り経営補佐部で行う。

②経営補佐部と企画調整部の役割分担

・経営補佐部は三役へのサポート機能を強化する～経営会議の運営をはじめ、三役からの特命事項の迅速な対応、副市長プロジェクトの進捗管理など。

・企画調整部は各局／区へのサポート機能を強化する～経営会議に諮る局／区付議案件の相談／調整など、各局／区へのサポート機能を主に担う。

このあと、僕は議会事務局へ異動してしまい、その後の経緯は言及できないが、いずれにしても、平成18年（２００６）11月の市長選における広太郎さんの落選により、経営補佐体制は雲散霧消していった。自分自身への自戒を込めて、元総務庁事務次官増島俊之氏の以下の箴言を掲げておきたい。「いつも改革は、システムの改革という様相をもち、また、システムの改革という形で姿を現さないと、成果があったと評価されない。しかし、実相は、多くの場合、運用の優劣が対応の成否を握る。システム自体は弾力的な運用を許容する幅があり、決して運用を強制しない、では運用の成否を握る要因は何か。人である。これが、常に改革論では、欠落する。」（増島１９９６‐２０６ｐ）

今回福岡市のＨＰを当たっていて、平成24年（２０１２）の自立分権型行財政改革の推進に関する有識者会議の「組織風土改革」として、「トップマネジメントのもと、局区の自律経営が発揮されるよう、ガバナンス改革を行う」として、「市長・副市長が議論できるシステムを構築し、福岡市としての経営理念の確立を図る」「市長・副市長を補佐する自律経営補佐組織を新たに設置する」という項目を見つけて驚いた。まさに「経営会議」「補佐体制」と共通する問題意識であった。有識者会議の提言であったが故か、また、経営補佐部のトラウマもあったからか、既存の会議や組織が対応する方が、より効果的に目的を達成することが出来ると結論されたようだが、自治体経営においての普遍的な課題なのだと思いを新たにした。

「結の巻」～山崎市政の終焉

福岡県西方沖地震

平成17年（２００５）３月20日午前10時53分、Ｍ７・０、最大震度６弱の福岡市近辺では有史以来最も大きな地震に襲われた。玄界島住宅の半数が全壊し、能古島、西浦、宮浦、志賀島などで死者１名、負傷者１，２００名、全壊１４０棟の被害であり、福岡市では地震などの大きな災害がないという安全神話が揺らいだ震災だった。

地震の発生後、直ちに被害状況が確認され、最も被害のひどいのは玄界島であったが、西区・東区のいわゆる農漁業地域及び都心の警固断層沿いのマンションも大きな被害に見舞われた。国の被災者再建支援策は非常に限定的なものだったため、広太郎さんは、特に地域コミュニティの自立再建には住宅再建に対する支援が不可欠との考えから、直ちにこれら地域の支援策を組み立てるよう、各局に指示を出し、早い時期に福岡市独自の被災者支援策が打ち出された。この頃、広太郎さんは連日連夜、自ら陣頭指揮をとっており、職員もその思いに答えようと全力で震災対策にあたった。この折のリーダーシップは格別のものがあったと当時の関係職員に記憶されている。

3期目に向けて～守りの市政から攻めの市政へ

平成17年（2005）は翌年に再選期を控え、政治の季節を迎えていたが、9月に市議会で五輪招致を表明する一方、10月に家庭ゴミ有料化、12月には新病院基本構想～市民病院とこども病院のアイランドシティへの統合移転を発表、翌18年には留守家庭子ども会の有料化など、ある意味、争点をばら撒きつづけた時期と言える。一方、17年3月には博多港開発㈱第2工区の市直轄化に踏み切り、アイランドシティ／博多港開発㈱についての一応の目処をつけ、市債の格付けのAA－からAAへのアップを獲得しており、広太郎さんの心の中では、いわば「守りの市政から攻めの市政へ」転ずる時期だったかもしれない。ただ、何の案件だったか定かではないのだが、「いくらなんでもそんなに持ち込まれたら選挙にならない」との発言も思い出す。それくらい、選挙に強いと思われた山崎市政の3期目に向けて、市役所内も抱えてきた課題を一気に解決しようと、いわば在庫一掃の勝負に出ていた。

市民病院とこども病院の統合移転構想は、結局市長選で争点化されて、落選の一因になったかもしれないし、当時経営補佐部で関わった件でもあるので、少し書いておく。統合移転については平成14年（2002）の病院事業運営審議会において、市民病院とこども病院の統合による一体的整備が求められていた。この移転先についてのアイランドシティ案については、アイランドシティの土地売却が先にありきならダメだと、広太郎さんは明確に言っていた。アイランドシティを「売り急ぐな」と言っていたのもこの頃である。しかし、両病院の機能の一体化により、こどもから大人までの一貫した医療（周産期医療や成育医療などを含め）を提供でき、統合による効率的な病院経営、アイランドシティでの健康未来都市の中核施設化などの諸要因を踏まえて、両病院の統合と移転先をアイランドシティとすることを決断していった。その後、紆余曲折あって、二つの政権を経て、こども病院の単独移転となったが、当時の統合移転の是非はこの先の時間軸のなかで検証されていくのだろうと思う。

五輪招致～コンパクト開催

五輪招致については、当時僕は議会事務局で、市長周辺の情報に疎くなっていたので、詳しく語ることができるものはないのだが、市長落選の大きな要因とも言われていたので、ざっくり触れておくことにする。なぜ五輪招致に手を挙げたのか、僕自身釈然としないのだが、当初は「九州五輪」を掲げていたので、当時「フォア・ザ・九州」を標榜していたこともありで、東京一極集中へのアンチテーゼで、ダメ元でやっているのだろうと思っていた。しかし、五輪の開催地は都市主義であり、九州五輪はダメとなっても、招致活動は止めなかった。平成17年（2005）9月22日の福岡市議会でオリンピック2016大会への招致を表明した。当時は、福岡市の招致表明は、東京の「噛ませ犬」だとまことしやかに囁かれていた。後に、ノンフィクション作家の塩田潮さんとの対談で、広太郎さんはこう語っている。「何かJOCに仕組まれた感じもないわけではない。直接、『出てくれ』とは言わないけれど、『福岡は出るべき』と言っていた。ですが、私はその場でやろうと決めた。前々から東京一極集中ではだめで、分極すべきという考えがあり、オリンピック開催はチャンスだと思った」（『ニューリーダー　2018年10月号』）。噛ませ犬論は当たらずとも遠からずだったかもしれない。僕はステレオタイプで五輪招致は反対だった。どうせスポーツマフィアに食い物にされるし、ようやく福岡市の財政が健全化の道を歩き始めたばかりであり、五輪なんかやれば元の木阿弥だし、当時市長が言っていた福岡市の負担額が1,000億円で済むはずがないと思っていた。開催計画は製作総指揮者に建築家の磯崎新氏を招き、須崎埠頭を中心としたコンパクトな計画が立案され、ユニバーシアード大会や世界水泳大会などの国際スポーツ大会の開催経験が豊富で、競技団体の信頼が篤かった福岡市の計画はその斬新性、革新性、「コンパクト開催」の思想性も含め、次元が異なるほどの高い評価で、高をくくっていた東京都／石原慎太郎知事の心胆を寒からしめる状況に追い込んでいった。マスコミの評価もまんざらではなかった。各紙の朝刊1面コラムから抜粋して紹介する―。

▼「『地方都市でも開催できるコンパクトな21世紀型五輪』という福岡の理念は新鮮だ」（中国新聞・天風録）。「われわれ首都圏に住む者にとっては『東京』を応援したくなるが、日本を代表する都市・福岡も捨てがたい」（千葉日報・忙人寸語）。▼日本中が不況で沈滞したとき、一番元気がある街、の評を福岡市は取った。米誌ニューズウィーク国際版は先日、「最もホットな10都市」に日本からは「アジアの玄関口」として福岡を選び、五輪招致にも触れている」（H18.7.1 西日本新聞「春秋」抜粋）。

しかし、8月30日のJOC国内立候補都市選定委員会開催の5日前、福岡市職員による衝撃的な海の中道飲酒運転事件（p169参照）が発生してしまい、盛り上げイベントも開催されないままとなった。事件から5日後の五輪開催国内候補地の選定では、東京都に22VS33で惜敗した。そして、約3ヶ月後の市長選挙で、3選を目指した広太郎さんは落選となった。招致合戦に負けたからと言うより、福岡市の財政規模からして、開発行政の転換を主張していた広太郎さんの変身として、市民は厳しく咎めたのだと当時僕は思った。しかし、どうだったのだろうか？　東京五輪の大騒動、目に余る五輪汚職、大阪万博の迷走、こんな国を挙げてのプロジェクトには辟易するし、最早首都でしか開催されなくなってしまった五輪のありようを見るにつけ、広太郎さんの分権原理主義者としての五輪地方開催の提案は、高い志と見るべきだったと今にして思うがどうだろうか？　広太郎さんからは、今頃分かったかと言われそうだけど。3年前の広太郎さんの急逝の折にいただいた弔電を見ていると、「五輪の招致運動は実に面白かった」、「開催計画で描いた夢を是非実現したい」など、福岡五輪開催の夢を追いかけた同志の方々の声が多く寄せられていた。後年、広太郎さんとコロナ禍で開催が延期された東京五輪の話をしていて、不意に、「竹田恒和前JOC会長はお粗末だった」と呟いた。2006

年の国内立候補都市決定のあの日、東京に決まったあと、挨拶しようとしたら、目も合わさずに立ち去っていったと。その位の愚痴は許されるだろう。

広太郎さんの著書『紙一重の民主主義』の帯には、「オリンピック誘致で東京と最後まで闘った〝反骨〟の元福岡市長、渾身の提言！」とあるが、国民主権を説いた本の帯としては、ずっと違和感があった。しかし、ここまで書いてきて、広太郎さんは本当に〝反骨〟が真骨頂だったと感じている。新空港問題では巨額の新宮沖構想に対して、より実現可能な雁ノ巣沖を提言したり、首都開催が常識となり国威発揚の舞台と成り下がった五輪にコンパクト開催という新たな理念で対抗し、1，000億円でやってみせると宣言したこと、さらには、かつての県知事選挙も国政レベルでの候補者選考に反旗を翻しての出馬だったし、新球団誘致やアジア太平洋こども会議だって、「無理だ」という世間相場への反骨だった。そもそも、政治を市民常識に適うものにとの思いで政治家になったことも、そして、主権者は国民であることを訴え続けたことも、広太郎さんの反骨精神のなせる技だったのだろうと思う次第である。

海の中道飲酒運転事件

それは、平成18年（2006）8月25日の早暁のことだった。僕は腰痛のため、古賀市のK整形外科に入院していた。早朝のテレビのスイッチを入れると、海の中道大橋で大変な事件が起きている模様で、消防車や救急車にパトカーの赤色灯、さらにはサーチライトが煌めき、何ごとかと観ていると、夜半に幼いこども3人の命が奪われる悲惨な飲酒運転事件が発生していることが分かった。さらに衝撃的だったのは、その犯人が福岡市職員だったことだった。2016年五輪の国内候補地の選定を5日後（8月30日）に控えていた。最初の記者会見に副市長が出ていたが、それはマズイと思った。さらには当該職員を分限免職にしたことから、強い批判を浴び、9月15日付で懲戒免職処分となった。最終的に危険運転致死傷罪が適用され、この事件を契機に飲酒運転関連事件が社会問題となり、飲酒運転とひき逃げの罰則も強化されていった。福岡市役所でも様々な取り組みが行われたが、残念ながら、福岡市職員の飲酒による事故・事件が続き、平成24年（２０１２）５月には、前代未聞の１ヶ月間の「禁酒令」が発令される事態にまでなってしまった。

市長選挙を目前に控え、この事件は広太郎さんの3期目落選の原因の一つとも言われた。僕は、当時議会事務局勤務とは言え、組織風土や職員の意識改革を目的としたＤＮＡ運動を唱道してきた立場でもあり、この事件は痛恨事だった。事件の翌年、３人の子どもたちの菩提寺である東区馬出の妙徳禅寺に、広太郎さんの発案により「そらとかぜとひかりのお地蔵さま」が市職員などの募金で建立された。現役時代は議会事務局職員や中央区役所職員と共に祥月命日や月命日にお参りしてきた。自分自身の中で、この事件を風化させないように、現役を退いた今も、祥月命日には欠かさず、月命日にもできるだけお参りし、飲酒運転の撲滅と安全運転を誓っている。広太郎さんとも、市長退任後、一緒にお墓参りしたことがある。毎回、「飲酒運転の撲滅が出来なくてごめんね」と謝らなければならないのは情けない。

山崎市政とは何だったのか

数年前のことだが、福岡市が東京で開催する「東京懇話会」において、山崎市政の8年間を「どん底の酷い時代だった」と語っている職員がいて、それを聞いた参加者の方から、「今の市職員の認識はそうなんですね、驚いた」との感想が寄せられた。くそ食らえと思うが、確かに山崎市政はいわばバブルの清算に追われた大変な時代だった。大規模事業点検、ＳＢＣの特別清算やアイランドシティ問題を巡る銀行団との攻防、ケヤキ庭石事件、今こうして振り返っていると、息つく暇もないあの頃の日々を思い出す。ありきたりだが、今日の一見順風満帆の市政運営の土台は、山崎市政のあの8年間の礎の上にあることを忘れてはならないと思うのだが、如何だろうか。さらには、わが国の自治体行政改革史に名を残したDNA改革。DNA運動／DNAどんたくを契機として全国自治体に広がったカイゼン運動は20年の歳月を経て、今もなお全国都市改善改革実践事例発表会として開催され、福岡市が自治体カイゼン運動の発祥の地としてのリスペクトを受けつづけていること、さらには「コミュニティの自律経営」を掲げ、町世話人制度の廃止、自治協議会制度の創設、公民館のコミュニティ拠点機能やNPO施策の展開により、本市におけるコミュニティ政策の大転換が図られたことなどの功績から目をそらしてはいけないと思う。

処分せずに持っていた資料から凄いものを見つけた。どういう経緯でつくったのか、2期目の真ん中での喝を入れる意味があったのか、山崎市政の立ち位置を確認しておきたかったのか？　これまでやってきたこと、これからやるべきことが明確に記されている。ある意味山崎広太郎市政の志と方向性を示した歴史的な文書にすら思えるので、全文を紹介して、この章を締めくくりたい。

市役所改革の基本的考え方　平成17年（2005）2月15日庁議資料　〈市長室経営補佐部DNA課〉

【なぜ改革が必要なのか】

求められる『地方の自立』。一貫した信念を持った市政運営

○現在、少子高齢化の進展など、わが国の社会環境は大きな変化の中にある。これまでのような右肩上がりの成長と拡大は見込めない中、国の三位一体改革が進むなど、財政的にも地方に対する自立の要請が高まっている。

○こうした厳しい環境の中にあって、最も重要なことは、そもそも市役所とは何者か、根本に立ち返ることである。主権者である市民こそが行政のよりどころであるし、市民の幸せに貢献することが市役所の使命であり、市役所の仕事である。

○これからは「地方の真の自立」が必要であり、一貫した信念をもって市政を運営すること、またあらゆる変化に堪えうる市役所をつくることこそ、市民の幸せに貢献することになる。

○そのためには、従来の市役所、あるいは職員の体質を変えていかなければならない。それが市役所改革である。

【一貫した流れの中で市役所改革を進める】

目指すものは「自治都市」「元気都市」の実現。市民、民間との「共働」が基本

○これまでに、大規模事業点検の実施、市債発行の抑制、経常経費の見直しや予算制度改革、情報公開条例の全面改正、DNA計画に基づく市役所改革の推進など、市政運営の転換を図ってきた。

○また自治協議会の設置など地域自治体制の抜本改革に着手するとともに市政経営戦略プランを策定し、これまで一貫した流れの中で取り組んできた改革を中断することなく市政運営をして行こうとする考え方を整理した。
○これから目指すものは、「自治都市・福岡」「元気都市・福岡」の実現である。市民、民間との「共働」こそこれからの行政運営の基本となる。極端に言えば、必要な事以外は「何もしない覚悟」を持って、一方的なサービス供給ではない、市民との「共働」関係を構築して行く。
○共働関係を構築して行くことが、地域コミュニティの自律的な経営へつながり、地域自治の大きな力を生み出す。地域が元気になり、都市を形づくる一人一人が自治意識のもとで元気に活動し、このような力が集まり、都市全体が元気になることによって、「自治都市・福岡」「元気都市・福岡」が実現する。

【これから市役所が果たすべき役割、これからの職員像】
地域と共働する市役所。職員はコーディネーターに
○これからは、地域住民が抱える課題解決のため、地域と共働する市役所であることを基本とする。（「市役所がやります」から「一緒にやろう」へ。「市役所でなんとかしてくれ」から「自分らはこれをやるから、市はこれはやってくれ」へ。市民に対して、主権者としての相応の自覚を促していくことも、これからの市役所の重要な役割）
○これからの職員像は、地域・民間との共働関係のなかで、課題解決に向け精力的に地域や民間の懐に飛び込み、市民や民間の力を引き出すコーディネーター。

【市役所改革とは】

「役所の論理」から「市民こそ主権者である」ことへの転換

○つまり、市役所改革とは、「役所の論理」から「市民こそ主権者である」ことへの転換であり、あらゆるところで仕事の仕組みや進め方を問い直し、徹底的な行政のスリム化、組織風土や職員の意識、発想を変えていくことである（従って、単に財政が厳しいと言うだけで改革するのではない）。

○これまでの市役所の仕事の進め方、いわゆる市が一方的に全てを行うやり方から、市民・民間との共働へ大転換させることが重要。このことが地域自治への大きな力となり、地域の活性化へもつながっていく。

○財政的観点から言えば、税収の範囲内での市政運営が本来の姿である（これまでの数年間は、経常経費の縮減、市債発行（借金）の抑制等によりプライマリーバランスを堅持してきたところだが、今後はこれらに加え、行政のあり方そのものに踏み込んだ改革が必須）。

○また、改革の過程において、当然、市民にも痛みを強いることもある。市民の理解と信頼を得るためには、市役所改革に真摯に取り組む姿を示す必要がある。

○そのため、「自らを律する」スリムな行政をめざし、聖域を設けることなく厳しく精査し、行政の徹底的なスリム化を進める。

山崎市政の歩み

年	市政の焦点		DNA改革	
1998年（平成10年）	11月	市長選挙で初当選		
1999年（平成11年）	1月 3月 6月 12月	大規模点検チーム発足 博多リバレイン開業 6・29豪雨。博多駅水没 大規模プロジェクト点検結果発表	4月 8月	経営管理課発足 経営管理委員会発足
2000年（平成12年）	7月	サミット蔵相会合開催	4月 7月 9月 10月	「DNA2002計画」提言 DNA運動スタート 「BP探検隊」発足 プロポーザル委員会発足 第1回モニタリング・レポート
2001年（平成13年）	1月 2月 7月 10月	K総務企画局長、汚職で逮捕 財務省から渡部局長着任 世界水泳選手権大会 ※この頃から博多港開発㈱への融資について銀行団と協議が紛糾する H市議会副議長、汚職で逮捕	2月 5月 6月 7月 8月 9月 11月	第1回DNAどんたく開催 産業振興部の戦略計画策定に着手 市長各局訪問スタート 出前講座推進会議 「福岡市のバランスシート」公表 市長NZ視察、トップセミナー 「局区長DNA運動」スタート 「May I Help You? 運動」開始
2002年（平成14年）	4月 9月 10月 11月	山崎財政局長着任 博多港開発㈱への緊急融資制度 ※このころから、石井会長の市長選出馬騒動 エスビーシー破綻処理 市議会で共産党が「ケヤキ庭石」追及 市長選挙（2期目当選）	4月 5月 7月	局戦略計画策定開始 経営管理委員会、活動終了 新しい情報公開条例施行

	市政の焦点		DNA改革	
2003年（平成15年）	3月	福岡国際会議場オープン	3月	区役所日曜開庁の試行
	5月	こども総合相談センター発足	4月	経営補佐部設置、経営会議制スタート
	7月	渡部局長退任	10月	予算システム改革（局枠予算等）
		豪雨災害。博多駅再度水没		
2004年（平成16年）	4月	町世話人制度廃止、地域支援部設置	5月	内部通報制度「職員サポートライン」設置
	6月	志岐、西田ら特別背任で逮捕	6月	市政経営戦略プラン策定
	10月	「西日本シティ銀行」誕生	12月	補助金等審査委員会の提言
2005年（平成17年）	2月	地下鉄七隈線開業	4月	管理職対象に目標管理制度実施
	3月	福岡県西方沖地震		
		博多港開発㈱2工区の譲り受け		
	4月	こども未来局発足 山崎局長退任		
	9月	五輪招致表明		
2006年（平成18年）	8月	飲酒運転事故、幼児3人死亡	1月	支出事務の簡素化（10万円以下）
		五輪落選		
	11月	市長選挙		

【第三章】福岡市のＤＮＡ改革

第８回全国都市改善改革実践事例発表会／カイゼン DONTAKU in ふくおか

福岡市におけるDNA改革は、わが国の自治体における行政改革史の金字塔であり、「コミュニティの自律経営」を目指したコミュニティ政策の大転換とあわせ、山崎市政を代表する大きな2本の柱ということができる。僕は、その実践記録として、平成15年（2003）に九州大学大学院法学研究科の修士論文「体験的NPM論～福岡市DNA改革の検証」をまとめた。20年を経た今、改めて読み返してみて、NPM理論の盛衰など、時代環境は大きく変化しているものの、その取り組みは今日の自治体改革においても通じる普遍性を持つと思うが、修論は7万字を超える大部であり、その大要を巻末に掲載させていただくこととした。修論は平成14年度末までがその対象であり、そこで書ききれなかったものをこの章で取り上げ、平成15年度以降、DNAセカンドステージについては、その概要を第2章山崎広太郎市政の挑戦／「転の巻」において取り上げた。

DNA掲示板　平成12年（2000）5月12日開設

DNA運動は「市役所の隅々まで活力の溢れる組織風土、やり甲斐のある職場づくりを目指すもの」であり、その基本精神は、「D：〝できる〟から始めよう（できない、しない理由から探さない）」「N：納得できる仕事をしよう（市民の納得を自分の納得に）」「A：遊び心を忘れずに（ガチガチな考え方や対応でなく、ゆとり、人間らしさ、明るさを持って取り組もう）」で、市役所の組織風土と職員の行動様式の変革を意図した運動である。

DNA運動のキックオフ・ミーティングの翌日、市役所内のグループウェア上に「DNA運動掲示板」を設置し、DNA運動やDNA2002計画全般に関する意見交換、情報提供に活用した。グループウェアを利用できない各施設等向けには、電子掲示板への書き込みをニュースレター形式にまとめ「DNA運動通信」として紙で配布した。

この掲示板の威力は凄かった。制度やヒエラルキーを軽く超えて、現場の職員と市長までもが直接つながる場となった。開かれたフラットな場が如何に大切かを痛感させられる一方で、確信犯のような「荒らし」の存在が、この貴重な場を壊していったのは痛恨だった。当時「2ちゃんねる」掲示板が世間の耳目を集めており、確かDNA運動のスレッドも立っていたと記憶する。その後の「2ちゃんねる」の顛末を見ても、ネット空間の光と影は悩ましい。当時の担当者だった藤義之君が、平成26年（2014）福岡市で開催された第8回全国都市改善改革実践事例発表会に際し、当時の書き込み117編を「福岡市DNA運動・創世「記」」として、復刻版をCDに納めて、参加者に配布してくれた。これだけでも一冊の本に出来ると思うが、ここではその中からいくつかを紹介してみる。

「DNA運動掲示板」月別アクセス数実績

平成12年（2000）

5月　33，659件（5月12〜31日）
6月　76，579件
7月　65，622件
8月　85，462件
9月　71，835件
10月　69，797件

11月　52，288件
12月　86，429件
※2001年1月以降、毎月7～13万件程度のアクセス数

どれを選ぼうか、迷ったが、裸の王様を巡るやり取りを選んでみた。

当時、広太郎さんは「裸の王様」とか「張り子の虎」とか称して掲示板に書き込みをしていた。その自虐的な名乗り自体はとても評判が悪かったのだが、市長の直接の書き込みは、ヒエラルキーの壁をぶち壊す、強烈なブレークスルーでもあった。ご紹介するやり取りは、部長級の方の身を挺しての？思い切った投稿だったが、「公共」の教科書にしたいくらいのやり取りになっていたと思う。ちょっと長いが、紹介する。広太郎さんが、外での公務を終えて、パソコンに向かって、指一本でキーボードを叩く姿を懐かしく思い出す。

◆**拝啓　山崎市長様**（H・Aさん、6月16日掲載）

裸の王様のメッセージを拝見しました。今、役所で流行るもの、それは「ＤＮＡ運動」とか、様々な意見が毎日のように画面を賑わしています。でも、ゆっくりと拝見していくと、ほんの一部の人がそれぞれの意見を述べているようにしか見えないのですが。大多数の職員は、事の本質について疑問を持っているのではないでしょうか。日々の仕事を通じて感じている、仕事の矛盾や、課題、さらには職場の人間関係などと様々な事柄の中で、公務員であるが故に制約された人生観を感じているのも事実です。こうしたとき、経営管理委員会からの提言は、一つの考え方であると思うと同時に、対市民との関係についても、これまでみなさんが述べられたように、単に

我々が市民の公僕であるという認識では、対処できない問題が数多くあると感じています。例を挙げましょう。

毎回の市議会に提出される「請願」を多分ご存知でしょう。「請願」は市民の権利として保障されていることで、そのことについて問題視しているわけではないのですが、大半の請願の内容を見ていると、市民の方々の地域エゴに近いものが多いと感じているのは私だけでしょうか。（中略）請願の主旨等においても、本当に福岡市全体の将来像を踏まえたものであるとは受け止められないのです。これまで、市民の意識において市民生活における行政サービスは、市が与えるもので、市民自らが行政と一体になって作り上げるという意識はないのではないでしょうか。自己の権利は主張しても、義務については果たさないという現代気質、まさに意識の変革が市民側にも欠けている状況の中で、あるべき市民の意見は、まだ期待薄であるとも感じます。これからは、市民への積極的なアプローチが今以上に必要になると思いますが、その際には、行政のプロとして確固たる自信を持って接することが必要で、決して迎合するような姿勢はすべきではないと思うのですが、強硬すぎでしょうか。今、我々職員の意識改革が必要であることは認めます。従来の行政執行は、前例主義といっても過言ではないと思いますし、又組織の硬直化が新たな発想を育てなかった事も謙虚に反省すべきでしょう。しかし、これまでも異端児といわれながら、様々な取り組みを実践した仲間も多くいます。役人らしい職員が登用され、民間的発想を有する者は異端児的に見られた時代もありました。今になって、ＤＮＡ運動において、あたかも自分が先駆者であるような活動を始められる事を不愉快に感じるのは私だけでしょうか。（中略）やる気のある人物の登用こそ市役所変革の早道だと思うのは、はぐれ者の戯言でしょうか。あえて、老兵である我が身を知りながら、ＤＮＡ運動の行方が気になり意見を述べました。用地買収の実務に従事して、市民の方々の意識は経営管理委員会における方向性から相当の開きがあると感じています。

◆裸の王様または張り子の虎より（山崎市長、6月20日掲載）

市民がエゴ的であることはその通りです。土地がからむ仕事をしていれば尚更そう感じる事です。だからといって、市民と距離を置いたり、対峙的な姿勢をとっても、そこからは嗜虐的な喜びはあっても、本当の仕事のよろこびは得られないのではないか。私が市民の方を向いて仕事をして欲しいとか、市民に近づけと言っているのは、わたしの政治信念であり、経験則でもあるので理解して欲しい。行政に対して市民は弱い存在です。だからこそ、交渉事になると依怙地《いこじ》にもなるのではないでしょうか。行政マンは市民にとって、知識、経験、権限を持った非常に頼りにしたい存在なのです。

もちろん市民に迎合すべきではありません。そこからも何も生まれないでしょう。むしろ市民に行政側が近づくことで、市民の自主的な協力を引き出すことが出来るのではないか。市民の自治意識の向上は、行政を身近に感じるかどうかだと思います。従って、行政マンは専門家としての能力をさらに磨き、市民に道理を説き、かつ頼りになる存在として市民に接して欲しいと思います。私は福岡市の職員を誇り高い存在にしたいと思うわけで、そのためには市民と離れた存在ではなく、一体であるべきと考えるからです。

私が経営管理委員会の提言を、これからの行政の教科書としたいというのも、究極のところ地方公務員の拠り所は市民であるということ、決して所属する組織に逃げ込み、かつ市民と対峙する姿勢であってはならないということ、市民の喜びこそ、市職員の仕事の上の喜びであると思うからであり、提言の実行によって、以上のことが実現できると思うからです。

こういう鉄火場には名行司さんが現れます。平居さんは最初の職場の一期先輩で、冷静で頭脳明晰でしたが、この投稿にも唸らされました。

◆「拝啓、山崎市長様」を読んで（保健福祉局保護課 平居 秀児さん、6月21日掲載）

「拝啓、山崎市長様」を拝読しました。正直に言えば、まず初めに感じたのは、私と同じ市職員の多数が感じたであろう「共感」でした。皆、勤務年数の長短の差はあれ、役所の中で仕事をし、まじめに頑張ってきた人ほど強い思いがあるはずです。また、行政のプロとして、社会をリードしてきたとの自負もあると思います。職員一人一人、自分が成し遂げ、歩んできた道に誇りを持つのは当然のことでしょう。それは経営管理委員会の提言が出ても、何ら変わることはありません。皆がこれまで達成してきたことを否定するものは、これまでも、そしてこれからも、何一つ存在し得ないと思います。

今回の提言は過去を否定し、今までのやり方が間違っていたというものではありません。ただ地方分権や財政の硬直化、市民という存在の多様化など、世の中が大きく変化している中で、これからの行政のあり方や進み方について、一つの方向を示す指針となるものです。（中略）ご指摘のとおり、実際に市の職員が対応する市民は当然生身の存在であり、とくに行政と相対するときは当事者としてのエゴも出る。提言が期待している市民像と実態が懸け離れているのは私も実感しています。しかし一方では、地域の発展のため力を尽くす市民がいることも事実です。「規制する行政」から「住民本位の行政」へ。市民と触れ合い、市民の意見を汲み上げ、市民の力を活用する。市民革命を経ていない日本の民主主義のもとで、ご指摘のとおりどれほどのことがやれるかという疑問はありますが、行政と市民が手を携え、お互いに成長しながら福岡市の発展に努めていくことが、大きな流れとしては見えていると思います。（中略）

それにしても、時代も変わるものです。意見のある人が書き込みをし、市長が応える。市長に対する意見も出る。ご存じのとおり、民間では社員の意見がEメールで直にトップに届くシステムが普及しています。本市でも、このネットワーク自体が、既に縦割りの組織を突き崩し始めています。委員会の提言は、これまでの行政の常識から懸け離れています。読むと戸惑いを感じます。実現できるはずがないと考えます。怒りを覚える人もいるでしょう。しかし、考え方によっては、このネットワークシステムの方が「なにげなく過激」なのかもしれません。２０００年の今、福岡市は新しい時代の大波に向け、出帆しようとしています。船（提言）は新型で、我々には馴染みのないシステムで構成されています。しかし、無事に目的地に辿り着けるかどうかは、市長のリーダーシップも勿論ですが、乗組員たる我々の手にも委ねられています。これまで、我々は行政のプロでした。大きな転換期を迎える行政の中にあって、これからも誇り高いプロとして、新たな時代を切り開いていきたいものです。

如何でしたでしょうか？　こんなやり取りが机にいて読めるんだから、堪りませんよね。でもそんな重たい投稿ばかりではありません。心が温まる投稿も沢山ありました。そして、次の投稿には本当に救われたというか、ＤＮＡ運動をやっていて本当によかったと思わせてくれた投稿でした。

◆私のＤＮＡは「楽しい時間のプレゼント」（西保健所予防課Ｈ・Ｔさん、６月30日掲載）

ＤＮＡの掲示板を朝・夕開くのが日課になっており、皆さんのご意見を読むのを毎日楽しみにしてます。ＤＮＡの掲示板の読者にとどまっておくつもりだったのですが、常連の方々は、お忙しい時期に突入されたようなので、「ちょっとデビューしてみようかなあー」と思い立ちました。皆さんの書き込みを読みながら、私のＤＮＡって何だろうなと考え続けているところです。私の周りの人からは、「あんたのＤＮＡは、たまった仕事を片づけることたい！」といわれそうですが……。

私の仕事は、対市民の最前線です。私の恵まれていることは、市民の方とにっこり笑いながらおつきあいしていける仕事だという点でしょう。ですから、市民＝良い人なのです。市民に対するとらえかたがいろいろ出てきていますが、わたしにとっては、一緒に仕事をしてゆくパートナーでもありますが、「お客様」という比重がとても重いです。

先日の大雨の日、私の教室に誰も来てくれんかったらどうしようと思っていましたら、いつもの９割の方がきてくださいました。（「２回以上休んだら修了証をやらんよ」とおどしをかけているからかもしれませんが……）「ようきてくれたね」とお礼を言ったら、「楽しいから来てるとよ。元気をもらいに来てるとよ」と答えてくださいました。私のＤＮＡって「市民の方に来て良かったと思える楽しい時間をプレゼントすること」かもしれません。

私が最近始めたこと……教室の参加申し込みをされた方へ「おいでになるのをお待ちしております」の一言。来ていただいたときに「いらっしゃいませ。ようこそおいでくださいました」の気持ちを込めて「おはようございます。こんにちは。」の声かけをすること。

諸兄、諸姉へまた、お時間に余裕ができましたら、良いお話をたくさん書き込んでくださいね。ワクワクしながら、掲示板を開いてお話を読ませていただきます。

ＤＮＡどんたく

ＤＮＡどんたくの開催実績

年度末にＤＮＡ運動の総決算として実施するのが全庁発表大会「ＤＮＡどんたく」である。当初事務局案では、「ＤＮＡ運動発表大会」としていたが、経営管理委員会メンバーから、遊び心がないではないかと指摘を受け、いろいろ頭をひねった結果、博多の祭りと言えば、「博多どんたく」なので、思い切って「ＤＮＡどんたく」と名付けた。しかし、この遊び心が、ＤＮＡ運動やＤＮＡどんたくを全国に伝播させる決め手になったと今にして思う。ＤＮＡどんたくは、ＤＮＡチームが自らの活動を発表する場として開催するもので、「優れた取り組みを発掘、共有して、褒め称えよう！」を基本コンセプトとしている。また、主な開催目的は三つで、「活動の苦労や努力を、幹部、上司、同僚が〝認めて〟、〝褒めて〟、〝励まし合う〟場とする」、「優れた取り組み（ベストプラクティス）を発表し伝える情報共有の場とする」、「実際に行動した人の話を直接聞くことにより、書面では伝えきれない想いなどを含めた質の高いコミュニケーションを図る場とする」というものである。

ＤＮＡどんたくが始まる数日前に各職場での活動レポートが集められてきた。どんな取り組みが行われたのか、ハラハラドキドキしていたが、一通り目を通して感動した。福岡市の職員は凄いと思った。たかだか半年に満たぬ取り組みでここまでやれるのか、多少の作文はあったにせよ、ＤＮＡどんたくは必ず成功すると確信した。そして実際に行われた「ＤＮＡどんたく」は我々の想像を遥かに飛び越えて、感動の場となった。

第1回DNA運動発表大会「DNAどんたく」
発表21チーム、書面参加48チーム　平成13年2月16日（金）14時30分〜17時30分
627のチームがテーマ登録。発表するチームも多く、会場を2つに仕切って開催。県内外の自治体職員、国の職員、市民、報道関係者など400人が詰めかけた。

第2回DNA運動発表大会「DNAどんたく」
発表22チーム、書面参加47チーム　平成14年2月4日（月）13時00分〜17時50分
635のチームがテーマ登録。2公民館が実践報告。局内発表会開催11局区。見学者は前年と同じく400人だったが、他自治体職員が多かった。

第3回DNA運動発表大会「DNAどんたく」
発表16チーム、書面参加35チーム　平成15年3月14日（金）13時00分〜17時40分
特別セッションとして、岩手県盛岡地方振興局「もりおかさんさ運動」、盛岡の劇団、公民館、NPO、ハウステンボスからの返礼など、盛り沢山で見学者は500人。

第4回DNA運動発表大会「DNAどんたく」「公民館DNAどんたく」
発表17チーム、公民館8チーム、書面参加25チーム　平成16年2月6日（金）13時00分〜17時45分
公民館どんたくと共同開催〜コミュニティの自律経営を目指し、共働のまちづくりに向けてお互いの理解を深めた。他都市事例で名古屋市が発表。見学者700人。

第5回DNA運動発表大会「DNAどんたく」
発表18チーム＋尼崎、名古屋、横浜3市、エピソード21チーム。
平成17年2月17日（木）13時00分〜17時45分
尼崎（YAAるぞ運動）、名古屋（なごやカップ）、横浜市（ハマリバ収穫祭）からも参加、職員自身が取り組む地域活動の発表も取り入れた。最後の市長講評でも、「尼崎や名古屋、横浜市は兄弟のような気持ちだ、これからも一緒に活動していこうと」の発言。

第6回DNA運動発表大会「DNAどんたく2006」
発表22チーム　平成18年2月13日（月）13時00分〜17時45分
窓口サービス部門から4チーム参加。見学者は500人。最後の市長講評で、「これからもDNA運動を息長く、我々の掲げた旗印として大事にしながら、運動を続けていこう」と話していた。（皮肉にもこれが広太郎さんが見学した最後の「DNAどんたく」となった）

職員の底力・創意と工夫　DNA運動発表大会2007
発表23チーム、書面参加13チーム　平成19年2月14日（水）13時00分〜17時45分

翌日が山形市での全国大会の平成19年（2007）2月6日、朝日新聞「DNA運動　じわり波及」の見出しで、福岡市の取り組みが全国に広がり、山形市で全国大会が開催されるとの記事が掲載された。前年秋の市長選挙での広太郎さんの落選により、一週間後の2月14日に開催されたこの年のDNA運動発表大会はDNAどんたくと称されず、皮肉にもDNA運動自体が廃止と

なった。市のあらゆる媒体からDNAの文字が消えた。これは今でも他自治体の職員の方から言われるのだが、DNA改革、DNA運動について調べようとしても、市のサイトでは一切引っかかるものがないと。経営管理委員会以降のDNA改革関連のサイトはとても充実していて、全国各地から多くのアクセスがあっていた。今回この拙著を執筆するに当たって山崎市政時代の各種資料をネットで探し回ったが、「DNA改革」に限らず、ない。当時現場の職員のPCに至るまで、山崎市政に関する情報が削除されたと仄聞していたが、紙媒体で残していた自分の資料が辛うじてのよりどころとなった。本来こうした行為はあってはならないはずだが。市史編纂は大丈夫だろうか？

市民は顧客ではない～山崎市長のこだわり

福岡市のDNA改革は当時興隆しつつあったNPM理論の追い風を背に受けて進められた。経営管理委員会提言で示された「新行政経営システム」のマトリクス（300p参照）にはNPM理論の基本原理と言われる「成果志向」「顧客志向」「競争原理」「分権化」が埋め込まれる一方、行政が目指すべき姿として「コミュニティの自律経営」が示されており、当時からいわゆるNPMの射程を超え、今日ポストNPMと称されるNPG（= New Public Governance）を視野に入れたものだったとも言える。ことに広太郎さんは、福岡市のDNA改革がNPM理論を背景にしていることは踏まえつつも、市民は顧客ではないと強く主張していた。顧客としてみてしまっては、市民は行政の対象でしかなくなってしまうが、市民は主体であり、主権者であると。何ごとも市民を巻き込み、市民の力を引き出す、市民を自治の表舞台に立たせなければならない。共働の精神が行政の基本であり、市民を責任ある市の主体に昇格させる手段であるとしていたのである。

蛇足ながら、ドラッカリアンの僕としては、主権者を創造しようとした広太郎さんのこだわりは逆説的だが、ドラッカーが企業の目的は「顧客の創造」であるとしたことと相通じるものがあることを指摘しておきたい。

全国にひろがるカイゼン運動

経営管理委員会当時から福岡市のＤＮＡ改革の取り組みには、サイトアクセスも多く、そのため第1回目の「ＤＮＡどんたく」から他自治体の見学が多かった。見学者の多くが発表の現場を見て感動し、自分の自治体に持ち帰り、ＤＮＡ運動／ＤＮＡどんたくのノリで、その名付けにも遊び心満載にカイゼン運動は全国各地に波及していった。しかし、このカイゼン運動や後述する全国都市改善改革実践事例発表会が全国に伝播していったのは、関西学院大学教授の石原俊彦※さんの力添えが大きかった。やはり現場の職員がどれだけ感動して持ち帰っても、ボトムアップで話をあげるのは大変だし、時間もかかるが、石原先生を連れて帰って？講演してもらって、トップや幹部に共感／納得してもらう。場合によっては石原先生に直接口説いてもらう。その意味においても、石原先生、肝いりの「ＫＧＰＭ」の学びの場としてのコミュニティの存在は大きかったと思う。今やスーパー公務員の後藤好邦君との出会いも、遡れば「ＫＧＰＭ」だった。

以下に、福岡市のＤＮＡどんたくが始まって以降、5年ほどで立ちあがったカイゼン運動の主なものを挙げてみたが、平成26年（２０１４）11月調べでは47団体に広がっていた（『自治体経営を変える改善運動』東洋経済新報社２０１５・80ｐ）。

※石原俊彦さんは、情に篤く、広太郎さんが市長落選後、一切の肩書きを持たなかった折に、関西学院大学客員教授として迎えていただき、関西学院大学大学院／KGPMで『福岡市役所の市政運営とDNA革命』と題して講演もさせていただいた。感謝に堪えない。

「DNAどんたく」（福岡市役所）H13～19
「YAAるぞカップ」→「普通一改善大発表会」（尼崎市役所）H15～
「なごやカップ」（名古屋市役所）H15～
「おもてなし運動発表大会」（中野区役所）H16～
「カイゼン甲子園」（大阪市役所）H17～
「元気の種コレクション」（札幌市役所）H17～
「はながさ☆グランプリ」（山形市役所）H17～
「きたかみ Ping! Pong! Pang! 運動」（北上市役所）H18～
「改善王選手権～業革・冬の陣」（福井市役所）H18～

この「DNA運動」の名付けと基本精神は、公募職員で構成する「ベストプラクティスチーム」の発案である。言い出しっぺが、翌年DNA運動の担当事務局に異動してきた藤義之君だったことは、後年知ることになった。当時受け取る立場の僕は、さすがに「A：遊び心」には戸惑った。鳴り物入りの改革運動が「遊び心」でいいのかと。まさに旧来型のお役所の中間管理職の発想の限界だった。一方経営管理委員会のメンバーの受け止めは全く違った。「これは面白い、いける、この取り組みは成功する」と。そして、案の定、これは大ブレークした。このDNA運動をルーツとしたカイゼン運動が全国に広がり、「ＤＮＡどんたく」にならったイベントが、今以て全国都市改善改革実践事例発表会として開催されており、令和５年３月には東京都中野区が２度目の開催、そして、今年２月には16回目の大会として、兵庫県豊岡市で開催された。お陰で、未だに福岡市はカイゼン運動発祥の地として、リスペクトされつづけている。

全国都市改善改革実践事例発表会

カイゼン運動の広がりの中、相互に参加交流をしていた尼崎市、名古屋市、福岡市との間で全国大会の開催計画が持ち上がり、開催都市は福岡市だろうとのことで、一旦平成17年（２００５）７月８日の開催を決めた。そのやり取りの２日後の平成17年３月20日、福岡市においては有史以来の最大震度６弱の福岡県西方沖地震に襲われ、この計画は頓挫し自治体改善運動発祥の地、福岡市での全国大会開催は幻となった（この間の経過は、『地方自治体業務改善』（関西学院大学出版会２０１２）に詳しい）。そして、２年後の平成19年（２００７）２月７日、山形市長の決断により、第１回目の全国都市改善改革実践事例発表会が山形市で開催された。

第１回 やまがた☆10（スタート） 10自治体 平成19年（２００７）２月７日／山形県山形市
第２回 あまがさき☆14（ジューシィ） 14自治体 平成20年（２００８）３月24日／兵庫県尼崎市
第３回 １８☆（イチバンボシ） ふくい 18自治体 平成21年（２００９）３月23日／福井県福井市

★大会のチラシはいつも素晴らしい出来なのだが、この福井大会のチラシは泣いた。銀河鉄道９９９をモチーフにしつつ、青春18切符ならぬ改善18切符がデザインされていたが、その切符の発行日が、なんと当時運動が休止していた福岡市での第1回DNAどんたくの開催日、平成13年（2001）2月16日だったのだ。「福岡市よ再起動せよ」とのエールだったと思う。

第4回 改船なかの20丸（ニジュウマル） 20自治体 平成22年（2010）3月19日／東京都中野区

第5回 カイゼン万博2011 いわてきたかみ 20自治体 平成23年（2011）3月4日／岩手県北上市

★議会事務局にいた僕は、議会開催中のこの季節はずっと参加出来なかったが、中央区役所への異動により、この回から参加した。またカイゼン運動が再開していた福岡市のチームも参加し、早良区役所の「ウェルカメラネット（窓口待ち人数表示システム）」はフルートの伴奏付きで、北上市長からも、さすがカイゼン運動の元祖だと激賞されていた。翌日のカイゼンサミットでは、僕が『再起動！DNA運動』と題して登壇させていただいた。

第6回 百花繚乱カイゼン合戦 20自治体 平成24年（2012）3月2日／大分県大分市

第7回 カイゼンまっち in Saitama 27自治体 平成25年（2013）3月22日／埼玉県さいたま市

★現役最後の全国大会だったが、翌年の福岡市での開催が決まっており、僕がカイゼン運動発祥の地の立場から次回開催の挨拶をさせていただいた。福岡市役所在職中での全国大会の開催は叶わなかったが、全国大会開催決定を置き土産に定年退職できたことは何よりのことだった。また、この年の福岡市の代表チームはこども未来局と各保健所の合同チームだったが、当時こども未来局長だった妻がビデオ出演でエールを送っていた。

第8回　カイゼンDONTAKU in　ふくおか　33自治体　平成26年（２０１４）３月28日／福岡県福岡市

★全国大会の発案から9年の歳月を経て、ようやくカイゼン運動発祥の地／福岡市での開催が実現した。ここでも石原俊彦さんの尽力が大きかったが（審査委員長もお務めいただいた）、何よりカイゼン運動復活への職員の熱が、高島宗一郎市長の英断を引き出した。大会では、石原さんの肝いりでバングラディシュからの特別報告もあり、参加自治体も過去最多の33自治体を数えた。そして何より、カイゼンⒹⓄⓃTⒶKU inふくおかに赤い文字でDNAが浮かび上がっていたのには、感涙した。

第9回　越後三条カイゼン工房　39自治体　平成27年（２０１５）３月27日／新潟県三条市
第10回　KAえるEXPO　40自治体　平成28年（２０１６）３月25日／愛知県春日井市
第11回　BINGO！　福山改善博覧会　35自治体　平成29年（２０１７）２月17日／広島県福山市

★この大会で、初めて広太郎さんと同行し、見学した。終了後大好きな鞆の浦を訪ねて1泊したことは懐かしい思い出である。

第12回　KAIZEN CRUISE in 湊さかた　32自治体　平成30年（2018）3月23日／山形県酒田市
第13回　ええじゃないか！　カイゼンまつりｉｎ豊橋　32自治体　平成31年（2019）2月22日／愛知県豊橋市
第14回　2020丹波篠山　カイゼンショ祭り　21自治体　令和2年（2020）2月21日／兵庫県丹波篠山市

○カイゼン・サミット2020
「カイゼン・ヒストリー～コロナでカイゼンを止めるな！　今こそ創意工夫の火を起こそう～」

令和3年（2021）3月27日（オンライン）

○カイゼン・サミット2021【オンラインDX版】
～来年は中野でYAAるぞ！　創意工夫のセイカを全国に届けよう～
令和4年（2022）2月19日（オンライン）

★コロナ禍のため2年続けてオンライン開催となった。

第15回　改船（KAIZEN）再出航～つながる　はじまる　なかの～　17自治体　令和5年（2023）3月24日／東京都中野区
第16回　温泉とカニとKAIZENと　11自治体　令和6年（2024）2月9日／兵庫県豊岡市

令和４年までカイゼンの火を消さないイベント実行委員会

第15回大会は令和３年（２０２１）に東京都中野区で開催される予定だったが、コロナ禍で順延されることとなった。毎年開催してきた「全国都市改善改革実践事例発表会」の火を消さないためにも、「令和４年までカイゼンの火を消さないイベント実行委員会」を立ち上げ、オンラインでの代替イベントを用意することとした。丁度、この年はＤＮＡ運動誕生から20年目を迎え、さらに翌年は、全国都市改善改革実践事例発表会から15年、ＤＮＡどんたくから20年の節目を迎えることから、全国都市改善改革実践事例発表会と福岡市のＤＮＡ運動をメインテーマに取り上げて、プレイベントを二本立てで組み立てることとした。

《プレイベント第１弾》
カイゼン・サミット２０２０～ＤＮＡ運動から20年目のクリスマスプレゼント！
令和２年（２０２０）12月12日（オンライン）
※下記ＱＲコードより閲覧できます
〔プログラム〕
①全国都市改善改革実践事例発表会の15年を振り返る（進行：後藤好邦）
尼崎市（第２回）／吉田敦史、福井市（第３回）／加畑美佐穂、丹波篠山市（第14回）／堀井宏之、中野区（第４回、第15回）／酒井直人

YouTube カイゼン・サミット2020【オンライン版】DNA運動から20年目のクリスマスプレゼント！

②【鼎談】（進行：吉崎謙作）「あれから20年〜ＤＮＡ運動とは何だったのか」
馬場伸一、吉村慎一
③【鼎談】（進行：吉崎謙作）「　同　〜ＤＮＡのネーミング秘話、ＤＮＡ掲示板について」
藤義之
④【対話】これから5年、あなたはどうする？　加留部貴行

すべての全国大会に参加してきた後藤好邦君／山形市役所が、全国大会に関わってきたキーパーソンのインタビューを行い、自治体カイゼン運動の発祥の地、福岡市の「ＤＮＡ運動」を掘り下げ、受け継がれてきたカイゼン運動のＤＮＡをこれからどうつなげていくかを語り合ったが、3時間枠を取ったにもかかわらず、消化不良もありで、プレイベント第2弾として、ＤＮＡ特番を実施することになった。

《プレイベント第2弾》
カイゼン・サミット２０２０ ＤＮＡ特番！　カイゼン運動の〝はじまり〟から〝その後〟までを目撃せよ！〜紆余曲折のストーリーを語り尽くす
令和3年（２０２１）2月13日（オンライン）
※下記ＱＲコードより閲覧できます
〔プログラム〕
①福岡市ＤＮＡ運動の20年間を俯瞰する　加留部貴行

YouTube カイゼン・サミット 2020【オンライン版】DNA 特番！カイゼン運動の“はじまり”から“その後”までを目撃せよ！〜紆余曲折のストーリーを語り尽くすひととき〜

②【鼎談】進行：吉崎謙作／加留部貴行　カイゼン運動の「当事者」がその当時の思いを語る
・〃はじまり〃の想いやそのエピソード
山崎広太郎×松田美幸×吉村慎一、藤義之×安川浩平＋吉崎謙作
・〃はじまり〃から〃つなぎ〃に至る想いやエピソード
松田美幸×安川浩平×吉崎謙作
③【鼎談】進行：後藤好邦　カイゼン運動の「傍観者」がその後の心境を語る
今村寛×安川浩平×上原真之×加留部貴行
④【対話】「〃あなたのカイゼン運動〃を続けるには何が必要でしょうか」加留部貴行

★これは、図らずも僕的には永久保存版のオンラインイベントとなった。
一つには、この時、元気に登壇していた広太郎さんが一月も経たない3月11日に急逝してしまったことである。当日は実に楽しそうで、福岡市関係者以外には、初見参だったかもしれないが、言っていることは20年前と全く変わるところがなかった。DNA運動からの20年を俯瞰してみて、「DNA運動というのは、必然のことだった。市民の力を引き出し、市民とのコラボレイトがないと行政は成り立たない。目指すべきものがコミュニティの自律経営であればなおのことで、DNA運動に取り組むことで職員が市民の信頼を得て、市民の力を引き出すことが可能となる」と語り、また「カイゼン運動は、市民と関わり市民を巻き込んでいくことが必要不可欠であること」を強調していた。何より、まとめで後藤好邦君が「行政であれ民間であれ、相手のことを考えて、相手の喜びを達成することが使命であり、行政であればそのことが市民の幸福につながる」とまとめた時の何度もうなずき、満足そうな顔は忘れられないほどである。今村寛君曰く「間に合った」のだろうと思う。

二つめは、まさにタイトル通り、カイゼン運動の始まりからその後にいたる紆余曲折のストーリーを語り尽くしたのだが、DNA運動を立ち上げた人、DNA世代とも言われるDNAの申し子のような人、DNA運動は中断したものの、その種火をしっかりと灯し続けた人、そして、かつては傍観者だった人の覚醒が、時を超えて世代を超えてつながっていった不思議さを痛感した。今や対話の伝道師として、全国を駆け巡っている今村寛君が、かつてはDNA運動の傍観者でありながら、東京財団への派遣研修を契機に、組織に埋め込まれたDNAによって覚醒していくプロセスは、組織の内外にはトップ交代を含め様々な出来事があるが、追い風となるタイミングは必ず来る。個人のたゆまぬ思いを火種として灯し続ける大切さとつながる場をつくり続けること、そのための共通のツール（DNAの精神、対話＝ファシリテーション）を持ち、使い続けることの大切さを教えてくれていた。この取り組みはオンラインでなければ実現しなかったであろう珠玉のイベントとなった。

「老兵はただ消え去るのみ」と覚悟していた僕が、カイゼン運動の再開や全国大会の開催への取り組みの中で、DNAが埋め込まれた人達から導き出された。DNA改革＝DNA運動の講演は文字通り北は北海道から南は九州まで、全国各地でやっていたのに、退職間際に初めて福岡市職員を対象にオフサイトミーティング『明日晴れるかな』で話をさせてもらうことができた。また、若手職員を対象にした退職記念講演会「我がジェットコースター人生を語る」が開催されたのも、やはりDNAが残してくれた種火だったのかもしれない。大過満載の公務員人生だったが、後顧の憂いなく次のステージに向かうことが出来たことに深く感謝している。

【第四章】コミュニティの自律経営

LFCとの連携（コミュニティガーデン牧の鼻開所式）

ＤＮＡ改革とともに、コミュニティの自律経営（＝コミュニティ政策の大転換）は山崎広太郎市政の大きな二つの柱だったが、ＤＮＡ改革と同様、こちらも経営管理委員会の提言に端を発している。

福岡市におけるコミュニティ政策の大転換

平成12年（２０００）４月26日に経営管理委員会が「コミュニティの自律経営」を最終目標とする提言を行い、町世話人制度を抜本的に見直し、公民館を地域自治の拠点として自治会、ＮＰＯの育成支援に向け機能強化し、市民自治体制を全面的に見直そうと提言した。経営管理委員会は新旧の職員アンケートや市民インタビューの中から共通して「町世話人制度」が以前から課題として挙げられてきたことを重視し、抜本的な見直しの時期と捉えていた。

一方、広太郎さんも選挙公約で、「『市民の生活を守る』という市政の原点に立ち、市民の生活感覚に学びながら、信頼の絆で結ばれた地域社会を実現します」としており、就任の記者会見では、「行政主導から市民が主役の市政へ～内なる分権化を進めるとして、地域福祉、地域コミュニティの拠点づくりを行い、校区単位の行政サービスのネットワークを形成する」などとしていた。従って、経営管理委員会の提言が、行政の目指すべき姿として、「コミュニティの自律経営」を最終目標としたことは、広太郎さんにとって、まさに我が意を得たりであった。この提言を踏まえたＤＮＡ改革のキックオフ・ミーティングにおいて、「これから目指す福岡市政のあり方の教科書にする」とまで発言した。

その後、市内部では、平成13年（２００１）西助役プロジェクトがスタートし、「コミュニティの自律経営指針」が策定され、市民を交えた外部の有識者などで構成する「コミュニティの自律経営市民検討委員会」から、平成15年（２００３）「コミュニティの自律経営への提言」が提出された。これらの取り組みを受け、平成16年（２００４）３月、町世話人制度が廃止され、同年４月自治協議会制度がスタートするという福岡市におけるコミュニティ政策の大転換となった。そして、昭和28年（１９５３）に発足していた町世話人制度に終止符が打たれた。町世話人制度は、経営管理委員会が様々なデータを分析して指摘したように、抜本的な見直しは常に指摘されるものの、見送られてきていた。真偽はともかくも、「町世話人は選挙の集票マシーンであり、歴代市長も決断できない」ということもよく囁かれていた。町世話人の権限が大きかった昔ならいざ知らず、僕自身は、この時代にあまりリアリティを感じていなかったが、実際、２年後の市長選挙で広太郎さんは落選した。町内会長２，５００人の首を切って、「※茶碗をたたき落とした」から負けたとの解説も随分聞いた。実際、町世話人制度の廃止について、地域に説明に入った職員の証言では、町世話人の方々の怒りと反発は凄まじいものだったそうである。町世話人報酬が生活給の一部となっていた側面もあっただろうと思われるが、いずれにしても「自治＝地方分権／市民自治」が政治信念であった広太郎さんならではの大転換であったと思う。

※僕は今、約１３０世帯の町内会長として、町内会費から年５０，０００円の手当と自治協議会から役員経費３０，０００円をいただいているが、町世話人の報酬であれば、２５０，０００円に相当するだろう。収入は年金だけなので、２５０，０００円は貴重な収入になる。市全体の町世話人報酬の平均は、２５０世帯×１６０円×12月＝５００，０００円からすれば、「茶碗をたたき落とした」論はそれなりにリアリティがあったと考えてよいかもしれない。また、町世話人制度の廃止は財政再建の一環ではないかとの疑念も生んだが、実際には町世話人報酬12億円に対し、新たな一括補助金や市政だよりの配布経費など同等の予算を組んでいたので、それは誤解だった。しかし、それに続く五輪招

致で、各校区に国別の支援要請がなされていた。以前のユニバーシアード大会でも、校区ごとに国別の支援を行った。この時の主体は公民館だったはずなので、まだよかったが、五輪招致では直に自治組織に支援要請があったと記憶する。これは元も子もなくす、全くの禁じ手だったと思う。当時自治協議会の立ち上げに奔走する区の担当職員の動揺も大きかったと仄聞している。

町世話人制度を廃止し、自治協議会制度を発足して、1年後の平成17年（2005）11月に、山崎市長はこのように語っている。当時の「コミュニティの自律経営」への思いを余すところなく伝えていると思うので、紹介しておきたい。

「昨年50年にわたって行政の補完的な役割をお願いしていました町世話人制度を廃止し、自治協議会に再編することにしました。町世話人の皆さんには長い間のご苦労に心から敬意を表しますとともに、深く感謝申し上げます。地域に生き生きとした自治組織があって、そうした自治組織と行政とが手を組んで行けば、地域における様々な問題をよりよく解決することができるはずです。自治協議会に期待されている役割は、交通安全／スポーツレクレーション／男女共同参画／子育て支援／子どもの健全育成／高齢者支援／ごみ減量リサイクル／集団献血／健康づくり／環境美化／防災防犯と多岐にわたります。しかしこれまでの制度では、地域社会が一部の世話をする人達と大部分の世話を受ける人たちに分かれてしまったり、市役所の担当窓口が縦割りであるため、校区で役割を担うそれぞれの団体も縦割りになってしまい、コミュニティにおける大切な横の連携や調整が必ずしもスムーズに運ばないといった弊害もありました。各校区（地域コミュニティ）における自治協議会と区役所において一元化されたコミュニティ総合窓口がパートナーとして共働し、各校区に設けられた「公民館」を拠点として、多くの市民の皆さんの自発的な参加を得て、知恵とアイデアにあふれたさまざまな試みが育っていくことを、私は期待もし、楽しみにしています。これまでも地域の個々の課題に応じて様々な補助金が交付されてきましたが、自治協議会への再編を受けて、これから補助金も一元化し、それぞれの校区（自治協議会）で自分たちの地域にふさわしい使い道を自分たちで決めていただくようにしました。併せて新たに活力あるまちづくり支援事業として地域として特に力を入れたい事業に対して、従来の枠を超えた補助金（支援事業資金）を出せるようにしました。私は市議会議員時代から「自治」を一貫して政策の大きな柱としており、これからの市政が取り組むべき最も重要で新たな目標は「コミュニティの自律経営」であると考えています。そのための大きな政策が、今回の町世話人制度から自治協議会への再編であったわけです。地方に権限や財源を移して行く地方分権はすでに必然的な流れになっています。私はさらに自治体の中で、いわゆるコミュニティつまり身近な地域社会にできるだけ権限を下して行く努力をして行きたいと考えています。１４０万人口の福岡市に７つの区がありますが、平均20万人の人口は全国的に見れば十分な都市規模です。ですからこれからはできるだけ7つの区に仕事も予算も権限も下ろして行くことを本格的に考えていくつもりです。そして区への分権以上に私が大事に思っているのがコミュニティです。福岡市内には小学校区が１４４あるわけですから、一校区当たり約1万人の市民が暮らしていることになります。これは充分一つの町の規模です。私が「自治協議会」のあり方に大きな期待を寄せ、自治協議会をあたかも小さな議会のようにとらえようとしている背景と理由はここにあります。現在それぞれの校区で自治協議会を立ちあげていただいています。今私自身各校区を回りながら「自治協議会」の立ち上げへの協力をお願いするとともに、地域の子ども達に大人たちが、「おはよう」と声をかけていく「おはよう運動」を一つの地域運動として提起しています。このヒントは香椎浜校区で始まり、既に成果を上げているあいさつ運動と「早寝早起き朝ごはん8時だよ全員登校」の呼びかけです。こうした運動で大切なことは全市一斉にやることではありません。「やってみようか」という校区がまず一つ現れ、徐々に市全域に広がっていく姿が理想です。地域の教育力を育む運動であり、まちの変化が具体的に目に見えるという面もあります。また地域の防犯が重要な課題になってきていますが、先日新聞でも紹介された青葉校区の女性パトロール隊など、地域住民による防犯パトロールが自主的にスタートし、他の校区に広がりを見せていることも嬉しいことです。まず、さまざまな新しい試みがどこかの校区で始まることを期待しています。ともあれ「コミュニティの自律経営」という真の「自治」を目指して、市民のみなさんとご一緒に私も大いに汗を流して行く覚悟です。」（『希望に満ちたダイナミックな人間都市ふくおかを目指して』２００５、25ｐ）

山崎市政以降のコミュニティ政策の推移

○平成12年（２０００）４月26日　経営管理委員会の市長への提言
　「コミュニティの自律経営」が行政が目指すべき姿として描かれる。
○平成13年（２００１）10月　西助役プロジェクトスタート
○　　〃　　　　　　　12月　コミュニティの自律経営指針策定
　「ＤＮＡ２００２計画」を受け、自律経営に向けた「地域コミュニティの取り組み」「行政の取り組み」のあり方を示した。コミュニティ政策の大転換とも言える内容で、地域の自治組織を「市民自治の担い手と位置づけ、行政のパートナーとして連携を強化するとともに、町世話人制度についても段階的業務内容を見直していく」などとしていた。
○平成14年（2002）1月31日　シンポジウム：「コミュニティの自律経営を目指して」開催
○　〃　3月　区政推進委員会検討結果報告
「コミュニティの自律経営」に向けた施策の基本姿勢を　①コミュニティの活力づくりの支援
②市民と行政の共働の推進とし、施策展開と財政支援の基本方針及び具体的推進策を示した。また、強化すべき区役所の機能として「地域コミュニティ支援機能」をあげている。
○平成14年（2002）7月30日　コミュニティ自律経営市民検討委員会設置
○平成15年（2003）3月　同　『コミュニティの自律経営推進に関する提言』
市民と行政の連携方策やコミュニティの活性化策、町世話人制度の抜本的な見直しを行う必要性が示された。『市民公益活動推進条例』の制定要請。
○平成15年（2003）3月　福岡市新・基本計画策定
「人・活気・自由かっ達」「九州・アジア」とともに、「自治・自律・共働」を掲げ、共働の概念を定義づけた。
○平成15年（2003）7月　コミュニティの自律経営推進プラン（素案）の経営会議での承認。
①自律経営を目指すべきコミュニティの範囲は小学校区を基本とする。
②自治会・町内会等の自治組織をパートナーとして向き合う。
③町世話人制度を平成15年度を以て廃止する。
④コミュニティの自律経営を促す財政支援制度の整備。
同内容について、8月の市長会見で発表。

○平成16年（2004）3月　町世話人制度廃止
○　〃　　　4月　自治協議会制度スタート
①自治協議会制度を創設
コミュニティの自律経営の基本的範囲を「小学校区」と捉え、各校区に対し、校区を運営する組織である「自治協議会」の設立を提案。
②校区で自主的に取り組む事業にも活用できる補助金を創設。
校区の各種団体のうち7団体に個別に交付されていた9つの補助金を一本にまとめ、新たに、自治協議会が校区で自主的に取り組む事業にも活用できる補助金（活力あるまちづくり支援事業補助金）を創設。
③区役所に「コミュニティの総合窓口」として地域支援部を創設。
区役所のコミュニティ支援体制を強化するため、コミュニティと向き合い、コミュニティを支援する窓口となる部署＝地域支援部を設置。
④区の地域支援部に校区を担当する校区担当職員を配置。
自治協議会の設立・運営に関する事柄など、様々なコミュニティ活動を支援していくため、区の地域支援部に校区担当職員を配置した。
⑤公民館を区役所に移管し、コミュニティ支援の体制を強化。
それまで教育委員会が所管していた公民館を区役所の所管にし、区役所と一体となったコミュニティ支援が行われるよう体制を強化。
○平成16年（2004）6月「市政経営戦略プラン」策定
「コミュニティの自律経営」を中心に据え、「政策推進」「財政健全化」「行政経営改革」を三位一体の市政運営の指針としたが、なぜかその中核となる「コミュニティ推進プラン」は策定されないままであった。

○平成17年（2005）4月1日　『市民公益活動推進条例』施行
○平成18年（2006）10月　コミュニティ関連施策のあり方検討会設置
○平成19年（2007）10月　〃　第一次提言
○平成20年（2008）10月　〃　第二次提言
○平成26年（2014）7月　地域のまち・絆づくり検討委員会設置
○平成27年（2015）10月　〃　提言「魅力づくり」「絆づくり」「担い手づくり」
○平成28年（2016）3月　共創による地域づくり推進協議会設置　年に一度開催
○令和2年（2020）7月　共創のまちづくり推進検討委員会
○令和3年（2021）7月5日　〃　報告
○令和4年（2022）4月1日　『福岡市共創による地域コミュニティ活性化条例』施行

福岡市政におけるコミュニティ政策の来し方行く末

思えば、平成16年（2004）4月の自治協議会制度の発足から、今年は満20年を迎える。令和4年（2022）には『福岡市共創による地域コミュニティ活性化条例』が施行され、持続可能な地域コミュニティの実現に向け、自治協議会や自治会・町内会の位置づけと、それを踏まえた地域への支援策が取りまとめられた。この20年の間、コミュニティ政策についての累次の検証、検討が行われ、市のコミュニティ（への）施策としては1つの到達点としているのかもしれない。僕は「コミュニティの自律経営」を行政の最終目標とする提言を出した経営管理委員会の事務局を担当し、その後の経営補佐部では、町世話人制度の廃止、自治協議会制度の立ち上げの議論に参画し、市職員としての最後のポストが校区自治協議会や公民館活動をサポートする地域支援課を所管する区政推進部長であったことは先に述べたとおりである。そして今、生まれ育ったまちの町内会長職を人生の集大成として思い定め、校区自治協議会にも参画している。こうしたキャリアを通して、僕の目に映る福岡市のコミュニティ政策の過去、現在、未来について総括しておきたい。

《自治協議会制度のこれまでとこれから》

平成16年（2004）の自治協議会制度発足当初の見立てでは、4年ほどをかけて全校区に設置出来ればと考えられていたが、予想を超えるペースで協議が進み、半年後には8割の校区で自治協議会が設置されていった。これは、福岡市では小学校区レベルでの自治連合組織がしっかり根付いていたことや設立準備委員会を組織するなど、まちづくりに取り組んでいこうという機運が生まれていたことも無視できないが、一方で「部会制」や「並立制」などの組織モデルを提示したことも、設立の促進（過去の調べでは、部会制40、並立制100）に影響を与えたのではないかと思われる。創る難しさの一方での選ぶ容易さ、並立制が圧倒的に多いことでも分かりやすい。そのことは、降って湧いたような行政側のコミュニティ政策の大転換との意気込みに反し、自分たちの校区の課題とどう向き合い、どう解決していくのかとの本質的な問いに向きあう暇もないまま、半ば追い立てられるように、これまでの延長線上で組織づくりをしてしまった懸念が今も残る。区役所における総合窓口としての地域支援部の設置により、従来のような市の組織毎の縦割りの押しつけは改善されてきたものの、縦割りは行政の宿痾であり、区役所の予算の大半は各局からの令達予算で、区の権限や独自性は限られている。受け身の姿勢では、自治協議会も縦割りの事業を束ねただけの組織となってしまいがちである。自治協や自治会／町内会の位置づけが今回の条例で規定され（僕は条例で定めるべきことなのか、判断がつきかねるのだが）、補助金の交付要件も緩和された今、改めて校区のビジョンをしっかりと描き、自らのまちのことは自らが決め、自らが行うという、攻めの姿勢が求められていると思うがどうだろうか。※

また、市にあっては、コミュニティ政策を市民局の専管と考えてはいないだろうか。少子高齢化や大規模災害の影響などから共助の重要性が再認識され、支え合いの基礎となる地域コミュニティの果たす役割への期待が増大していることは、行政の各分野に共通する課題である。従って、区への大胆な権限移譲など、市役所内での内なる分権化や市職員の仕事の仕組みや進め方の大転換が不可避であり、本来先決の課題のはずである。今こそ、20年前に「コミュニティの自律経営」を中核に据えて、政策、財政、行革を連動させようとした市政経営戦略の考え方が求められているのではないだろうか。

※不覚にも、わがまち香住丘校区では、自治協議会創設時に校区が目指すべき目標やその実現に向けて、みんなで一緒に取り組むべき活動を考えて行こうとする校区まちづくり会議が4回にわたって開催され、その成果は行動計画にまとめられ、各回毎にニュースすら発行されていたことを知らなかった（香住丘校区まちづくり会議ニュース２００４　１～４号）。残念ながら、20年の歳月の経過で、校区内でそのことを知る人も少なくなっているのだが。

《コミュニティづくりの拠点としての公民館のありかた》

当時のコミュニティ政策の大転換の1つの柱が公民館のコミュニティ支援の拠点化であった。全ての小学校区に公民館が設置されているというのは、全国にも類例を見ない福岡市民にとって途轍もなく大きな資産であり、このヒト、モノ、カネをフルに活用しようと、１５０坪公民館への改築もスピードアップされた。しかし、僕の目からはこの途轍もなく大きな資産がコミュニティづくりに十分に活かされてはいないと映る。公民館は昔も今もフルに活用されているが、公民館を使ったことがある市民の割合はおよそ3割であり、これは昔も今も同じである。「コミュニティの自律経営」を目指した山崎市長の2期目（平成14年／２００２）の公約には、「公民館をコミュニティ支援の核とし、「まちづくり職」を設け、まちづくりの人材を育成する。まちづくり職は各公民館に配置する。」とある。ポイントはヒトだった。市長退任後10数年を経た令和2年（２０２０）の香住丘公民館での講演の折にも、広太郎さんは、公民館に市の職員を配置すべきと話していた。仄聞するところによると、自治協初年度の平成16年（２００４）の機構要求は大変で、各公民館へ職員を配置すれば、当時144館であり144人の新規増である。みんなで猛反対したそうで、公民館が区役所の所管になり、区のコミュニティ支援機能の一環で複数校区を担当する職員を配置することで整理がついたらしい。職員中心で要求したら、係長が36人もついてビックリしたとの話もある。20年の歳月を経た今日、その地域支援係長の機能は、どうだろうか？　各局からの情報を区役所で束ね、捌き、また担当する複数の校区からのよろず駆け込み寺機能で精一杯ではないだろうか。ファシリテート力やコーディネイト力の専門性を磨き、公民館を基盤とした「まちづくり職」としての機能を再構築すべきではないだろうか？　因みに落選した3期目の公約では、「公民館を自治協議会の活動拠点として明確に位置づけ、校区におけるまちづくり活動を支援し、地域の皆さんが気軽に立ち寄れるまちの情報ステーションとなる「校区まちづくり館（仮称）」とします。」とある。具体的にどのような姿を想定していたのか定かではないが、平成23年（２０１１）の「新ビジョン」づくりの取り組みで、中央区役所チームでは公民館を公設地域営の施設としての「まちのコラボステーション」化を提案していた（中央区２０１１）。地域コミュニティにとっての公民館のありようは今一度検討されて良いのではないだろうか。その点からすると、今回の制度改正で、公民館の運営管理が地域支援課から生涯学習課に変更されたことは地域支援課が自治会・町内会／自治協議会の支援にさらに注力するとの考えはうかがわれるものの公民館を地域コミュニティの核にとの当初の方向性から逆行し元も子もなくすことにならないか懸念される。一方で現場に目を向けると、当時公民館をコミュニティの支援の核とするために、公民館における自治協議会の事務スペースの確保も可能としていたが、今市内の公民館で、「自治協議会」の看板を出しているところがどれほどあるだろうか。僕は、公民館がコミュニティの拠点としてより一層活用されるためには、自治協議会側の働きかけがあってこそだと考える。先ずは、公民館に「○○校区自治協議会」の看板を掲げ、それぞれの校区にとってどんな公民館が必要なのか、そこからはじめてはいかがだろうか。

人生の集大成は町内会長

令和元年（２０１９）４月21日、生まれ育ったまち、福岡市東区香住ヶ丘６丁目３区の町内会長となった。前会長から指名され、前年、田川での人生二毛作も完了していて、市役所に合計33年間お世話になった身としても引き受けないわけには行かなかった。

しかし、無関心の罪は大きかった。うちの町内は前々会長が30数年、前会長が17年と超長期在職で、自然お任せしっぱなしとなっていて、回覧板も回っていなかった。隣の町内との合併、分離のしこりもあり、残念ながら校区内で一番心配な町内との評判だった。生まれ育ったまちでありながら、町内の区域を知ることから始めなければならなかった。

先ずは月一回の公民館だより／校区ニュースを全世帯自分で配り、特に単身の高齢者には安否確認も兼ねて声かけして、顔を覚えてもらうことから始めた。6丁目3区は校区内でも屈指の急坂が3本あり（重機のない昭和20年代前半の宅地造成なので、今ではとても市道として認定されないような斜度があり、車の右左折も出来ない）、僕は町内を回るときには「ヒマラヤ越え」といっているが、町内を一周すると冬でも汗びっしょりになる。

僕のこれまでの経験からすると、普段の市民生活はもちろん行政とは不可分な関係にあるのだが、行政との距離があり、課題が片付かないまま放置され、結果的にそれが行政不信につながったりする。その意味で市役所や県庁などの行政職員のちょっとした知識は、地域にとって大いに役立つ。広太郎さんも住民は市職員を頼りにしていると、よく言っていた。だから、僕のような市役所のＯＢは町内会長としての適性はある。が、その一方で、組織で働いてきたので、常にヒエラルキーの中に仕事はあった。これまでのキャリアは一旦横に置いて、一人ひとりと対等に向き合う、そして、改めて「できるひとが、できることを、できるしこ」を基本精神にした町内会づくりに取り組むべきだろうと思い始めた。

僕のジェットコースターは自治体であったり国会であったり、社会福祉法人だったりを経由したが、一貫して非営利、公共のセクターだった。非営利組織のマネジメントは難しい。学びの場も大学院であったり、もやい九州というコミュニティだったり、ＮＬＰだったり、ストレングスファインダーだったり、ファウンデーションだったり、コーチングだったり、ホワイトボードミーティングだったり、ドラッカーの読書会も長年続け、学んだことはたくさんあった。しかし、一体何が自分に身についたのか、それが町内会長の仕事に反映されなければ、何の意味があったのかということになりはしないか？　結局それは、机の上でものを考え、役所の窓から社会を見ただけのことになるのではないか？　その意味で、町内会長は人生の集大成だと思った。さらに、僕の公務員人生のキラーメッセージ「政治と行政の究極的な役割は市民の力を引き出すこと」これこそが、家族に次いでちっちゃなコミュニティ、足元の町内会長としても大切なのだとも気が付いた。

翌年の令和2年（２０２０）11月6日に、広太郎さんを香住丘公民館にお招きして、講演会を行うことになった。自治協の役員さんが別の公民館での講演の評判を聞いて、香住丘でもやりたい、ついては、講師の依頼をお願いしたいとのことだった。迂闊にもそこでハタと気が付いた。山崎市政が目指したものが「コミュニティの自律経営」だったことを。広太郎さんの演題は「高齢社会における地域のあり方」だったが、いの一番に「コミュニティの自律経営」こそが、市行政の最終目標であると述べられた。ここで、僕はこれまでの人生の全ての点と点が「コミュニティの自律経営」につながったと思った。オセロのコマが全部ひっくり返るように。町内会長が人生の集大成であることも至極当然のことで、ジェットコースターがここまで連れてきてくれたのだと思った。広太郎さんとは、ほかの公民館にも働きかけて、行脚しましょうと約束した。そして、主権者意識を育て、市民自治を創造するために「広太郎塾」を立ち上げようとも。が、翌年3月11日広太郎さんが急逝してしまった。そして、「コミュニティの自律経営」は広太郎さんのレガシーとなった。

香住ヶ丘6丁目3区での取り組み

福岡市東区香住ヶ丘は昭和20年代の前半、赤松林を切り拓いた区画整理によって生まれたまちで、昭和25年県営住宅２００戸が建設され、わが家の１００歳、95歳の両親は、最初に入居した最早数少ない第一世代である。県営住宅の払い下げにより、木造平屋のマッチ箱のような県営住宅は姿を消し、今や香住ヶ丘は閑静で良好な住宅地としての評価をいただいている。わが6丁目3区は、最初に造成された香住ヶ丘を周回する幹線道路に面しており、まちの構造に大きな変化はない。なので、校区の中でも高齢化率が高い26・9％（校区平均21・3％）。その一方で、第一世代の土地が細分化され、子育て世代が入居しやすい環境が生まれており、乳幼児の比率は、6・4％で校区最多の割合である。コミュニティの役割といえば、やっぱり高齢者と子どもとの関わりだから、我が町内は課題最先端というか、やることがわかりやすい。

そこで思いついたのが、町内のハロウィン・パレードだった。うちの娘たちがハロウィンデーになると仮装して出掛けていたので、いろいろ教えを請うた。「Trick or Treat」が合い言葉であることも。組み立てはこうである。町内に見守りの必要な高齢者世帯が15世帯ほどあり、一方で子ども育成委員さんが走り回って、子どもたちは20人ほども集まりそうだと分かった。そこで、高齢者世帯、子どもたちをそれぞれ2グループに分け、町内会で用意したお菓子を高齢者世帯に予めお届けし、ハロウィングッズを玄関口にぶら下げて目印にした。思い思いに仮装した子どもたちが10人位ずつに分かれ、高齢者世帯を訪ねて、「Trick or Treat !?」「お菓子をくれなきゃ、イタズラするぞ！」とやるのだ。ハロウィン・パレードはあちこちのバカ騒ぎが報道されていたが、これなら親御さんたちも安心して子どもたちを参加させられるし、もちろん子どもたちは大はしゃぎ。そして何より、高齢者の皆さんが大喜び。「元気もらった！」「うちの町内にこんなに子どもがいたのかと、うれしくなった」などなど、本当に高齢者は子どもたちが大好きなのだ。核家族化が進む中、思った以上に多世代交流のねらいは図に当たった。町内の恒例行事にしようと盛り上がったが、コロナの感染拡大で、2020年、2021年は実施を見送り、令和4年（2022）、3年ぶりに開催することができた。さらに子どもたちの参加も増え、好評を得た。町内の恒例行事として定着しそうである。そして、令和5年（2023）は、30人の子どもたちが参加したが、こんなうれしい出来事があった。事前にお菓子を配りに高齢者のお宅を訪ねると、「最近子どもたちが通学の折に、「いってきます」とか、「おはようございます」と挨拶をしてくれる。どうやらハロウィン・パレードでうちを訪ねてくれた子達のようだ」と。「それです！　そのためにハロウィンパレードをやっているようなものです！」

もう一つ、これは中央区役所時代に某校区がBBQ大会をやっていて、BBQ大会が町内親睦に凄く効果があるということを見聞していた。いつか自分のまちでもやってみたいと思っていたが、コロナ禍や狙っていた市有地が民間に売り払われてしまって、手を拱いていた。幸か不幸か、校区住民にとってわが家の庭のような、かしいかえんが閉園となり、「かしいのはまビレッジ」というキャンプ場に転用されていた。ここを利用することにした。福岡市の「町内活動支援事業補助金」も活用して、『安心・安全／多世代交流／まちぐるみBBQ大会』を開催した。想定以上の65人の参加があり、大成功だった。町内の安心・安全のためには先ずは顔の見える関係づくりが大切なので、今さらだけど貴重な一歩だったと思う。

町内会長5年目、毎年の町内一斉清掃の参加者が少しずつ増え（最初の年の倍）、町内会総会の参加者は相変わらず低調だが、委任状は回収に回らずとも定足数が確保できるようになった。町内でつくったLINEのオープンチャットの参加メンバーも少しずつ増えて、じっくりじわーっと手応えを感じてきている。勿論、町内会のために活動があるのではない。ほどほどのつながりと顔が見える関係性がもたらす安心感、支え合うことで得られる暮らしの豊かさ、その絆づくりが町内会にとって何より大切だと思う日々である。

地方分権がそうであるように、大切なことは補完性の原理である。だから、校区単位の自治協議会でものを考える前に、先ずは町内会活動にしっかり取り組み、課題／テーマによっては隣の町内会と組んでやる（例えば、防災訓練など）。それで解決できないことを校区単位でやる。香住丘校区の人口は東区でも2番目の多さで、19，000人を超える。自治体としては町レベルの規模であり、それぞれの町内の課題には手が届かない。またその単位で考えると、どうしても行政の縦割りが邪魔してくる。地域の課題は常に総合的であり、決して縦割りたり得ない。なので、僕は町内会長が人生の集大成なのだ。自治に関して云えば、大は小を兼ねないのである。

「ふれあいかすみ号」の可能性

高齢社会の進展により、買い物難民の問題が大きな地域課題となってきている。我が香住丘校区もご多分に漏れずというか、丘陵地に拓かれたまちであるため、坂道が多く、道も狭く買い物支援の課題先進地だった。そうした折、福岡市の「地域との協働による移動支援モデル事業」の提案があり、真っ先に手を挙げ、買い物支援バス「ふれあいかすみ号」が走り出し、早7年目を迎えている。今は社会福祉協議会と連携しながら、今日まで述べ21，300人の校区住民の買い物支援を行ってきた。バスの運転や買い物の付き添いを校区住民のボランティアで支えているが、途中から校区内外の介護／医療事業者やいきいきセンターのスタッフの方々にも「香住丘校区買い物支援自動車運行協議会」にご参加いただくようになり、バスの運転や付き添いに当たっての介護／医療／福祉の専門的なノウハウの提供など、この事業の円滑な推進に大きく貢献いただいて来た。ここで生まれた関係性はやがて、校区防災訓練での専門知識に基づく災害時要支援者の介助（担架や車椅子からの移乗など）の実技指導や認知症講座での認知症声かけ訓練の指導／助言など、地域活動の様々なステージでの関係構築に発展。自治協議会／校区住民、介護、医療、福祉サービス事業所、社会福祉協議会がシームレスにつながる端緒となってきており、実践的な地域包括ケアの基盤を形成しつつある。最近では校区に所在する福岡女子大の研究室がゼミの実習を兼ねてボランティア参加するなど、校区内の様々なリソースやステイクホルダーを巻き込み、今や、買い物支援バス「ふれあいかすみ号」は、校区の宝物であり、その可能性が大いに期待される。

LFC香住ヶ丘との連携

僕は、地方分権の担い手はNPOがポイントだとNPO法成立前から思い入れて来た（p58参照）。なので、コミュニティづくりを考えるとき、地縁型組織（町内会／自治会／自治協議会）とテーマ型組織（NPOなど）の共働／マッチングがとても大切であると頭では考えてきたが、町内会長として、自治協議会の役員としての実践を重ねて行くと、それが現実的な課題となってきた。「地域には課題が沢山あるが、解決していくための専門知識やノウハウには欠けている一方で、NPOの存在すら知らないし、知っていてもなかなか信頼できない。NPO側からは地域にアプローチしたいが、切っ掛けがつかめない」とよく言われてきた。そんな折、わが家から歩いて3分のところに、ローカルフードサイクリング／循環生活研究所（以下LFCという）が立地していることがわかった。わが家もダンボールコンポストや菜園に木枠を置いてのコンポスト化はやっていたが、まさか拠点が家から3分のところにあったとは。偶然にも長年の友人であり、地域づくりのプロフェッショナルの吉田まりえさんが週に一回お手伝いに来ていることが分かって、早速現地をお訪ねした。「生ゴミを堆肥化して、美味しい野菜をつくろう」のコンセプト通り、玄関周り、庭、屋上、みずみずしく美味しそうなたくさんの野菜や花々が育っていた。代表のたいら由以子さんのお話を聞いていると、目指すものは「半径２㎞圏内の小さな循環」で、半径２㎞は、物事を自分ごとで捉えることが出来る範囲だからだそうである（かのアリストテレスは、「一目で見渡せる範囲」をポリスの理想的範囲としていた！）。半径２㎞はまさに香住丘校区の区域にも符合する。インスピレーションがガンガン飛んだ。早速公民館に行って、コンポスト講座の実施を掛け合った。地縁型組織とテーマ型組織をつなぐ場と役割はやっぱり公民館が機能的にも空間的にもふさわしい。

○６月25日（日）　町内ＢＢＱ大会に来てもらってＬＦＣの取り組みを紹介。

○９月30日（土）　香住ヶ丘６丁目３区、５区町内メンバーでのＬＦＣの見学会実施。

○10月26日（木）　公民館でのコンポスト講座『生ゴミと落ち葉で堆肥をつくろう　～香住丘での楽しい循環生活のすすめ～』を開始し、現在連続講座として実施中。

○２月６日（火）　コミュニティガーデン（堆肥を持ち込み野菜を育てる）の土地が我が町内に隣接する５丁目内に見つかり、地主さんと使用貸借契約締結。「コミュニティガーデン　牧の鼻」と命名。

○４月６日（土）「コミュニティガーデン牧の鼻」の開所式を盛大に実施。

地球沸騰化すら叫ばれる今日、「持続可能な栄養循環が私たちの生命を守る」とするＬＦＣのミッションは地球温暖化対策の取り組みとして

LFC　　循環生活研究所　　CG 牧の鼻

も大きな成果が期待できるが、町内に目を向けると、高齢化が進むなか、庭に植えられた果樹（ミカンや柿など）が収穫されずに、風に飛ばされて隣地に飛んだり、道路に転がって街を汚している。また落ち葉もとても掃ききれない。生ゴミだけではなく、落ち葉もコンポストの貴重な資源なので、これを集めてコンポスト化する取り組みは、地域課題の解決につながる。「生ゴミや落ち葉を堆肥化して、コミュニティガーデンで野菜や果物を育てる」という一見小さな取り組みは、子どもたちに楽しいあそび場を提供するし（貸し切りバスで遠くに行かずとも、家の近所で芋掘りもできる）、高齢者には生きがいや見守りの機会をもたらす。まずは小さく産んで大きく育てる。地縁型組織（町内会）には人がいて、テーマ型組織（ＬＦＣ）には専門性がある。その両者の共働による「半径２㎞の小さな循環」の経験知は、最初は蟻の一穴かもしれないが、ヨコ展開も大いに期待でき、先ずは香住ヶ丘6丁目3区と5区の共働で成功体験を積み上げて、町内のみならず校区／自治協議会全体にも大きな波及効果をもたらすのではないかと期待している。かつての「筥崎まちづくり放談会」と箱崎／筥松校区自治協議会との関係性に学びたい。

コミュニティの自律経営とは何か？

コミュニティの自律経営とは、「市民自らが地域の問題／将来のビジョンを含めた課題を発見し、その解決に向けて継続的、計画的にコミュニティを運営すること」と市は定義していた。

広太郎さんが市長時代に、執念を燃やして実現させた『新歩行空間整備事業』というものがある。役所的名付けではこうなるが、広太郎さん的には『みんなで創る安心・安全の道づくり事業』だったろうか？　これは、住宅地内の生活道路や歩道を整備する折に、隅切りやセットバックの土地を住民が市に無償で貸与し、市が生活道路や歩道の整備、維持、管理を行うという、まさに市民との共働により生活道路、歩行空間の確保を促進しようとするものであった。当時、僕は政令市の市長がこんな一見ちっぽけな話に何で執念を燃やすんだろうと訝っていた面があったし、担当部局にもその空気感があったが、今にして自らの不明を恥じる思いがする。広太郎さんはこう言っていた。「地域が困っていれば、地域自身が立ちあがらなければならない。従来市民は受け身であった。受け身で文句を言うだけの存在ではなく、市に対する要望にしても、自分たちでここまでやるから、市にはこうしてもらえないか、というカタチに頭を切り替えるべきである。これならば市も動かざるを得ないし、市にとっても市民の力を引き出すことが出来るメリットがある」「共助や共働の精神は、今後の行政の基本であり、市民を責任ある主体に昇格させるための手段である」（『紙一重の民主主義』１４４p）。さらに、こうも言っていた。「なぜ、市民のあり方は問われないのか？」「受け身で要求型で批判ばかりする市民を抱えた自治体は今後も低迷するし、未来に明るさはない」「市民は主体であり、主権者である。市民を自治の表舞台に引きずり出さなければならない」「共働に必要なことは、市民は自分たちで何が出来るか考えること。行政は何もしない覚悟も必要である。役所にしか出来ないことを毅然として断行する覚悟と市民に任せられることを見分ける眼力が要求される。選挙のある首長にとっては、特に厳しい覚悟がいる」。

広太郎さんの「コミュニティの自律経営」の真髄、ここにありというか、その洞察の深さや性根の確かさに改めて感じ入る次第であり、「政治・行政の究極的な役割は市民の力を引き出すことにある」との繰り返されたメッセージに改めて納得である。広太郎さんの市長三期目の目標は「自治協議会の機能をどんどん高めること」だと言っていた。未完の「コミュニティの自律経営」は、残された我々の仕事なのだろう。

今なぜ、コミュニティの自律経営か？

本年元旦に発生した能登半島地震の甚大な被害は、半島という地理的特性と合わせ、過疎化、高齢化が進んだ地域の特性から、過去の阪神・淡路大震災、東日本大震災と同様かそれ以上にコミュニティの価値が問われている。発災時の自助・公助の及ばぬ共助の有用性以上に、復旧、復興への道のりでの、地域コミュニティにおける顔の見える関係、支え合うことで得られる暮らしの安全や豊かさ、人々の絆の価値の大切さである。

今、コミュニティを巡って何が問題なのか？　国政に目を向ければ、地方分権推進法の制定（平成7年／1995）から早30年近くの歳月が流れているが、地方自治を踏みにじる沖縄の辺野古新基地建設を巡る国の代執行など、上下／主従の関係から対等／平等の関係へと言われた地方分権の理念は何処へ行ったのだろうか、との思いを禁じ得ない。その一方で、コモンズ論やミュニシパリズム（地域主義：地方自治を軸にした草の根の政治改革運動）の興隆や故宇沢弘文氏の「社会的共通資本」の再評価など、「自治」への期待も高まっている。先だって惜しくも亡くなられた島根県隠岐の島／海士町の山内道雄氏が町長時代に「小さいからこそ、小回りも利いて、臨機応変に動くことが出来る。何より住民一人ひとりの顔が見れる。その気になれば、全員の意見を聞いて廻ることだってできる。これ以上の民主的な町があるだろうか」（山内道雄2007・185p）とあり、強く共感を憶えていた。これからの日本社会で大切なことは、いかに小さな単位で、町や村、コミュニティレベルでの自治の質を高めることができるかではないだろうか。

「自治」といえば、僕の頭に浮かぶのは、A・トクヴィルの『アメリカのデモクラシー』（岩波文庫、

2005）である。僕は自分の手帳の裏表紙に、この本にある「民主主義社会では、人々が互いに助け合うことを学ばなければ、全員が力を失う」とのメッセージを長年書き付けてきた。しかしながら、不覚にもわが国において、西欧にも負けない「村の自治」の伝統があることを深く考察することがなかった。勿論、宮本常一が紹介した「対馬の寄りあい」など、村落共同体における運営の作法や対話の精髄など、聞きかじってはいたが、今回積読していた松元崇による『山縣有朋の挫折』（2011）を開くと、冒頭に「我が国の地方自治の土台には、江戸の自治がある」とあり、勝海舟の「地方自治などということは、珍しい名目のようだけど、徳川の地方自治は、実に地方自治の実を挙げたもの。名主、五人組、自身番や火の番、みんな自治制度」との『氷川清話』の一文や福澤諭吉の「地方自治は古来日本固有の制度にして、国民の之に慣れたること久し」が紹介され、先人達の自治への真摯な取り組み姿勢とその根底にわが国の自治の強固な伝統があり、江戸の自治は諸外国に比べて決して見劣りのするようなものではなかったことが指摘されていた。僕にとっては目から鱗だったが、更に柿﨑明二の近著『「江戸の選挙」から民主主義を考える』に巡り会った。そこでは、寄合（話し合い）、入札（選挙）、くじ引きなど、村が生んだ自治の試みが紹介され、「日本に求められるのは、自らの長い歴史の中に「民主主義の源流」を探り、具体的な事例から日本原産の「民主的傾向」を見いだすことではないか。民主的傾向は江戸時代、それも幕藩体制を支えた村の中にあった」とされている。西欧のような思想的系譜なしに、江戸時代の村では、よりよく生きようと試行錯誤を続けた村人の努力により、「民主的傾向がいわばガラパゴス的に進化してきた」ようである。先人達のそのような歴史の中から「今日的な教訓」をくみ取りたいと思う。さらに歴史を遡れば、自治都市／堺では「会合衆」という自治組織が都市の運営を担い、我が博多商人も堺に倣い「年行司」という自治組織が都市を運営していた。堺と並ぶ「自治都市／博多」の所以であり、博多の町の宝とも言うべき「博多祇園山笠」

の700年を超える伝統は、7つの流れ＝町割りの自治組織によって受け継がれてきた。博多商人の「進取の気性と自治の精神」の面目躍如であり、双子都市／福岡にあっては高場乱による「興志塾」、自由民権運動のさきがけとも言うべき「玄洋社」など、博多／福岡の歴史と伝統は「コミュニティの自律経営」に向けて点と点が繋がる観すらあるが、如何だろうか。

最後に、福岡県大刀洗町の「住民協議会／自分ごと化会議」を取り上げておきたい。無作為に抽出された町民で構成されたこの取り組みは、「くじ引き民主主義」とも称されている（そもそもくじ引き民主主義は、誰もが公共的な役割を担うというアテネの民主政から導き出されたものだと思い込んでいたが、先に紹介したように江戸期の村の自治でも採用されていたもので、西欧の借り物ではなかったことは、驚嘆に値する）。この取り組みの最大の狙いは、住民が行政やまちのことを「自分ごと化」することにあるが、くじ引きというランダム性は「自分ごと化」の契機としては、大きな効果をもたらす。大刀洗町では、なんと平成25年（2013）に条例で「住民協議会」を設置し、平成26年度（2014）から毎年開催されており、過去の参加者達による「OB／OG会」までが誕生し、「OB／OG会」独自の取り組みも実施されるなど、まさに「自治の習慣」が生まれつつあるのではないかと思われる。「住民自治最先端モデル」としての大刀洗町から目が離せない。さらに島根県松江市では、この大刀洗町での取り組みの視察を契機に、平成30年度（2018）から3期にわたって、「自分ごと化会議in松江」を実施している。ここでの特徴は主催者が市民団体／市民で構成されていることである。実行委員会で共同代表を務める毎熊浩一さんは、これをして、「ミニ・パブリクス」（比較的少数の市民によって構成される熟議のためのフォーラムの総称）の具体的実践事例としている。

人口規模だけを見れば、我が香住丘校区は大刀洗町と同規模である。かつて広太郎さんは、福岡市の一つひとつの校区は、町の規模に匹敵するものであり、校区自治協議会を小さな議会として捉えたいと言っていた。大刀洗方式と松江方式のハイブリッド、香住丘校区住民による「自分ごと化会議」の実現を夢想することをお許しいただきたい。

最後に『民主主義のつくり方』（宇野重規２０１３・１６９p）を引用して、この章を閉じたい。

「近代化が2周目に入った今日、目指すべき改革の方向性については、むしろ「ローカル」な視点からの模索が重要になっている。すなわち、日本全体で目指すべきゴールを探すよりは、それぞれの地域社会において、実験や模索を行う必要が高まっているのである。（略）地域社会に固有の条件の下、地域に暮らす人々自身のイニシアティブが重要になっている」

【第五章】もやい九州とともに

もやい九州大望年会 in 小料理「志野」（2014.12.27）

もやい九州と僕

20世紀の知の巨人P・F・ドラッカーは「コミュニティは人間にとって不可欠のものである」といっているが、僕の人生にとって、もやい九州というコミュニティは不可欠のものだった。もやい九州が発足して22年目を迎えているが、もやい九州なかりせば、僕のジェットコースター人生はただ怖いばっかりの殺風景なものだけだったかもしれないし、これほどの彩りに溢れた車窓風景にはならなかっただろうと思う。もやい九州のメンバーは多士済々で、彼ら／彼女らの「この指止まれ」は常に僕に位置づけと役割（＝居場所と出番）を与えて来てくれた。コミュニティの価値はそのコミュニティに属する一人ひとりに位置づけと役割（居場所と出番）を与えることだと思うが、もやい九州は正にそのような場だった。そして、「この指止まれ」というもやい九州の行動原理は、ジョハリの窓等で言われる「自己開示」そのものだと思う。自己開示が大きければ大きいほど、そのフィードバックは大きく、未知の窓が開かれていく。こんなこと言ったら笑われるかな、誰も止まってくれないかなとか思いがちだけど、何よりもやい九州は、いつでも「この指止まれ」で手が上げられる安心／安全な場であり続けているし、皆で育ててきたと思っている。

僕はマージナルマンという生き方を大切にしてきた。これは「一つの足を帰属する企業・組織におき、そこでの役割を心を込めて果たしつつ、一方で組織に埋没することなく、もう一つの足を社会に置き、世界のあり方や社会の中での自分の役割を見つめるといういきかた。それをマージナルマンという」（『世界を知る力』２０３ｐ　寺島実郎　ＰＨＰ新書　２００９）というもので、もやい九州の意義そのものだと思う。さらにこの精神は、公務員にこそ求められると思ってきた。公務員の使命は公共の福祉＝社会共通の利益の実現。であればこそ、公務員は机の上で物を考え、役所の窓から社会を見るのではなく、もう一方の足を組織の外に置いて、社会が求める価値を知らなければ、その使命の達成はおぼつかないと思うのである。もやい九州はそのような足場でもあった。

もやい九州の発足

もやい九州は、行政経営フォーラム九州部会として、平成14年（２００２）４月13日キックオフミーティングを開催、発足している。平成９年（１９９７）に発足した行政経営フォーラムも会員数が確か４００人を超えてきて、地域ごとに部会をつくろうということになり、九州出身者や九州に縁のあるメンバーが集まり、九州部会として発足した。当日の参加者は18名（最高値２８０名位、現在１０５名）、会の名前は「行政経営フォーラム九州／未来創造クラブ」通称を「もやい九州」としたが、あっという間に「もやい九州」がメンバー共通の名前となった。

もやい九州の歩み

もやい九州が発足して、22年目を迎えているが、10、15、20周年の節目のメッセージをここに再掲し、活動の振り返りとしたい。

〈もやい九州設立10周年の想い／２０１２〉

もやい九州は２００２年４月13日、Ｆ市役所の会議室で設立総会を行い、共同ＣＥＯに当時佐賀市長の木下敏之さん、現多久市長の横尾俊彦さんのお二人、顧問に当時九州大学大学院教授の今里滋さんという豪華布陣でスタートしました。といってもメンバーは10数人、当初はあくまで行政経営フォーラムの九州支部という位置づけで、非営利組織の経営改革に取り組んでいこうというのがミッションでした。とにかく実践だということで、当時今里さんと親交のあった中嶋玲子杷木町長（九州初の女性町長／現福岡県議）を応援しようと、三セク「ガマダス」の経営改革に取り組みました。さらには、「もやいキャラバン」を編成し、熊本県人吉市役所の職員研修に出かけたりしました（今考えれば、かなりの冷や汗ものだったかもしれない……）。また、韓国ＩＴ事情を視察したコロンブス・ツアーは佐賀市長であった木下敏之さんが団長であったこともあり、その後の佐賀市のＩＴ改革の端緒ともなりました。

もやい九州のモットーは「大人の部活」、大人の分別を持ちつつ？仕事とは違う世界を愉しむということ？　春の大花見大会、夏・秋の合宿、年末の大望年会、ＭＬもやたら活発で年間2，０００通を数えていたこともあり、今や会員数は２８０人を超え、ちょっとバブル？　年中行事は○△迎撃会！　そして、行動原理は「この指止まれ！」。言い出しっぺのこれをやりたい！という思いがつながって、気がついてみたらソーシャル・アントレプレナーだったりして。共有・共感・共働・共創、ローカル・マニフェスト運動、まちの駅、市民と議員の条例づくり交流会議、そして八木澤商店支援プロジェクト。今泉さんからのＳＯＳコール、あっという間に集まった支援物資、お中元・お歳暮パックの取り組みへの発展は見事でした。今回の三陸・被災地フロントライン研修は、ドンピシャでもやい九州設立10周年の日の4月13日に出発することができ、何よりの記念事業となりました。駆け足でしたが、垣間見えた被災地の現実は大変厳しく、それだけに「被災地を忘れないでください」というメッセージは心に沁みました。

もやい九州、新たな10年のスタート。さあ、この指止まれで始めよう！

〈もやい九州設立15周年と「もやい九州@東北被災地ツアー」に寄せて／2017〉

2002年の4月13日に産声を上げたもやい九州も、早15周年を迎えました。もやい九州は「大人の部活」をモットーとして、「この指止まれ」を行動原理に様々な活動に取り組んできました。なかでも、東日本大震災の発災以来、三陸地域を中心に毎年続けてきた東北被災地ツアーは特筆すべきものです。

もやい九州と被災地のつながりは、震災直後の2011年3月に遡ります。一関市在住・元岩手県庁の今泉さんからの「ロウソク、単一乾電池、下着が足りない！」との支援要請に、もやい九州のメンバーが応え、その後の老舗醤油・八木澤商店の支援活動に発展して行きました。震災翌年の2012年には、もやい九州設立10周年記念事業として、三鉄ツーリストの「三陸被災地フロントライン研修」を活用して、23人が参加し、もやい九州の東北被災地ツアーが始まりました。

毎年訪ねていくごとに、東北各地の人々とのつながりは広がり、東北地方の雄大な自然、豊かな風土や食への愛着も深まって行きます。いつの間にか、九州から遠く離れた東北の大地が第二のふるさとのような気持ちさえ生まれてきたように思います。復旧から復興へ、復興から創生への道のりはこれからも続いていきます。2012年にお会いした陸前高田市の戸羽市長からの「被災地を忘れないでください」とのメッセージを胸に、これからも東北の地を訪ね続けたいと念じます。

〈もやい九州20周年／10回目の東北ツアーに寄せて／2022〉

2002年4月13日に産声をあげたもやい九州、今年設立20周年を迎えています。人間で言えば、成人式なのですね。

振り返ると、今年古稀を迎えた僕は、当時ちょうど50歳。「天命を知る」節目の年でした。その年の誕生日のことをよく覚えています。その日は、もやい九州の母体でもある行政経営フォーラムの例会が東京で開催されており、僕は福岡市のＤＮＡ改革をテーマに登壇していました。終了後の交流会で参加者の皆さんが、誕生祝いをしてくれたのですが、その場でマイクを向けられた僕は「(自治体)改革を自分の天命とする」と宣言したのでした。その当時、僕はまさに自治体改革のど真ん中、フロントランナーとして渦中にあったし、職業人として絶頂期にあり、今思い起こしても実にパワフルだった、と思います。が、すぐに挫折も待っていました。３ヶ月を超える入院生活、もやい九州のメンバーの励ましは心の支えでした。それからは自治体改革の「現場」とは少しところを変えて、ローカル・マニフェスト運動や議会改革に、もちろん、もやい九州のメンバーと一緒に取り組みました。思い起こすとその頃は、次は何をもやい九州のメンバーとやろうかと、ワクワクしていました。

歳を取るというのはよくしたもので、60歳還暦を迎える頃から、自分が何かをやるということよりも、誰かの何かをやりたいを応援することの方が、喜びが大きくなってきました。もやい九州のモットー「この指とまれ」は、誰が言い出したのか忘れてしまいましたが、素晴らしいと改めて感心しています。３年に及ぶコロナ禍の中で、もやい九州も御多分に洩れず、恒例の各種迎撃会や大望年会の機会を逸していますが、withコロナの時代のニューノーマルを目指して、次の「この指とまれ」の発声を楽しみに待ちたいと思う、今日この頃です。

そして、三陸被災地フロントライン研修に端を発するもやい九州／東北ツアーも10回を数え節目を迎えました。三陸各地も「復興」から新たなまちづくりのフェイズに移ってきています。当初の定点観測の役割は終わったと思いますが、この間に築いてきた東北各地の皆さんとの交流を、どう深め、つないでいくか？　皆さん方とゆっくりじっくり考えていければと思います。

もやい九州のセカンド・ステージに幸あれ！

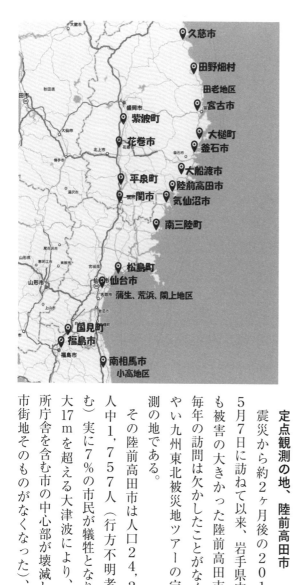

東北／三陸ツアー

もやい九州では、陸上部、朗読部、歴史部など様々な大人の部活に取り組んできたが、特筆すべきは、東日本大震災直後から毎年続けてきた「東北／三陸ツアー」である。これまでの取り組みを以下にまとめておきたい。

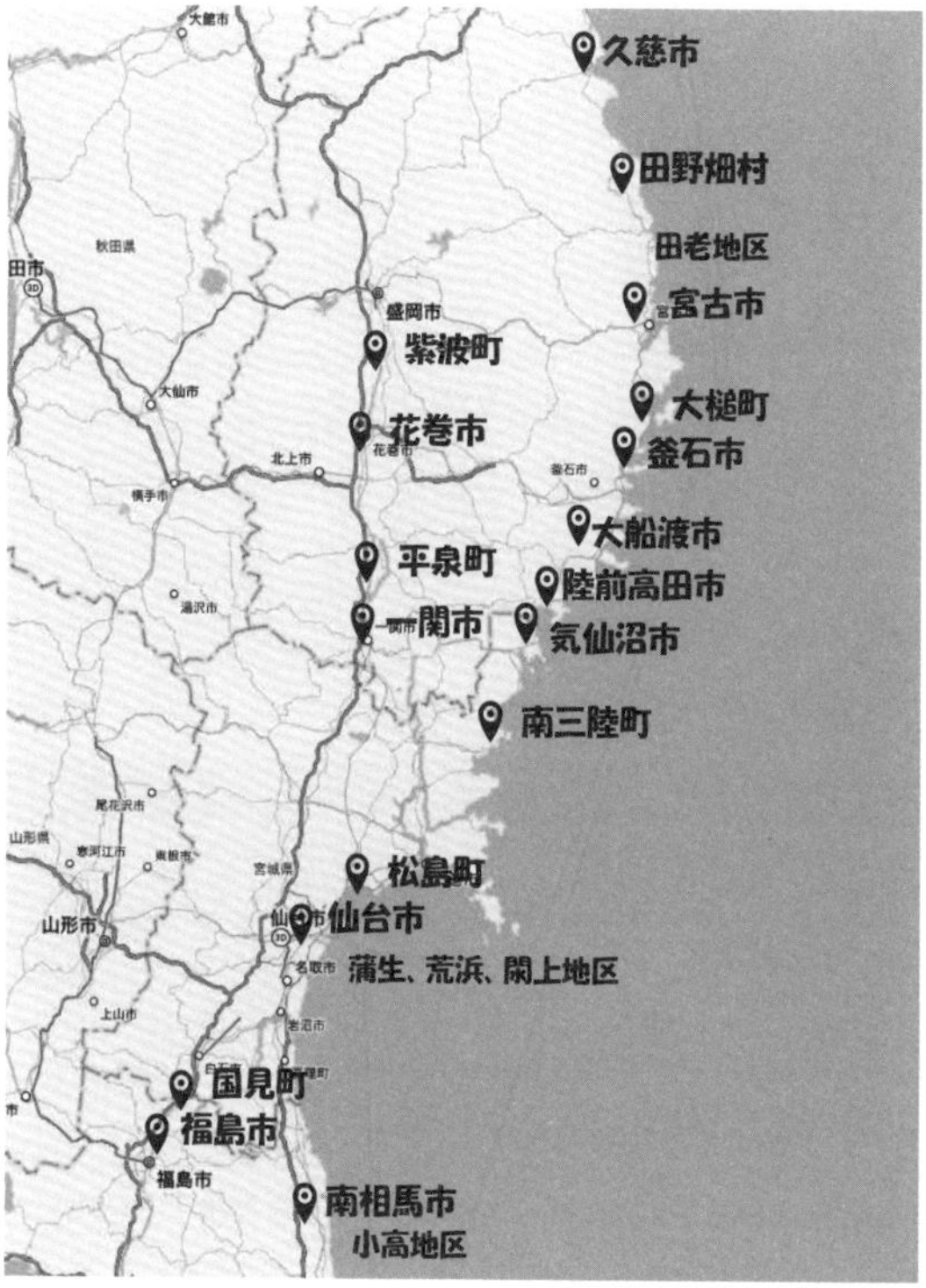

定点観測の地、陸前高田市

震災から約２ヶ月後の２０１１年５月７日に訪ねて以来、岩手県内で最も被害の大きかった陸前高田市への毎年の訪問は欠かしたことがなく、もやい九州東北被災地ツアーの定点観測の地である。

その陸前高田市は人口２４，２４６人中１，７５７人（行方不明者を含む）実に７％の市民が犠牲となり、最大17ｍを超える大津波により、市役所庁舎を含む市の中心部が壊滅し（＝市街地そのものがなくなった）、家屋倒壊戸数は３，３４１棟、地震・津波による家屋の被害は９割を超えている。それだけに、我々が見てきたどの被災地よりも大規模な復旧・復興の工事が展開されている。海岸線には12・５ｍの防潮堤、中心地だった高田地区の土地を８～10ｍ嵩上げし市街地を再建、市街地の嵩上げには近隣の山（標高１２０ｍを40ｍに）を切り崩し、その土砂を総延長３，０００ｍに及ぶ専用のベルトコンベアーで搬入して造成、切り崩した山は高台移転の住宅地づくりが行われている。２０１１年５月以来、気仙町にあった八木澤商店本店跡地付近から定点観測した市街地の概観は、以下の

もやい九州　東北ツアー年表＆訪問地

回数・年	日程	訪問先自治体
⓪ 2011年	5月7日	一関市、陸前高田市／八木澤商店
① 2012年	4月13～15日	＜もやい九州10周年事業＞ 一関市、陸前高田市、大船渡市、釜石市、大槌町、宮古市
② 2013年	10月26～29日	釜石市、宮古市、久慈市、田野畑村、陸前高田市
③ 2014年	8月7～10日	仙台市、南相馬市、福島市、一関市、陸前高田市、釜石市、大槌町
④ 2015年	11月13～16日	陸前高田市、大槌町、宮古市、久慈市
⑤ 2016年	10月22～24日	仙台市、平泉町、陸前高田市、釜石市、花巻市、紫波町
⑥ 2017年	7月7～10日	＜もやい九州15周年事業＞ 仙台市、松島町、南三陸町、気仙沼市、陸前高田市、宮古市、久慈市
⑦ 2018年	11月18～20日	一関市、陸前高田市、大船渡市、釜石市
⑧ 2019年	7月18～22日	気仙沼市、陸前高田市、大槌町、山田町、宮古市、久慈市
⑨ 2021年	10月22～25日	仙台市、陸前高田市、大船渡市、釜石市、宮古市
⑩ 2022年	8月5～8日	＜もやい九州20周年事業＞ 福島市、国見町、仙台市、一関市、陸前高田市、南三陸町、気仙沼市、大船渡市、釜石市

ようなものである。

【2011年5月7日】道路上の瓦礫はとりあえず片付けられているが、敷地内の瓦礫は手つかずの状態。とにかく静かで、ウミネコの声と時折瓦礫を片付けているのだろうか、「カラーン」という乾いた音が耳に残っている。

【2012年4月13日】道路上のみならず、宅地の瓦礫も片付いているが、それが積み上げられたピラミッドのような瓦礫の山がただただ連なっていた。震災から1年、重機は入ってきているが、復旧・復興の道のりの険しさを痛感させられた。

【2013年10月28日】連なるピラミッドの山のような瓦礫は片付いていた。宅地の中にはあちこちに重機やクレーン車が入り、高台での宅地造成のための山の切り崩しが始まっていた。定点観測地のそばに立つ幸せの黄色いハンカチのモニュメントが立派になっていて、たくさんの黄色いハンカチがはためいていた。

【2014年8月9日】この5月に八木澤商店の新工場が一関市大東町に完成、奇跡の一本松近くに八木澤カフェも出店。陸前高田市内ではベルトコンベアーの柱が林立し、嵩上げ工事が本格化しようとしていた。

【2015年11月13日】前回の訪問から1年以上が経過し、嵩上げ工事や市街地の宅地造成が進み、道路もつけ替えられ、旧八木澤商店本店跡での定点観測はできなくなっていた。随分嵩上げが進んでいるようであるが、造成地に示されている造成計画の高さからするとまだまだ土砂の搬入が必要のようである。震災から4年半、いまだ市街地では嵩上げ工事と造成工事の段階で、上物は一戸もなく、ここにどのような人たちのどのような生活が始まるのだろうかと考えると暗然とな

る気持ちが抑えられなかった。

【2016年10月23日】この年は途中の列車の遅れもあり、陸前高田市内に入ったときには既に日が傾いており、定点観測の地にたどり着いたときには日がどっぷり暮れてしまった。市街地に林立していたベルトコンベアーはすっかり姿を消していた。しかしながら、市街地建設はまだまだこれからなのだろう。

そして、6年目の平成29年（2017）7月8日、今回は石巻、南三陸、気仙沼を通って、陸前高田市内に入った。いつも一関方面からなので、初めてのルートである。10m程も嵩上げされた見上げるほどの宅地が続き、気仙大橋の開通もあと少し。日本百景にも数えられていた高田松原のあたりは防災メモリアル公園として整備されるようである。道の駅タピック45は震災遺構として保存されており、建物に記されている津波高14・5mの標示はあまりにも衝撃的である。同じ敷地には東日本震災追悼施設や復興まちづくり情報館などが整備されていた。この日の宿である箱根山テラスに向かう車窓から、かつては7万本の松原が続いていたであろう海岸線に屹立する高さ12・5mの防潮堤の無機質な景色に息をのみつつ、陸前高田市の復興が目指すまちづくり「海と緑と太陽との共生・海浜新都市の創造」の険しい道のりに胸の塞がるような思いを禁じ得なかった。

その後、陸前高田市は毎年訪ねているが、令和2年（2020）には今泉の八木澤商店跡地付近は発酵テーマパークとして「CAMOCY」が誕生しており、発酵文化の拠点となっている。また、高田松原には防災メモリアルパークが完成しており、東日本震災追悼施設や復興まちづくり情報館と一体となった整備が進み、高田松原の復元に向けた松の植樹も進んでいる。奇跡の一本松の影が少し薄くなってきたかな？　しかし、嵩上げされた市街地にはまだまだ空地が続く、陸前高田の復興の道のりはまだまだ長く遠い。

市民と議員の条例づくり交流会議

市民と議員の条例づくり交流会議には、平成20年（２００８）から参加したが、地方開催も始まっていて、事務局の亀井誠史さんから、福岡での地方開催を計画できないかとの相談があった。ついては、前田隆夫さん、神吉信之さんと協力してほしいと。２人とももやい九州のメンバーなので、もやい九州を起点に自治体議員に広く声をかけて計画を進めていったが、取り組む内容を含め準備には半年をかけ、月に2回ペースでの実行委員会はハードだった。

僕はいずれも事務局長の立場で関わったが、多士済々のもやい九州メンバーの活躍でＳＮＳではTwitterを駆使したり、議員対象では初めてワールドカフェなども投入、いずれも先駆的な取り組みで、もやいメンバーを中心とした取り組みは、自治体議会改革の一翼を担っていった。

▼市民と議員の条例づくり交流会議ｉｎ九州２０１０
「九州から始まる　見える化・議会」
・日時：平成22年（２０１０）５月29日（土）
・会場：パピヨン24ガスホール
・基調講演／廣瀬克哉さん／法政大学・自治体議会改革フォーラム
『議会改革の先に見えてくるもの　―議会無用論は克服できるのか―』
【参加者：４００名】

▼市民と議員の条例づくり交流会議in九州2012
「見えたか?議会　～3つ（視点・接点・論点）の再点検～」
・日時：平成24年（2012）10月27日（土）
・会場：パピヨン24ガスホール
・基調講演／廣瀬克哉さん／法政大学・自治体議会改革フォーラム
　『議会改革　～成果志向への展開を！～』
【参加者：270名】

▼市民と議員の条例づくり交流会議in九州2015
「見てるか?議会　～市民と議員と議会のもやいなおし～」
・日時：平成27年（2015）10月31日（土）
・会場：さざんぴあ博多
・基調講演／廣瀬克哉さん／法政大学・自治体議会改革フォーラム
　『自治体議会改革のこれまでとこれから』
【参加者：150名】

「志野」での迎撃会と大望年会

もやい九州と言えば、迎撃会。行政経営フォーラムの九州の地域部会としてスタートしたにもかかわらず、もやい九州には、北は北海道から南は沖縄まで、日本全国にメンバーは広がっている。なので、地域ごとに「江戸組」とか「肥後組」とかもあったりする。というわけで?各地から福岡入りするメンバーがあれば、飲み会をセットする。それをもやい九州では、いつの頃からか「迎撃会」と呼ぶようになった。「○月×日、出張です。迎撃会お願いします」みたいなメールがMLを飛び交う。九州組が東京出張すれば「江戸組」が迎撃会をしてくれる。福岡/博多では春吉の「小料理/志野」が常設会場で、冬だろうが夏だろうが、「志野」の絶品水炊きを囲んだ。なので、志野の水炊きのファンは全国にいる。「志野」の水炊きは本当に美味しかった。横浜生まれのくせに博多のごりょんさんのような気っ風の「かあさん」もメンバーに愛されていた。毎年恒例のもやい九州の大望年会も「志野」を貸し切ってやっていた。1階と2階を行ったり来たり、床が抜けやしないかとハラハラしながら?その大望年会のために山形や福島から駆けつける剛の者もいた。残念ながら8年前に閉店してしまって、今は迎撃会場にも困ってしまう。「志野」ではどれほどの仲間とどれほどの盃を重ねたか?そして、どれほどの「この指止まれ」が生まれたか?「志野」は言ってみれば「梁山泊」だった。この数年はコロナ禍でめっきり迎撃会も減ってしまったが、もやい大望年会は、コロナ禍になってもオンラインで続けてきた。昨年末は4年ぶりのリアル開催で、メンバーそれぞれの「行く年、来る年」を漢字一文字でポストイットに書いて、みんなの前で一年を振り返り、翌年の抱負を発表するメインイベントが復活した。これをやらないと一年が納められないし、一年が始まらないのだ。

【第六章】人生の補助線

津屋崎／新しいまちづくりの学校（2011.11）

人生では様々な問いに遭遇し、答えを見つけることは簡単ではない。その時、幾何の問いを解くように補助線を引いてみると、思わぬ答えに辿り着くこともある。もやい九州の活動に加えて、僕にとっての人生の補助線のいくつかを紹介したい。

対話のまち／津屋崎物語

津屋崎のまちは、僕が生まれ育った香住ヶ丘の最寄り駅である香椎花園前駅から西鉄宮地岳線に乗れば、一直線でつながっていた。幼い頃両親に海水浴に連れて行ってもらった津屋崎海岸の遠浅の浜と足裏に優しかったきめ細かな砂の記憶が残っている。その宮地岳線は、平成19年（2007）に西鉄新宮の先が廃線となり、津屋崎は遠くのまちになってしまっていた。その津屋崎に山口覚さんが移住して、平成21年（2009）にNPO地域交流センター「津屋崎ブランチ」を開設してから、一挙に距離が縮まり、今や自分にとって大切なサードプレイスになっている。山口覚さんをつないでくれたのが誰だったたか、すっかり忘れてしまっていたが、山口さんが鹿島建設時代に机を並べていた後藤太一さん／現リージョンワークス代表だったことを思い出した（後藤太一さんとの縁も全く不思議なのだ）※。

そもそも山口覚さんが何で津屋崎に来たのかというところから話を始めたい。

津屋崎町が福間町と合併して福津市になったのは、平成17年（2005）1月24日。そう言えば、合併後、僕も関わった初めてのマニフェスト型の公開討論会が行われたのが福津市長選挙だった。山口覚さんは、平成14年（2002）鹿島建設を退職し、福岡市に住み、東京での地域交流センターの仕事もしながら、合併協議会での住民ワークショップや新市総合計画づくりなどを手伝い、次第に津屋崎の人々との関係性を育んでいっていた。その一人が「藍の家」を拠点にまちづくり活動をしていた柴田富美子さんである。そうこうするうちに大きな転機が訪れた。山口覚さんは、平成21年（2009）、国のふるさと雇用特別再生基金を活用した、「津屋崎千軒を核とした移住・交流ビジネス化業務」を福津市にプロポーザルし、受託することになった。ポイントは（いまでは地域おこし協力隊などで一般的になっているが）都市から通って外からアドバイスするのでなく、自分自身が移住して内側から地域を活性化していくという点である。山口覚さんは、「自分がつくった計画は、自分が津屋崎住民となって実現する」と決意したのだった。移住を前提にしたスタッフも全国公募で集めた。埼玉出身の木村航さん（現放課後クラブ／三粒の種）、京都出身の古橋（旧姓都郷）なびさん（現学校たねの木）（以下、「なび」さんという）、福津市出身の坂田聖子さん達、14年経った今も津屋崎で定住している。山口覚さんは、都会の評価軸ではなく、生きていくこと、暮らしていくことを大切にし、そこから自分を開花する人を選んだとのこと。山口覚さんが津屋崎での定住を決めて、柴田富美子さんに家を探して欲しいと電話したら、丁度空き家があって、山口覚さんに住んで欲しいと話していたところだったとか、なびさんは、山口覚さんが声をかけた日が、当時の職場に退職届を出した日だったとか。新しい何かが生まれるとき、何かに導かれているとしか思えない、本当にこういうことって起きるのだ。

大河の最初の一滴

そして、「津屋崎千軒を核とした移住・交流ビジネス化業務」の一環として、平成22年（2010）「新しいまちづくりの学校」がスタートした。僕は、平成22年（2010）11月19~21日（2泊3日）の

「本講座／第3講『大河の最初の一滴』の方法論〜5年先をイメージするバックキャスト〜」に参加したが、この体験は強烈だった。充実の話題提供者もさることながら、「まちごとキャンパス」として、教室はまちの中にあった。スタービーチ、LANDSHIP CAFÉ、民宿若草、津屋崎小学校、津屋崎ブランチ、津屋崎千軒などごみを渡り歩きながら、場の力をもらい、「フューチャーサーチ」というミーティング手法を初めて体験した。【過去と現在】をタイムライン、トレンド、プラウド&ソーリーで確認し、5年後の成功事例やコモングランド（新しい常識）であるべき未来像を構築【未来】し、オープンスペーステクノロジーで、全員参加の【行動】をつくり出す。様々な対話形式のワークの連続、まちの人へ成果発表する一般公開プログラムを重ね、新しいプロジェクトが立ちあがっていった。それが、まさに大河の最初の一滴だった。ここでは、ファシリテーターの意義や役割の大きさ、引き出す力を思い知らされたし、対話のもつ力の凄さも痛感した。そこに、中山哲志さん／当時大刀洗町の副町長が来ていた（彼とは九州大学大学院のフレックスコースで一緒だった）。彼の行動宣言は、「ユデガエルになる前に考える役所になる」だったが、職員の派遣を思いついた。そして、翌年平成23年（２０１１）1月17日、当時大刀洗町役場総務課で住民参加のワークショップなどを担当していた村田まみさんが派遣されることになった（今や村田まみさんは「女豹の異名を持つスーパー公務員」として、全国にその名を轟かせ、マスコミなどでも引っ張りだこである）。村田まみさんは、自ら学びながら、本格的な職員派遣の段取りを整え、その後の継続的な職員派遣につなげていった。その取り組みは、大刀洗町役場内の「大刀洗ブランチ」へと発展していく。そして、さらに大刀洗町は無作為抽出の町民の参加による「住民協議会」を条例で設置し、平成26年（２０１４）から住民協議会（自分ごと化会議）を毎年開催し、今や住民自治最先端モデルとの評価も得てきている。「新しいまちづくりの学校」に端を発した大河の最初の一滴が、この大きな流れにつながっていると言って過言ではないだろう。そして、その中山哲志さんは今、大刀洗町長なのだ。この時の講座には当時佐賀県武雄市職員だった小松政さんも参加していたが、今や3期目となる堂々たる武雄市長である。あの時の大河の最初の一滴はさまざまに息づいているのだ。その後毎年開催される「新しいまちづくりの学校」にはできるだけ参加してきたが、もう一つ特筆しておきたい。平成29年（２０１７）6月2日～4日（2泊3日）はダイアログツーリズムとして、山形市役所の後藤好邦君を講師に招聘し、「10年先を行く、見たこともないまちづくり～新しいまちづくり、新しい自治体職員」が開講された。後藤君は自治体のカイゼン運動を通じて10年来の同志だったが、彼は当時すでにスーパー公務員の名を全国に馳せていた。後藤君のお題は「これからの市役所の役割と公務員のあるべき姿」、彼の公務員としての生き方が、対話の場の力でさらに浮かび上がってきた。宮崎県えびの市から来ていた石坂乃里子さんの「公務員って素晴らしい職業なんだ」との素朴な感想は実に感動的だった。石坂乃里子さんは、「えびの未来カフェ」の仕掛け人であり、今ややい九州の大切な仲間となっている。

ゲストハウス旧河野邸と意味の学校

津屋崎での次のステージは、平成24年（２０１２）8月のゲストハウス旧河野邸／意味の学校の旦那衆へのお誘いだった。津屋崎千軒のど真ん中の築60年の民家を再生し、「ゲストハウス旧河野邸」として活用することになったが、その改築費用を旦那衆の寄附によって賄おうとするもので、ゲストハウス旧河野邸は、「意味の学校」の学び舎、宿舎としても利用されることにもなっていた。意味の学校とは、誰もが学びあえる「対話と交流の場」であり、その哲学は「言葉や数字で表せない本質を探究する」「対話（相互学習）の場をつくる」「即座に答える技術ではなく、じっくり向き合える場をつくる」「新しい発想や着眼点を持つ」だった。津屋崎では、とことんダイアローグ（対話）とファシリテーション（話の促進の方法）を学んだが、その学びの中から既存の教育機関では学び得ない「生きる哲学」を学べる場が必要だと痛感していたし、何かしら、そこに自分の居場所や出番があるような気もしていた。寄附は一口50万円（×12人の旦那＝600万円／建て替え費用）右から左の簡単な金額ではないが、出せない金額でもない（年金生活の今なら無理か？）。思い切って旦那衆の一人に加えていただくこととなった。これは僕の人生の中でも極めて有意義なお金の使い方だったと、意味の学校が開かれる度に思ったし、意味の学校の折に旦那衆として紹介されるのも、どこか誇らしかった。また大切なサードプレイス津屋崎になにがしかの足跡が残せたことも大きな喜びだった。

（僕が主催した講座は以下の通りである）
平成25年（2013）4・6　美しさと経済の狭間で人は何を思い、選ぶのか
～広島県鞆の浦を事例に～
平成26年（2014）4・20　つながりによる新しい地域づくりのカタチ
～森の篠栗町長、海の津屋崎で語る～　ゲスト：三浦正／篠栗町長
平成27年（2015）5・30　鞆の浦で、今、起きているコト
～宮崎駿さん、藻谷浩介さんらが応援する活動とは～
ゲスト：松居秀子／鞆まちづくり工房代表

ここにある幸せ

平成27年（2015）1月16日にNHK福岡発地域ドラマで放送された「ここにある幸せ」（全国放送は同年3月8日のNHKBSプレミアム）の舞台は、津屋崎のまちだった。そして、宮本信子さんが演じた花田福子さんのモデルが柴田富美子さん（元藍の家保存会代表）である。今や僕の大切な

サードプレイス／津屋崎のおかあさんなのだが、津屋崎を訪ねる度に「藍の家」に行って、その凛とした姿勢と立ち居振る舞いを拝見し、津屋崎のまちづくりに一本筋が通っているのは、柴田富美子さんの存在があるからだなぁと思ってきた。そんな柴田富美子さんと僕は凄いご縁があることが最近分かった。柴田さんが今は亡き夫の柴田治さん（元藍の家保存／運営協議会事務局長、平成14年に亡くなられている）のところに嫁いで初めて津屋崎駅に降り立った折に、手違いでお迎えがなく困っていたら、道案内をして治さんのところに連れて行ってくれたのが、なんと「吉村慎一さん」だったそうです。字も一緒。ホントですかって、何度も聞き直しましたが、本当だそうです！　きっと僕は柴田富美子さんに導かれて津屋崎に来たのだろうと思います。そして、ドラマのタイトルになった「ここにある幸せ」、禅の世界やマインドフルネスでも「過去でも未来でもない、今ここが大切なのだ」と言われるが、まさに「ここにある幸せ」というのは、津屋崎というまちの暮らしの哲学を、過不足なく伝えるメッセージだと思う。津屋崎ブランチ立ち上げの時に全国公募で移住し、今津屋崎で定住している「なび」さんが紡ぎ出したある方の「聞き書き」のタイトルが「ここにある幸せ」で、それがそのままこのドラマのタイトルになったようである。何かの時に「なび」さんが「なりわいがあって暮らしがあるんじゃない、暮らしがあってなりわいがあるんです」とポツリと語った。深く腹落ちしたことを鮮明に覚えている。津屋崎のまちの確かな暮らしは、まさに社会的共通資本（宇沢弘文氏提唱：豊かな経済生活を営み、優れた文化を展開し、人間的に魅力ある社会を持続的、安定的に維持することが可能な社会的装置）と呼べるものだと思う。山口覚さんは、西日本新聞の連載（H23.1.10～H24.5.28）「新しいまちづくりのススメ　津屋崎日記」の最終回にこう記している。「私たちは現代社会でしか通用しない流行の価値観に惑わされないように、心の中の3つの指標に沿って行動しています。一つ目は100年前でも通じること、二つ目は100年後でも通じること、そして三つ目は他の国でも通じることです。今の時代を要領よく乗り切る生き方ではなく、先人が残した暮らしの哲学を受け継ぎ、体現して未来に足跡を残したいのです」。こんな津屋崎のまちが僕のサードプレイスであること、とても誇らしい。

※後藤太一さんのこと

後藤さんとの出会いは、平成13年か14年、彼が鹿島建設の子会社であるアバンアソシエイツ勤務の折である。市長室長のK氏から、都市計画関係のプレゼンらしいので、代わりに聴いて欲しいとのこと。内容は、ポートランド都市圏自治体メトロの広域計画であり、先ずは都市圏域での自治体の存在や都市圏域レベルの地域経営があること自体に驚いてしまったが、ＧＩＳによる地域情報の活用やベンチマークなどによる市民の参画手法など、都市計画をかじっていたつもりの僕も目から鱗で、またそのキレッキレのプレゼンにも魅入られた。一緒に話を聴いた報道担当部長の広川大八君も同感で、後藤さんをなんとか福岡市／都市圏のまちづくりに引っ張り込もうと画策した。お父様が当時商工会議所の会頭／元西日本シティ銀行頭取（故後藤達太さん）を務められており、福岡に縁があることも分かったので、全力であれこれ模索し、とりあえず平成15年（２００３）に福岡アジア都市研究所へ出向してもらった。勿論生活の拠点も東京から福岡へ移って、早速エリアマネジメント団体『We Love Tenjin 協議会＝WLT』の機関設計や「天神まちづくりガイドライン」の策定／推進という成果につながった。その後鹿島建設を退職して、平成18年（２００６）福岡新都心開発株式会社に事業部長として入社。福岡五輪招致計画の中核となる臨海部再開発計画を統括し、JOC提出用の報告書を作成。さらに、平成21年（2009）には『天神明治通りまちづくり協議会＝MDC』での「アジアで最も創造的なビジネス街」を将来像とする画期的なエリアマネジメントとしての「グランドデザイン」と「実現の手引き書」（WhatとHowが一体）を描いた。その後必然のように、福岡都市圏の国際競争力を強化するための産学官の連携組織としての『福岡地域戦略推進協議会＝FDC』を平成23年（2011）に立ち上げ、初代事務局長として地域の成長戦略を策定、国家戦略特区の指定に陰で尽力するなど、今の「天神ビッグバン」の礎を築いている。平成26年（2014）5月リージョンワークス合同会社を設立。平成27年（2015）には、「福岡天神におけるまちづくりガイドラインに基づくエリアマネジメント」において日本都市計画学会賞石川賞を受賞している。福岡の地にエリアマネジメントの概念を導入し、設計し、推進した功績は途轍もなく大きい。そして、その後の彼の活動の舞台は徳島県の神山町であったり、東京都の渋谷であったり、海外の都市であったりしている。「日本の地域経営の新しいモデルを福岡でつくる」という彼のミッションは果たせたのか？　はたまた、福岡に引っ張り込んだことが彼の人生にとってどうだったのか、このところご無沙汰が続き、とても気になっていた。そんな折、3年前に「NPO法人地域経営支援ネットワーク＝Compus」のオンライン講演会があり、基調報告で「福岡は本当に良いまち」と言ってくれ、なぜ今福岡を拠点にしているのかとして、「東京が嫌いになって飛び出したわけではなく、直感で選び、肯定し続けて今に至る」と言ってくれて、ホッと肩の荷が下りた気がした。ネットで彼のこんな言葉を見つけた。「おいしいものを食べて飲み、楽しく人と語らい、笑うことが幸せである。食べる・飲むとは地域の個性そのものであり、個性的な文化は経済価値に勝る。文化や個性を大切にするヒトこそが、世の中を良くしていく」。福岡に引っ張り込んで良かったのだと、自分勝手に納得している。久しぶりにゆっくりふくおかのまちのこと、これからの社会のこと、語り合いたい。

ドラッカーとの出会い

僕は決して模範的な「ドラッカリアン」ではなかった。どちらかといえば、なまくら「ドラッカリアン」だったろう。所蔵するドラッカー本の数だけは人後に落ちず、本棚3段でも収まらないくらいだが、実践が伴わなかった。しかし、それでもドラッカーは僕の人生に大切な補助線を与え続けてくれた。ことに、僕の職業人生は非営利組織で一貫していたので、ドラッカー5つの質問は、いつも道標だった。何かに取り組むとき、道に迷ったとき、①われわれの使命は何か　②われわれの顧客は誰か　③顧客にとっての価値は何か　④われわれの成果は何か　⑤われわれの計画は何か、これ程確かな問いはなかった。

僕のドラッカー来歴とドラッカー思想への思いは、以下の拙稿につきると思われるので、ここに紹介しておきたい。

《SUNドラ合宿に参加して～ドラッカーと私》『多田ゼミ同人誌・研究紀要』vol.18（2019）

平成31年（2019）2月2／3日、平成最後のランタンフェスティバルを目前にした長崎のまちで開催されたSUNドラ合宿に参加した（SUNドラ合宿とは、ドラッカー学会理事の鬼塚裕司氏が導師を務める、イキドラ（長崎&壱岐ドラッカー読書会）、アサドラ（麻生ドラッカー読書会）、ヤクドラ（ドラッカー読書会・in薬院）読書会の3読書会が相まみえる合宿形式のドラッカー読書会である）。4回目を迎える今回の合宿は、一橋大学の多田治教授、ドラッカー学会理事の井坂康志氏を特別ゲストにお迎えして実施された。課題図書が井坂康志著『P・F・ドラッカー　マネジメント思想の源流と展望』とされたことから、SUNドラ合宿は図らずも、私のなかのドラッカーと向き合うこととなった。

遡れば、私のドラッカーとの出会いは平成5年（1993）刊の『ポスト資本主義社会』であった。最早時効だろうから告白すれば、当時福岡市職員であった私は、市議会のある会派の代表質問の草稿執筆を依頼され、質問冒頭に時代認識を下敷きにしようとまちの本屋を訪ね、当時のベストセラーの中から選んだのが、『ポスト資本主義社会』だった。冒頭の「西洋の歴史では、数百年に一度、際だった転換が行われる……世界は、「歴史の境界」を越える。そして、社会は数十年をかけて、次の新しい時代のために身繕いをする。世界を変え、価値観を変える。社会構造を変え、政治構造を変える。技術や芸術を変え、機関を変える」という書き出しの鮮烈な時代認識に圧倒され、この部分はそのまま質問に引用した。そこで私は、P・F・ドラッカーをアメリカの「経営学者」であり、「社会学者」であると紹介していた。次の明確な記憶は、平成11年（1999）である。当時福岡市役所で取り組んだDNA運動（=市役所版TQM運動）で使用したMOVEシート（M=mission、O=outcome、V=value、E=effectiveness）である。このシートは民間セクターの方々で構成した福岡市経営管理委員会の提案で採用したのだが、これはまさにドラッカーの「5つの質問」を下敷きにしたものであり、実務を通して改めてドラッカーの知見に触れることとなり、私のドラッカー「学」の核心の書『非営利組織の経営』との出会いにつながっていった。そして次は、平成18年（2006）、のちにドラッカー読書会を始める切っ掛けとなった時津薫氏との出会いである。たまたま何か調べ物をしていて見つけた「ドラッカー学会」のHPの中に、福岡県在住とある時津薫氏の投稿「私のなかのドラッカー」「……NHKの特集番組「断絶の時代」を観て本屋に走り、『断絶の時代』を読んで、50歳の今までドラッカーを知らなかった自らの不明に膝をたたいた（私の記憶に基づく）……」とのくだりを読んで、是非この人と会ってみたいと思い、その年の11月に早稲田大学で開催された「第一回ドラッカー学会」での初対面で、読書会を始めたいとの時津さんの志に触れることとなったのである。おそらく翌年の春頃から、福岡でのドラッカー読書会が始まったと記憶する。福岡市役所の会議室を使ってのものだったので、メンバーは当初は市職員が多かったが、入れ替わり立ち替わりだった。それから5年ほど続けることになるが、平成21年（2009）末の『もしドラ』の出版を機に急に参加者が増えたことが強く記憶に残っている。当時の読書会に参加していたのが、今やドラッカー学会の中心人物であり、各地でのドラッカー読書会を仕掛け、導師（＝ファシリテーター）としても八面六臂の活躍をしている鬼塚裕司氏である。わずか2時間程度の読書会に、わざわざ長崎から、時に泊まりがけで参加していたエネルギーは今も衰えを知らない。「実践するドラッカー」を地で行く快男児である。その後、暫しドラッカー読書会は中断していたが、今度はその鬼塚裕司氏を導師に迎え、平成28年（2016）にヤクドラ読書会をスタートし、今日に至っている。これがおおよその私のドラッカー来歴である。

さて、そのような来歴のドラッカーは私にとって何者なのだろうか？　世上いわれる「経営学の父」は如何にも半端すぎる。ドラッカー本人が自称していた「社会生態学者」にはなるほどと思わせられるし、「マネジメントの父」にも異論はない。しかし、どこかしっくりこない。私にとって、ドラッカーはとことん「人と社会」の関係を考え抜いた人であり、『企業とは何か』で示された、企業は社会の機関であり、組織は人に役割と位置づけを与えるためのものであるとの指摘は心に深く突き刺さり続けてきた。そして、あたかも今回のSUNドラ合宿の課題図書は、ドラッカーの生前最後の対談者である井坂康志氏の大著『P・F・ドラッカー　マネジメント思想の源流と展望』であった。その帯で、先年残念ながら逝去された上田惇生氏は「新しい思想家ドラッカーの本質を根底から突き詰めようとしている。読者は、彼の知られざる迫力、凄まじさを思い知らされることになるだろう」とのメッセージを残し、同じく野中郁次郎氏の「今まで明らかでなかったドラッカーのヨーロッパ期に焦点をあてることで、マネジメント形成史の一端が鋭く浮かび上がってくる」とのメッセージが添えられている。

思想家ドラッカーの本質とは何か？　明らかでなかったヨーロッパ期とは何か？　ドラッカーのヨーロッパ期の著作『経済人の終わり』『産業人の未来』は、世上多くが政治学者のものであるとの見立てであり、私自身ドラッカー思想に深く政治学的知見が根ざしていることを痛感してきた。更には、かつて山脇直司著『公共哲学とは何か』に触れ、東京大学での最終講義を拝聴し、「個人を活かしつつ公共性を開花させる新しい思考への要請が公共哲学に託されている。「活私開公」個々人の「自己」理解が「他者」への理解、ひいては「公共世界」観への形成へと結びつくような人間観を提示している」とのメッセージに強い共感を憶え、ドラッカー思想に通じるものを直感的に受け止めていた。そして今回のSUNドラ合宿の課題図書『P・F・ドラッカー　マネジメント思想の源流と展望』「終章ドラッカーの基本的視座」274pに、ついに滾々と湧き出る源流を発見した。「次なる社会においては……最大の関心は、社会の理念を保持する実存としての個の可能性を如何に展開していくかにある。というのも、個のマネジメントは、自律的な諸個人が自らの判断と責任に基づく新しい社会関係の構築と創造が目指されている。ドラッカーの表現に倣うならば、個の強みが公共の善となる点を必然的に要請する社会たらざるを得ない」まさに、膝を打つ思いであり、ドラッカーは「公共哲学者」

でもあると一人悦に入ってる次第である。こんなところが、「それぞれのドラッカー」の真髄なのかも知れない。勿論、共感をいただければそれに越したことはないのであるが。また、井坂康志氏は、『P・F・ドラッカー　マネジメント思想の源流と展望』「終章ドラッカーの基本的視座」271pで「ドラッカーによる基本認識の枠組みは、個のマネジメントにこそ結晶している」と述べ、「自律的な個を、自由にして機能する社会を包含する新文明のためのかけがえのないプレーヤーと見た」と述べている。そして、そのようなドラッカーの「金山」をして、「一面において、一元主義への反抗を強力に包蔵しながらも、他面で極端な経済至上主義のなかで脅威を覚えざるを得ない現代社会のただ中にあって、片隅の合理を見失うことなく、多様でささやかな存在を知の中心に復権する足がかりともなり得る」としている。故上田惇生氏の言う、井坂康志氏の「知られざる迫力と、凄まじさ」の合間に顔を覗かせた氏のしなやかな人間愛に心からのエールを送りたい。

　ドラッカー読書会ほど愉しいものはない。「それぞれのドラッカー」とよくいわれるが、ドラッカー読書会をやると、それぞれが引いたアンダーラインの箇所はそれぞれであり、同じ箇所でも読み方や受け取り方が違うことが日常茶飯事。まさにそれぞれのドラッカーである。さらに、同じ読み手であっても、それぞれの時点や立場でも読み方は異なる。そして、その互いの違いの披瀝は、何よりのフィードバックともなる。それはまさに「ジョハリの窓」の様相を呈してくる。それぞれの読み方の披瀝による自己開示が「秘密の窓」を開き、フィードバックにより「盲点の窓」が開かれることによって「開放の窓」が広がり、気づきという「未知の窓」が開いていくのである。そして、そのことが更にドラッカー思想の学びの面白さにつながり、ドラッカー思想の森の奥深くに誘い込まれていくのである。今後ともドラッカー読書会を軸にした「ドラッカリアン」たらんことを宣言して、この稿を閉じることとする。

ドラッカー学会第16回大会in博多

時津薫さんを中心としたドラッカー読書会は平成20年（2008）～平成23年（2011）まで続き、しばらくの間を置き、平成28年（2016）4月からは鬼塚裕司さんを導師としたヤクドラ読書会（会場が薬院駅に近かった）を月イチペースで始めていた。読書会も4年を超えた令和2年（2020）の晩秋だったか、ドラッカー学会を福岡でやらないかと鬼塚さんが切りだした。福岡でやらないかというのは、僕に実行委員長をやれというのと同義語なので、当時、僕は様々な案件を抱えており、とても手が回らないと脊髄反射で断った。さらに鬼塚さんは、福岡では8年前に大会をやっているが、その時はin福岡だったから、次やるならin博多でしょ、とも言った。これが刺さってしまった。

福岡／博多の双子都市構造は、僕の強いこだわりである。さらに、その年春のドラッカー学会でご縁をいただいた内田奈及子さんの元で、学び始めていたマインドフルネスに強く惹かれていた。これまで学んでいたNLPやパーソナル・ファウンデーション、コーチング、更には俄にかぶれ始めていた空海の思想なども、マインドフルネスに収斂してきていた。また読書会の有力なメンバーで、当時福岡市保健福祉局部長／現環境局長の中村卓也さんがマインドフルネスを市の事業として取り組み始めており、機は熟してきていた。「ドラッカーマネジメントの真髄はセルフマネジメントにあり」との思いも湧き上がってきて、「マインドフルネスとドラッカーをつなげよう！　博多でやるんだから、禅にも手を伸ばしたい。それでいいなら、やる」と、年末のヤクドラ読書会の望年会で宣言してしまった。

年明け、学会の理事会で「ドラッカー学会第16回大会in博多」の開催が正式決定され、実行委員会を組成して準備を始めた。コロナ禍の中、前年の函館大会が苦渋のオンライン開催となっていたので、対面開催を目指したが、コロナ禍の動向が読めず、対面とオンラインのハイブリッド開催とすることとし、実行委員会のメンバーには多大な負荷をかけることになってしまった。

企画趣旨は、中村卓也さんが意を汲んで、さっとつくってくれたが、素晴らしい内容だった。

後々、井坂康志さん／現ドラッカー学会共同代表から「博多ドクトリン」であると、ご評価もいただいた。

ドラッカー学会第16回大会

実行委員会の総力を結集して、狙いを定めた第一級の方々の登壇が実現し、当日は企画の意図を遙かに超えて大きな成果が得られたと自負している。このような大会の実行委員長を務めさせていただいたことに感謝し、僕のドラッカーの旅がひとつの終着駅に辿り着いたとの満足感に浸らせていただいた。＊開催概要は右記QRコードをご参照ください。

ドラッカーの箴言「体系的廃棄」～僕のビルドゥングスロマンを終えるにあたって

ドラッカーの箴言には多くの学びを得てきたが、僕が一番苦手だったのは、「体系的廃棄」だった。いつもあれやらこれやら手を出して、目一杯となって、整理整頓が苦手なために物は溢れ、書斎（地下のアジト）の整理が10年近くも「課題」で居座り続けた。しかし、今回こうして、ジェットコースター人生を辿っていると、僕は結構大胆に廃棄してきたことに気が付いた。全く計画的ではなく行き当たりばったりの廃棄ではあったが、そのことが、僕の人生に新たなステージを切り拓き、結果的に点と点を繋いできてくれたように思う。ちょっと整理してみよう。

①平成6年（1994）福岡市役所を退職し、国会議員の政策秘書に。

これまでとこれからのキャリア、福岡市政への夢を捨て、日本新党／政治改革に挑戦し、前例のない自分だけの人生／ジェットコースターに乗った。

②政治の道を捨て、専業の大学院生へ。

政策秘書の失職後、政治の世界を離脱して無職の道を選び、専業の大学院生として大学教員を目指すと共に学び直しに取り組み、NPMに遭遇し、DNA改革の当事者となった。

③山崎市政終焉時にドラッカー学会へ参加

一つの役割を終えた人生の転換点で本格的なドラッカーの学びが始まり、その後の人生の大事な補助線となっていった。

④定年退職後、人生二毛作の地へ

市役所の再雇用／再任用制度は受けず、全く未知の土地、未知の仕事の介護事業に取り組み、結果として、NLPやパーソナル・ファウンデーション、コーチングなどの学びを得た。そのことが僕のセカンドカーブを豊かなものにし、さらに、マインドフルネス、禅の学びに発展している。

⑤プロの改革から市民自治へ

これまで力を入れてきた行政改革や議会改革などのいわゆるプロの改革は捨て、広太郎塾を柱にした市民の主権者意識を育み、市民自治の創造に力を注ぐことにした。

僕は、意図せざる「体系的廃棄」の実践者だったのかもしれない？

広太郎塾の開講

令和2年（2020）11月のある夜、広太郎さんを囲んで、参議院選挙への出馬経験のある弁護士の春田久美子さんと守谷聡子さん（両人は福高の同級生）と食事をしていた。安倍政権から菅政権への移行期で、話題は自然と政治の話になり、あまりの日本の政治の劣化に呆れ果てるしかなかったが、悔やんでいても嘆いていてもしかたがない。ここは、主権者の自覚を喚起するしかない、「政治塾」を立ち上げようと話は一致した。その後、春田さん、広太郎さんと幾度か企画書のやり取りを重ね、翌年の2月7日に設立趣意書が広太郎さんから送られてきた。丁度この時期、福岡市のDNA運動から20年を記念したオンラインイベントが計画され、広太郎さんにもメインゲストとして登壇いただき、盛会裡に終えることができて、とても喜んでくれていた。次は広太郎塾の立ち上げを進めましょうと言っていた矢先の令和3年（2021）3月11日、広太郎さんが急逝してしまった。茫然自失となったが、その遺志は継がなければならないと、有志と準備を進め、本来であれば80回目の誕生日であったはずの同年9月3日に広太郎塾設立キックオフ・ミーティングを開催した。

【広太郎塾／キックオフ・ミーティングを終えて】Facebook 投稿 2021.9.4 から

広太郎さんが塾をやろうといってから9ヶ月、あまりに突然の急逝から6ヶ月、本来であれば、80歳の誕生日を迎えるはずだった昨日9月3日。傘寿の祝いの代わりに広太郎塾を立ち上げた。北は北海道から南は沖縄まで全国各地の皆さんのご参加をいただき、概ねご好評をいただけたようだ。

あの高揚感から一日を経て、つくづく、広太郎さんは大きな遺産を残してくれたものだと思う。「一流は人を残す」のである。僕は最初、遺志を継がなければという義務感や使命感が強かったのだけど、次第に自分の人生の集大成という気持ちが出てきた。

広太郎さんは僕にとって、運命の人だった。議長秘書という人事による出会いがなければ、僕の人生は全く違ったものになったはずである。その後の僕の公務員人生が大きく軌道をはずれ、浮き沈みの激しい？ジェットコースター人生となり、家族にも多大な犠牲を強いてしまったこと、反省や後悔はないものの、何処か何かを引きずってしまっているところがあった。とっくに決着がついているはずなのに。今回、広太郎塾を立ち上げて行くにあたり、いろんな方々にお声がけし、人脈をたぐり寄せてみた。そして、なんと素晴らしい出会いに恵まれてきたかを思い知らされた。道を外れたればこそである。つくづく人生は人との出会いであり、振り返れば点と点が繋がっているのだ。そして、すべては導かれている。

思えば、20年前に広太郎さんとともに描いた究極のミッション「コミュニティの自律経営」がそこにある。広太郎塾の開講も予め計画されていたかのようである。

広太郎さんの遺志～広太郎塾設立趣意書概要（遺稿2021・2・7より）

○国民一人ひとりに於いて、主権者としての自覚とその責任の自覚が求められている。
○民主主義政治とは国民中心の政治である。国民と語らい、国民の力を如何に引き出すかにある。民主主義の定着、国民の主権者意識の醸成に取り組まなければならない。
○国民が政治を獲得し、自らの問題として政治を動かす能力を身につけ、責任ある主権者としての自覚を喚起するための勉強の場を手探りながら設置する。

広太郎塾ホームページ

1. 広太郎塾が目指すもの

広太郎さんのＤＮＡを受け継ぎ、主権者意識を育み、市民自治を創造する。

2. やりたいこと3つの柱

①シティズンシップ（主権者の自覚と責任）を主体的に学び、育てる。

②自治を育む～市民自治の自覚と身近な問題解決を実践する。

③対話による信頼関係づくりと合意形成の体験を重ねる。

3. 大切にしたい3つの原則

①私たちごと化～国や社会や身の回りの問題を、自分の問題として捉え、自ら考え、自ら判断し、行動していく。

②参加と責任～リベラルデモクラシーにおける市民のあり方を基本に据える。

③理念と行動の連動～理念が行動を律し行動が理念を鍛える。主体的に学ぶ仲間を増やす。

4. 開催実績

第1回　令和3年（２０２１）9月3日　『キックオフ・ミーティング』（箱崎水族館喫茶室&オンライン）

第2回　〃　12月4日　『とことん選挙談義～衆議院選挙、どうだった？』（オンライン）

特　番　令和4年（2022）4月17日『25歳の私が立ちあがったわけ～小さな一歩で未来が変わる』（オンライン）
第3回　〃　12月5日『みんなでつくる飯塚市～飯塚シティズンシップ推進会に学ぶ～』（オンライン）
第4回　令和5年（2023）3月11日『参加したくなる民主主義とは？　デンマークで地方議員に立候補したニールセン北村さんから学ぶ』（オンライン）
第5回　〃　6月3日『統一地方選挙とわたし～これまでとこれから～』（オンライン）
第6回　〃　12月17日『日本で2番目に小さなまちで30代町長が住民との対話をマジで始めたら……!?』（オンライン）
第7回　令和6年（2024）2月3日『対話はまちに一体何を起こしたのか？～福岡県大刀洗町での取り組みを立体視する～』（大刀洗町中央公民館）

広太郎さんは、「国民が自分が主権者であり、この国や社会を構成し、そしてそれを自分たちにとってより良いものにつくり替え、かつその責任を取るということを自覚しなければならない」「国民が秘かにでもよい、この国の主人公は自分だと、ないしは自分たちであると自覚しただけで、わが国の民主主義は新たな展開を始める」と言っていた。僕は、これまで行政改革や議会改革に取り組んできたが、辿り着いたのは主権者としての市民のありようである。「主権者意識を育み、市民自治を創造する」ことをミッションとする『広太郎塾』をライフワークとして取り組んでいきたい。

広太郎さんの墓碑銘として二人の記者の記事を紹介しておきたい。

《評伝　筆鈍らせぬ懐の広さ》

三宅大介さん　2021・3・12　西日本新聞朝刊

深夜、自宅玄関のチャイムを鳴らすと、必ず奥の客間に通してくれた。アイランドシティ（当時は人工島）開発、新福岡空港論議、地下鉄延伸、五輪招致―。「そりゃおまえ、まだ言えるわけなかろうもん」。困ったような、でも人懐っこい笑顔を浮かべて。

福岡市政を担当した私は市長の山崎広太郎氏と2003年から仕事で向き合った。右肩上がりの時代が終わり、大型開発は転換期。トップが難しい判断を迫られる場面ばかりだった。

われわれの間にはルールがあった。私は「良い点も悪い点もきちっと書く」。市長は「取材は拒まない、うそはつかない」。漏らせないなら「（イエスかノーか）言えない」と答える―。政治家の多くは都合が悪いと顔を見せない。山崎氏はルールを守った。どんなに厳しく書いた翌日でも、黙って家に入れてくれた。

16年五輪招致で、福岡市が東京都と争った06年、決選投票の取材に私も上京した。結果発表の直前、下馬評で優位の石原慎太郎知事（当時）の指は震えていた。対して山崎氏は泰然自若。負けが決まった瞬間は残念そうだったが、後で話すと「あと一歩やったな」と後ろ向きな言葉は皆無。「（地方の）意地は示せたやろ？」。こだわった政策には揺らぎがなかった。

五輪招致を巡り、私は懐疑的な記事を書き続けた。3選を目指したその年の選挙で、山崎氏は落選する。破ったのは本紙の先輩記者。私に対しても当初、山崎氏がわだかまりを抱えていたと後に周囲から聞いた。

「2年おきぐらいに、おまえと飲みたくなるんよ」。そんな電話がかかったのはいつごろだろう。居酒屋で酒を酌み交わすようになった。酔うと必ず「菊竹六皷になれ！」と言われた。

中央の新聞が恐れる軍部批判の記事を書き続けた旧福岡日日新聞の大先輩の名前だ。おかしいと思うなら声を上げよう—。山崎氏は12年「紙一重の民主主義」と題し、国民主権の大事さを訴える著書を刊行。ペンでそんな信念を貫ける報道の仕事に、共感があったのかもしれない。だからわれわれとの面会も拒まなかったのか。尋ねても、黙ってニコニコしていたけれど。

地元では「広太郎さん」と呼ばれて親しまれた。落選した市長選最終日の夜、雨の中で昔なじみの年配の女性が頬にキスしていた。人付き合いの良さと懐の広さで、選挙も強かった。

是々非々を貫かなければ、地元紙として信頼は得られない。筆を鈍らせずに済む人と巡り合い、私は幸せだった。笑うとますます目が細くなる丸顔を思い浮かべ、涙が止まらない。

《広太郎さんのDNA》

論説委員　前田隆夫さん　2021・4・6　西日本新聞「風向計」

福岡市が2002年に開設した市民活動の拠点は、施設の名前に確かな理念が宿っている。当時のエピソードを最近知った。地場企業から市役所に出向し、開設準備に奔走していた加留部貴行さん（54）は、ある人にくぎを刺されていた。

「加留部君、一つだけお願いだけどな、名称に『支援』とか『サポート』という言葉を使わんでくれんか」「市民同士で自発的、自主的に活動するNPOやボランティアに、行政がわが物顔で『支援』とか『サポート』なんておこがましいから、それだけはやめてほしいんだよな」正式名称は「NPO・ボランティア交流センター」に決まった。愛称は「あすみん」。「あすを担う市民のための場所」の意味がある。

名前にこだわったのは山崎広太郎市長だった。市長を務めた1998年から2期8年は福岡五輪招致や大型事業の見直しが紙面をにぎわせた。山崎市政の背骨が市民自治であったことは、案外知られていないかもしれない。

1期目、DNA運動と名付けた行政改革に着手した。民間経営手法の導入はあくまでも手段。市民の力を引き出すために市職員の意識と行動を変える。目標は市民によるコミュニティーの自律経営だった。その仕組みとして小学校区に自治協議会をつくった。「自治意識を持つ市民を育てて、健全な自治体をつくっていかなきゃ」「自治協議会の機能をどんどん高める。それが僕の3期目の仕事だと思っていた」

3度目の市長選に落選した後、母校九州大の研究グループが起伏に富む政治歴を聞き取ったときも、持論を繰り返し語っていた。市民と行政のパートナーシップを表す言葉は「協働」ではなく「共働」を使い、対等な両者が一緒に働く関係性を強調した。

2年前、山崎さんは九大で政治学の講義を聴講し、出水薫教授に「市民による政治をどう実現するか」と意見を求めたという。大学院で研究する意欲も抱いていたが、今年3月、79歳で急逝した。

思い描いた理想が実現したとは言い難い。本人も道半ばと考えていたのだろう。政治家・山崎広太郎に最も近くで接してきた元福岡市職員の吉村慎一さん（68）によると、昨秋から政治塾の構想を膨らませていた。「ほとばしる熱があった。それを無にしたらいかんと、しみじみ思う」。遺稿となった趣意書を携え、具体化を目指している。

DNA運動を参考にした自治体の業務カイゼンは全国に広がった。遺伝子は受け継がれている。（論説委員）

【第七章】妻の市役所人生大公開

3人の子どもたち（長男紘一、長女友里、次女美紀）香椎宮にて七五三

妻との結婚生活は42年の歳月を重ね、僕のビルドゥングスロマンの大半を伴に過ごしている。しかし、「伴侶」と呼ぶにはおこがましいほど、僕は自分のことで精一杯だった。妻は12月生まれの射手座、僕は6月生まれの双子座なので？性格も正反対。僕が熱に浮かされてばかりだったのに、常に沈着冷静だった妻（そうじゃないと家庭は守れなかった？）。今回の出版にあたって、妻が市役所退職時に職員向けに講演したレジュメがあることがわかった。僕が随分足を引っ張ったはずだが、3人の子どもを出産し、育て、同居する今年100歳と95歳の両親を大切に見守りつつ、局／区長までしっかり勤め上げた妻を誇りに思い、そのキャリアに最大限の敬意を表して、妻の「私の市役所人生大公開」を掲載させていただく。

城南区女性職員研修レジュメ

「私の市役所人生大公開」（男性の方も歓迎です）　H28・3・19　城南区長　吉村展子

《自己紹介》

○生年月日　昭和30年12月生（福岡県久留米市→滋賀県彦根市→東京都小平市→横浜市→福岡市）

○家族構成　夫、夫の両親、子ども3人＋チワワ

○入庁は昭和53年、福岡大渇水の年で、職員は水配りや、水道のバルブ閉めに追われました。

今こそ、女性活躍の時代

国をあげて、女性活躍推進が叫ばれている今、本日は、私がこれまで役所の中で経験し学んできた

ことの中から、いくつかのメッセージをお届けします。皆さんが仕事をしていく上で、何らかの参考になれば幸いです。

【S53〜55　博多区保護一課　ケースワーカー】先輩には絶対服従の時代

・S53福岡大渇水
・S54第二次オイルショック、都市圏協議会発足

「職場の活性化　今と昔」

職場の活性化のためには、組織の風通し、何でも相談できる環境はとても大切。昔はしょっちゅう飲み会をしていればよかったけれど、今は業務形態や、一人ひとり職員のおかれている状況・考え方に応じて、課ごとや係ごとの工夫が必要。

私がいた頃の福祉事務所保護課は女子職員は私1人だったが、週5で飲み会、しかも毎日もつ鍋だった。そして土曜日は、「半ドン」で午後はスポーツの練習。駅伝、バドミントン、ソフトボールと福祉事務所対抗の試合があり、全員参加。旅行だって年5回ぐらいあり、プライベートもすべて職場の仲間と同一行動という社会だった。民間企業でもそうだったが、役所でも1月4日の「仕事始め」には女性たちは晴れ着を着付けて髪を結って11時頃出勤し、執務室の机の上を片付けて、全員で「お神酒」をいただく。13時頃には「ご挨拶周りに行ってきなさい」と帰されていた。女性は「職場の花」で、難しい仕事はしなくていいから、愛想よくニコニコしていなさい、という時代だった。

【S56〜60　教育委員会社会教育課　公民館担当】結婚・出産・そして「私の仕事がない」

・S56県庁移転　地下鉄天神〜室見開業
・S57西区分区

「女性職員のモチベーション」

実は私、第一子の産休明けで職場に戻ってみると、担当業務がなくなっていた。大変だろうから、と他の課に移管されていたのだ。産前産後で12週休んだだけなのに……。さあ、私は毎日、何をしたらいいんでしょう。

未だに、男性上司の中には、女性はちょっと苦手、という人もいるかもしれない。子持ち女性にはハードな業務は任せられないとか、ラクなところに異動させることが管理職の役目と考えてしまう人も。どうやったら、いい仕事ができるか一緒に考えてほしいんだけど。

この頃、仕事上のいろんなことが、いつの間にか決まっていたり、変更になっていたりということがよくあった。みんな知っているのに、私だけ知らない。おかしいなぁ……それは大事なことの多くは、男性職員たちの間で、「喫煙所」や「上司と行く一杯」の中で決められていたからだった。ちなみに、男女雇用機会均等法の制定は昭和60年、私は「婦人教育」の担当で女性の地位向上のための事業を実施していたのに、現実は理想とは大きく違っていた。

【S61〜H3　民生局同和対策課　部の庶務経理・市協との連絡調整】時間との戦い／でもHAPPY

・S61シーサイドももち竣工
・S62新基本構想策定
・S63第6次総合計画策定「海とアジア」
・H元アジア太平洋博覧会、市制100周年、ソラリアプラザ・イムズオープン
・H2博物館開館、とびうめ国体

「もう、限界かも！　よし、他の人にやってもらおう……と考える」

当時の同和対策部はかなり大所帯で、3つの課と5つの隣保館（今のまち館）、3つの外郭団体を抱え、庶務と経理を一手に引き受けていてとにかく業務量が多い。全庁から数十名の職員を引率して国への要望活動等の出張も多かった。仕事と子育てに追われる中で、第三子の出産を機に開き直りの境地に。1人でできることは高が知れている。課長や部長、他の課、他の局の職員さん、臨時職員の皆さん、それぞれのメンバーの個性と強みを生かして、組織が最大限に力を出せるように、上司を動かせ！

（お局化していた私は、自分で部の仕事の役割分担や段取りを決めて、それを課長たちに根回し、「うちの課長がこういうんですよぅ」と、全部課長のせいにして、業務が勤務時間内に収まるように画策していた）

私の前任者の残業時間は、月100時間あったが、当時は延長保育もなく、ダッシュで子どもたちをお迎えの毎日。本当は絶対にしてはいけないことだが経理書類を家に持ち帰り、子どもを寝かせつけた後、せっせと支出命令書を作っていた（財務システムの本格導入とともに、これはできなくなっ

た）。ここでも飲み会は盛んだったが、役所内外を問わず、とんでもないセクハラおやじが横行しており、飲み会では女性はキャバ嬢状態。ある時、福岡市が当番で政令市の局長会議があったが、宴もたけなわの頃、私も偉い方のところにご挨拶に伺うと、S市の局長さんが「君はどこのお店の子？」と聞かれるので、すかさず名刺を渡し、「どうぞ、御贔屓に」とにっこり。コンパニオンのお姉さんと間違えちゃったのね。悪かったかしら。

女性でトクだったと思ったのは、本当は係長以上しか入れない議会の「委員会」にお茶くみ要員として入ることができたこと。「へぇ、議会ってこんなふうなやりとりなんだ。」と結構面白かった。

【H４～H５　総務局職員研修所　同和研修・特別研修・職場研修担当主査】

・H５福岡ドーム開業

「真剣に聞こう・傾聴が基本」

係長に昇任したのはいいけれど、自宅から片道2時間かかる南区屋形原の職員研修所へ。

ここでは、自分自身もいろいろな研修に行かせてもらったが、ディベートの専門研修は、特に「聴く力」の大切さを教わったよい研修だった。市役所の仕事をしている中で、対外的にも対内的にも、「どうやって相手を言い負かそうか」ばかりを考えていると相手の話を半分しか聞けない。先ずは真剣に聞く、ここからスタート。

研修所時代に、議会事務局にいた夫が突然退職し、国会議員秘書として東京へ。

幼い子を3人抱えて、片道2時間の通勤は厳しいものがあり、上司に相談し、2年で異動。

当時の新採研修は消防署に寝泊まりし、夜中に起こされてホースをかついで10㎞走るというスパルタものが流行。主任や管理監督者昇任時の研修も、山で宿泊研修という時代だった。

【H6～H7　(財) 市民福祉サービス公社　事業課研修係長　ホームヘルプ協力員への研修担当】

・H6アイランドシティ着工
・H7ユニバーシアード福岡大会

「行政のプロフェッショナル」

ここで初めて保健師さんやヘルパーさんと一緒に仕事をした。区にも、医師、保健師、助産師、放射線技師、衛生管理、保育士、栄養士、土木技術など沢山の職種の方がいるが、専門職の職員さんは行政の中で、専門性がキラリと光って素敵!

自分の仕事にプロとしての誇りを持って仕事をする人は輝いているし、いろいろな職種の人がお互いを認め、チームワークをつくってこそベストな仕事ができると実感。

【H8～H10　総務局企画調整部企画係長　研究学園都市・子ども総合計画担当、広域行政副担当】

・H8福岡市総合図書館、キャナルシティ博多、岩田屋Zサイドがオープン、人口130万人突破
・H9アクロス福岡、大丸エルガーラ、福岡三越オープン、新西鉄福岡駅・バスセンターオープン

「生きていること、職場に家族に感謝」

40歳、企画調整部の時、定期健康診断でステージⅢの肺腺癌が見つかり手術。二週間で退院し、職場復帰したが、当時の上司（鹿野 至 部長）の対応が『神』だった。私の体調に特に問題がないことを確認すると、第一期子ども総合計画策定に任命したのだ。普通なら「癌の手術をしたばかりの人に手間のかかる仕事なんかさせていいの？」と思うところ、きちんと本人の意見を聞いてくれた。仕事も、子育てもみんなのお陰でなんとかやれていることに感謝の毎日。

自分が上司の立場になったら、部下には「私が責任とるからチャレンジして。あなたならやれる」と言おう、情報は常に部下や上司と共有しようと心に決めた。

この頃は桑原市政下だったが、第8次マスタープランで市役所内に「子ども」のセクションをつくることを打ち出し､迫りくる高齢社会に将来の支え手である「子ども」を意識した最初の取り組みだった。その後、平成10年に山崎市長が誕生するが、選挙戦ではどちらも「子ども部」をつくる、を掲げていた。日本の高齢化のスピードは世界一、少子化は進む一方で、これはヤバイかも、とみんなが考えだしたのがこの頃なんだろう。

【H11～H13　保健福祉局児童家庭部児童相談所長　虐待の急増期】

・H11博多座、アジア美術館、博多リバレインオープン、福岡空港国際ターミナル供用開始九州自動車道・都市高速太宰府ＩＣ直結、福岡大水害
・H12九州・沖縄サミット福岡蔵相会議
・H13世界水泳選手権

「現状を変えよう。前に進めよう。自分にできないことは人にやってもらおう」

児童虐待防止法ができる直前の児相に所長として着任。圧倒的な人員不足と親権の壁の中、職員は24時間体制で働き疲弊していた。このままではいけない。でも自分たちの力だけでは変えられない。だったら、違う立場の人たちの力も借りよう。ネットワークを本物にするのは大変だが、熱意と事実が人を動かす。そのために、しっかり人脈をつくっておこう。

私はここでＮＰＯや小児科の先生方など民間の方々から、いろんなことを教えてもらった。

当時の児相はかなりのブラック職場だった。虐待を受けた子や非行・家出の子が24時間、３６５日寝泊まりしているので、何があるかわからないし、親が包丁を持って押しかけたり、親を追っている暴力団風のサラ金業者が居所を教えろと言って来たり。職員の殆どは私よりも年上で経験豊富ではあったが、人口あたりの人員数は政令市で最低だった。

私はなんとか体制強化を図ろうと、どうやったらアピールできるか、ない知恵をしぼり、市長にも虐待を受けた子たちの写真や、児童福祉司の24時間をルポ風に書いてアピールした。そのうちに、全国的にも児童虐待防止法制化の動きが高まり、こども総合相談センター建設計画が出てくることになる（初代所長は国立肥前療養所の児童精神科医　藤林氏を迎え、その後、この人が全国の児相をリードする存在となる）。

平成15年5月オープンのこども総合相談センターの愛称を決めるのに、当時、いろいろな横文字名称が候補にあがっていたが、当時の山崎市長が候補名をバッサリ。「シンプルにえがお館がいい」と一声。それで「えがお館」に決定した。

【H14〜H17　保健福祉局総務部計画課　保健福祉総合計画見直し、超少子高齢社会へ向けて】

・H14九州松下工場・筑後市へ移転、明治乳業工場・八女市へ移転
・H15国際会議場開館
・H15集中豪雨で博多駅浸水
・H16岩田屋新館オープン
・H17福岡県西方沖地震、地下鉄3号線開業、新地下街オープン

「痛みを伴う改革はトップの責任において行うべし」
「重大な危機事案は縦割りを捨てて全庁体制で乗り切るべし」

長年実施してきた福祉施策を見直すなど痛みを伴う改革は当然、反対が多い。しかし、将来の市民のため福岡市のため必ず必要なものであれば、トップが覚悟と責任を持って行わないと成功しない。また、大災害や予測不可能な業務の発生などにあたっては、どの局かにとらわれてはいけない。通常業務と関係なくすべての局区に責任と実行を割り振ること。

協力では足りない。もちろん傍観はなお悪い。

平成17年3月西方沖地震で玄界島が大きな被害を被り全島避難となった時、本来は西区が避難所担当となるところ、西区は他も被害が大きく余裕がなかったため保健福祉局が大規模避難所運営を担うこととなる。急遽、九電記念体育館を避難所として依頼し、物資班のこども未来局は被災者の夕食の確保にあちこちのスーパーやコンビニを回り600人分の食糧の確保に走る。当時は、市民局の災害担当も現在のように大きな体制でなく、庁議とは別にプロジェクトチームが立ち上がり市民局・保健

福祉局・農林水産局・建築局・土木局・財政局・企画調整部で連日連夜、市長・副市長と被災者支援や復興について協議した。この時は、寝る暇がなく体重が４kg落ちてしまった。

【H18〜H19　職員研修センター所長】

・H18オリンピック誘致、8・25市職員による飲酒運転死亡事故
・H19釜山市と姉妹都市締結

「組織の総合力アップのためには、個人力よりチーム力」

自分の思うようになることなど、殆どない。努力したからといってできないことも多い。自分のことを悔やまない。他人のミスはカバーしよう。バレーボールのクラスマッチ。うまい子も下手な子もいるけど、チームワークが乱れると力は半減するでしょ。

この時、福岡市にとって忘れられない最低最悪の事故が起きる。保健福祉局動物管理センターの職員の飲酒運転による三児死亡事故だ。私は保健福祉局を離れていたが、市職員としてどれだけお詫びしても足りないという気持ちだった。翌年、当時の人事部長とともに、せめてものご供養にと職員に募金を募り、菩提寺を訪ねて、お地蔵様の建立の費用にあてていただいたところである。

【H19〜H22　保健福祉局総務部長　ホームレス・生活保護・国民健康保険・ユニバーサルデザイン】

・H19アイランドシティに照葉小学校開校
・H20玄界島復興事業完了、日韓サミット開催、御笠川・宇美川河川改修工事完了

・H21福岡市制120周年
・H23・3月JR博多シティ開業

「市民満足に繋がる政策・納得できる政策目標を」

またも、保健福祉局に出戻ってきた私は再び「保健福祉総合計画の改訂」を担当。行政の計画は、これから先、限られた財源を配分するのに何に重点をおくべきか、新しいことをするために何を縮小・廃止するのか、を問う過程でもある。

何か新たな投資が必要となった時、たくさんの税金を遣うことになる。その時は誰もが納得できる理由が必要であり、多くの市民の生活満足度を上げるものでなくてはならない。

（例）・生活保護費が800億円となり財政的危機→就労支援策、景気対策に投資
・市民の大半が高齢者となる→個人給付を見直して、介護基盤にお金を回す
→若者標準のまちでなく高齢者標準のまちづくりへ
（住宅政策や交通政策、雇用対策も高齢者仕様で）

「新しい博多の街・裏方の力」

JR博多シティ開業を控えたH21年、博多駅構内はじめ公園、高速道路の高架下など市内随所に1，000人のホームレスの人が寝泊まりしていた。リーマンショック後の「派遣切り」等で多くの人が職と住まいをなくし、都市部になだれこむという現象の影響もあった。博多区保護3課には生活保護を申請する人が押し寄せ整理券を配り全庁のケースワーカー経験者に協力を仰いで保護をか

けることに。また、NPOや社会福祉士会の皆さん、民生委員さんのご協力で、長年、駅や公園を宿としている人にも粘り強く説得を重ねホームレス数は激減。全国的に有名な奥田知志氏率いる『抱樸』も市内に自立支援施設を開設してくれ、ホームレス支援は一気に進んだ。

（当時、聞かれたエピソード）

・市外の倒産した工場から軽トラの荷台に乗せられて博多区役所付近に連れてこられ、あそこの二階で生活保護を申請しなさいと言われた集団があった。

・1日で数10名のホームレスの人たちに生活保護決定までの社協の貸付をしたら、そのすぐ後に出来町公園で大宴会が行われていた（混乱の中、調査不足や不正受給も発覚した）。

さて、当時のY市長は新聞記者出身。記者の血が騒ぐのか、ホームレスの生活保護申請に同席させてほしい、とか深夜の公園まわりで路上で寝ている人に声をかけ生活保護申請を促す外回りにも同行させてほしい、などの要望が相次いだ。が、最前線の現場を自分の目で見たいというお気持ちはありがたくいただき、専門職の支援者の皆さんの妨げになってはいけないと、丁重にお断りした。

ホームレスのキャリアが長い人は、せっかく生活保護で家が見つかり入居しても、すぐいなくなってしまったり、敷金を持って行方不明になってしまう人もいる。それでも、リストラ等で一時的にホームレス状態となってしまった人は、仕事さえ見つかれば、自立することができ、ここでもホームレス支援のNPOの皆さんが大活躍する。

福祉分野は、行政が責任を持って担わねばならない部分が大きいが、質的な意味で、民間の支援団体が高い専門性を持って大きな支えとなっている場合や、地域の支えが力になっている場合も多い。その一方で、いわゆる貧困ビジネスと言われる搾取の仕組みもあり、まだまだ課題は多い。

【H23～25　こども未来局長】

・H25・5月福岡市150万人突破、屋台基本条例、動物園60周年、フィギュアスケートGF、地下鉄七隈線延伸

「局・区の自律経営」&「閉塞感のない、クリエイティブな組織づくり」

待機児童解消、新科学館整備、児童虐待防止など様々な施策を、各区と連携して進めた時代。これらを着実に進め、さらにもっとよいものにしていくためには、タテ・ヨコ・ナナメのコミュニケーションをよくし、誰がどんな仕事をしているのかも見渡すこと、常に区との風通しに気を配ることがとても重要。

「隣の課の仕事は知らない、今、うちの局がどういう方針で動いているかよくわからない、自分の仕事だけしておけばよい」これではちょっと淋しい。せっかく仕事をするなら、全体のことも知って、自分が主役になったほうが仕事が楽しいよ。

【中央保育園移転整備の話】

中央保育園は、天神に近い国体通り沿いにあった市立中央児童会館の一階にあり、社会福祉法人が運営している都心の保育園だった。しかし、中央児童会館は耐震基準をクリアしておらず西方沖地震で亀裂が入り、建て替えが必要な状態。当初は現地建て替えの方針だったが、市長・副市長は移転・新築を考えていた。

上の意向はさておき、私自身は移転に賛成だった。なぜなら、当時の中央保育園は土地形状から、うなぎの寝床のように細長く、ビルの中であるため薄暗かった。また、大人気地域にも関わらず現地

では定員は限られていたからだ。

なんせ天神なので地価が高く、ぜいたくは言っていられないが、できるものなら、太陽と空と土のある保育園でより多くの子どもたちを受け入れたかった。

しかし、移転の方針は一部の保護者や園の保育士さんから強い反対にあった。大きな反対理由は移転予定地の付近にラブホテルがあること。たしかに、見つかった土地の近くにはラブホテルがあったが、元の場所から50mほど天神よりの場所で同じ今泉、より便利で単独施設という好条件から選んだ場所だった。

今泉は確かに40年前は暗くなってから通るのは「誤解されるかも」と思うほどのホテル街だったが、今はおしゃれなカフェやレストラン、雑貨屋さんが軒をつらねた新しい街になり、地元の方も大変頑張っておられると感じていただけに、一部、マスコミまで「あんな場所に保育園をつくるのか」的に書き出したのは心外だった。保育園を政争の具にされ、マスコミも踊らされたという感がある（億単位の金が闇から闇へ動いたとか、某市議が絡んでいるとか、どこからどうしたらそういう話がでてくるのか、という捏造怪文書も飛び交い、今でも「何なんだ」と首を捻っている）。

キャナルシティのすぐ近く、歓楽街のまん中に『どろんこ保育園』という深夜2時まで開いている保育園があり、付近の飲食店等で働く人、救急病院等の医師や看護師、新聞記者など、勤務が深夜に及ぶ人たちが子どもを預けている。園長先生自身が毎朝、一人ひとりの保護者と必ず言葉をかわし、質の高い保育を提供することで、子どもと保護者を大きく温かく支えている。「子どもを深夜に預けるなんて」という声はあるが、実際に深夜に働く人がいる以上、安心して預けられる場所がなければ子どもたちの育ちは保障されない。

新しい中央保育園も、きっと、どろんこ保育園のような素晴らしい保育園になってくれると信じている。

この騒動の真っ最中、外からのバッシングは厳しい中、局全体は新しい保育園づくりに団結して向き合い、公立保育所の保育士さんたちは万一の民間園のストライキに備え、早朝6時から民間園に出向く応援シフトまで組んでいた。「局長、私たちがついてますよ。任せてください」という言葉に頭が下がった。やはり都市インフラや病院・保育所などは民間サービスが主流となってもセーフティネットとしての公的サービスの必要性を改めて感じたところである。

【H26～27 城南区長】

・H26国家戦略特区、スタートアップカフェ開設、ふくおかNEXT～圧倒的福岡時代へ
・H28・1月マイナンバー開始

「ユニバーサル区役所づくり『事件は会議室でなく、現場で動いている！』」

35年ぶりに区役所に帰ってきて、これまで区役所のことをわかって仕事を進めてきたつもりで、本当にはわかっていなかったように思う（反省）。

よく、「市役所は限られた人員と予算の中で最高の市民サービスを提供しなければならない。だから、各局が縦割りをなくし連携して市政を進めること」と言われる。でも、実際、なかなかできていない。国も省庁が違えばよその会社みたいなものだが、自治体もそういう面がある。

しかし、区役所は違う。区役所は住民に近く、地域の細かいこともよくわかっている。課や部、または職種で壁があっては、地域の方の信頼は得られないからだ。

城南区役所は、これまでも最高の住民サービスを目指してさまざまな改善を続けてきたがこれから

もいろいろなチャレンジをし、第一線の誇りを持って自治体をリードする提案を続けてほしい。

《私のおすすめの本》

『こころの処方箋』河合隼雄著／新潮文庫
私が児童相談所長になった時、当時西南学院大学教授で、社会福祉審議会委員長だった渕上継雄先生からいただいた本で、なんか疲れたなぁという時に読み返している。
この本の中で特に印象に残っている言葉はこれ。自らの戒めとしている。

○マジメも休み休み言え
ともかくマジメで非の打ち所がないのに、なんとなくもやもやと反発したくなる人がいる。日本的マジメ人間は、マジメ側が正しいと決まりきっていて、悪い方は謝るしかない。ただマジメな人は自分のマジメ世界しか見えておらず、相手の世界にまで心を開いて対話していく余裕がない。マジメの中の「休み」の余裕が自分の生き方以外に多くの他の筋があることを見せてくれる。

○ものごとは努力によって解決しない
こんなに努力しているのに報われない、と苦しみを訴える人は多いが「努力によって物事は解決する」という前提で考えるから苦しいのである。ただし、われわれ凡人は一切の努力を放棄して平静でなどいられない。努力でもしている方がイライラしないだけましである。それにひょっとして解決でもしてくれたら、嬉しさこの上なしである。解決などは所詮後からくるものだから、そんなことを目標などにせずに、せいぜい努力でもさせて頂くというのがいいようである。

○「昔はよかった」とは進歩についてゆけぬ人の言葉である。

約3000年前に書かれたバビロニアの粘土板にも「今日の若者は根本から退廃しきっている」というようなことが書いてあるとか。どうして人間は「昔はよかった」と言うのが好きなのだろう。本当はよいことも悪いこともあるはずだし、今何ができるかという点で極めて無力なことが多いのに。「昔はよかった」というのは、社会の変化に自分がついていけなくなった時にそう言いたくなるようだ。もっとも人間は時に自らを慰めてほっとすることも必要なので、飲んだ時など仲間と一緒に「昔はよかった」と嘆いてみるのも精神衛生のためにはいいことだが、だからといってそれが別にどうということもないと知っておくべきだろう。

あとがき

この本が手元に届く頃には、僕は72歳になっているはずである。僕のビルドゥングスロマンは22歳から始まったので、丁度半世紀、50年間を振り返ったことになる。福岡市職員となった22歳から、42歳で一旦退職するまでの20年と42歳から72歳までの30年は全く別の人生だったような気がする。前半20年は実に平凡に生きた。仕事はそこそこに、スポーツ、麻雀、酒、競馬、ゴルフ、よく遊んだ。そして後半の30年はよく学び、よく働き、懸命に生きてきた。42歳が僕にとってのハーフタイム／断絶の時代であり、九州大学大学院での学びを起点に、人生のセカンドカーブが始まった。僕は一貫して人に恵まれてきたが、地方分権、政治改革、行政経営改革、議会改革、対話（ファシリテーション、ダイアログ、コーチング）の学びへと、点と点が繋がり始めたのもこの頃だったように思う。フランクルの『夜と霧』のこの一節が大好きである。「もういいかげん、生きることの意味を問うことをやめ、わたしたち自身が問いの前に立っていることを思い知るべきなのだ。生きることは日々、そして時々刻々、問いかけてくる。わたしたちはその問いに答えを迫られている。考えこんだり言辞を弄することによってではなく、ひとえに行動によって、適切な態度によって、正しい答えは出される。生きるとはつまり、生きることの問いに正しく答える義務、生きることが各人に課す課題を果たす義務、時々刻々の要請を充たす義務を引き受けることに他ならない」。僕にとっての点と点は、この生きることの問いではなかったかと思う。曲がりなりにも正しく答える義務を果た（そうと）してきたことで、点と点が繋がってきたのではないか？というのは自画自賛に過ぎるだろうか。間もなく林住期を終え、いよいよ遊行期を迎える。どんな問いが待っているのか、愉しみである。

《謝　辞》

僕にとって出版は長年の懸案だったが、その大変さを思うと決断できずに来た。古稀を過ぎ、回顧録をまとめてみたいとの思いはあったが、山崎市政について書き残しておくことが、身近に接してきた僕の責務じゃないかというプレッシャーもありで、気後れしていた。しかし、思いもかけない広太郎さんの急逝もあったからか、ふっとあんまり難しく考えず、自分の回顧録と併せ山崎市政の出来事を思いつくまま並べて見るかという気持ちが湧いてきていた。そんな折、面識を得ていた梓書院／取締役部長である前田司さんのオンラインによる出版セミナーに参加し、「自費出版」を知ることとなり、一挙に具体化に足を踏み出すこととなった。ここに改めて、梓書院／前田司さんに、お礼申し上げたい。

一方、僕は分不相応にかなり広い書斎（地下のアジト）を持っているが、未読の本と整理されない資料で足の踏み場もない程で、本を執筆するためには、絶望的に散らかる資料の整理と本の始末が必要だった。そこにmyコーチである國弘望、安増美智子ご両人が強制執行をちらつかせながら、71回目の誕生日に合わせた出版構想&アジト再構築発表会を設定してくれたことで、なんとか執筆活動開始に辿り着けた。更には出来た時が完成の時と、悠長に構えていた僕に、期限を決めようと、コーチングの先生／大川郁子さん、学びの仲間の久吉猛雄さんの助言で、俄然集中して取り組むことになった。myコーチと併せ、コーチングの学びのご縁に感謝したい。

しかし、書き出し早々、利き手の中指を剥離骨折したり、更には初のコロナ感染、義母や実父の相次ぐ急逝など、想定外の出来事に翻弄されたが、「ジェットコースター人生」の名付け親であり、ある意味伴走者でもあった馬場伸一君の終始一貫、「面白い！」とのメッセージに、書き進める勇気をいただいた。さらに、九大大学院時代に講義を受講した縁で知己を得ていたノンフィクション作家の立石泰則さんにはプロとしての的確な指摘のみならず、たびたび激励をいただき、心から感謝申し上げたい。そして、まだ一文字も書いていないのに、厚かましく帯の推薦文を依頼した非礼にもかかわらず、快諾いただいた井坂康志さん、コロナ禍において実施された「生き延びるためのドラッカー入門（10回連続講座）」などから、どれほどの気づきと示唆をいただいたか計り知れない。本書は僕の人生の集大成であり、謂わば「最後の審判」は井坂康志さんにお願いしたいと決めていた。望外の身に余り過ぎる評価をいただき、心が震え、感謝の言葉が見当たらない程である。ものつくり大学／真摯さの道を辿って、拙著をお届けさせていただきたい。

人生はつくづく人との出会いであり、僕は人に恵まれた。この本が、多くのお世話になった方々へのせめてもの返礼になれば幸いである。

そして、自分のことで精一杯で、顧みることの乏しかった妻／展子と3人の子どもたち（紘一、友里、美紀）この本がせめてもの罪滅ぼしになれば幸いである。

僕と妻の両親は幸い長寿に恵まれ、４人揃って４００歳超えを目指しましょうと言っていたが、義母西田瑛子が昨年10月に93歳で、大晦日に満１００歳を迎えていた父一馬が本年2月に、２人とも自宅で倒れ急逝してしまった。出版を楽しみにしてくれていただけに痛恨である。２人の御霊に本書を捧げ、残された母／房子と義父／西田眞一郎（ともに昭和3年生まれの95歳）のさらなる長寿を祈りたい。

最後に、この本の筆を進めるほどに、広太郎さんとの対話が深まった。今さらのように、政治家／人間／山崎広太郎の謦咳に接した思いがする。改めてその出逢いに感謝し、本書を霊前に捧げたい。

吉村慎一 年表

年号	僕の歩み	社会の動き
1971年（昭和46年）	山崎広太郎市議選初当選	
1973年（昭和48年）		オイルショック
1974年（昭和49年）		長嶋茂雄引退
1975年（昭和50年）	福岡市役所採用 博多区保護第１課第１係 市議選／山崎広太郎市議２期目当選	山陽新幹線（岡山～博多開業）
1976年（昭和51年）		田中角栄前首相逮捕
1977年（昭和52年）		王貞治７５６本塁打
1978年（昭和53年）		日中平和条約
1979年（昭和54年）	都市計画局交通対策課 市議選／山崎広太郎市議３期目当選	福岡市内電車廃止
1980年（昭和55年）		大平正芳急死 ジョン・レノン射殺

1981年（昭和56年）	都市開発局姪浜開発事務所 （西田展子と結婚）	レーガン大統領就任 福岡市営地下鉄（室見～天神間開通）
1982年（昭和57年）		中曽根内閣発足 東北新幹線／上越新幹線開通
1983年（昭和58年）	（長男紘一誕生） 市議選／山崎広太郎4期目当選	ディズニーランド開園
1984年（昭和59年）		福澤諭吉、新渡戸稲造、夏目漱石がお札に
1985年（昭和60年）	（長女友里誕生） 山崎広太郎／第57代市議長就任	日航ジャンボ機墜落
1986年（昭和61年）	港湾局西部開発課	社会党委員長に土井たか子
1987年（昭和62年）	市議選／山崎広太郎5期目当選／第58代市議長	国鉄分割民営化
1988年（昭和63年）		南海ホークス、阪急ブレーブス売却
1989年（平成元年）	議会事務局（議長秘書） 全国市議会議長会会長就任／山崎広太郎 アジア太平洋博覧会開催（3／17～9／3）	昭和天皇崩御 消費税導入3％ ベルリンの壁崩壊 日経平均株価3万8，957円
1990年（平成2年）	（次女美紀誕生）	サッチャー首相辞任

年号	僕の歩み	社会の動き
1991年 （平成3年）	議会事務局調査課 福岡県知事選挙／山崎広太郎落選	湾岸戦争 ゴルバチョフ大統領辞任
1992年 （平成4年）	日本新党結党	PKO法成立
1993年 （平成5年）	第40回総選挙／山崎広太郎全国最多得票で当選	細川内閣発足
1994年 （平成6年）	福岡市役所退職 衆議院議員政策担当秘書就任	村山内閣発足 新進党結成
1995年 （平成7年）		阪神・淡路大震災発災 地下鉄サリン事件 地方分権推進法成立
1996年 （平成8年）	落選により失職 第41回総選挙／山崎広太郎落選	橋本内閣発足 小選挙区制初の総選挙
1997年 （平成9年）	九州大学大学院へ	消費税3％→5％へ 香港の中国返還
1998年 （平成10年）	福岡市長選挙／山崎広太郎当選	民主党結成 大蔵省接待汚職
1999年 （平成11年）	市長室経営管理課	東京都知事に石原慎太郎 情報公開法の成立
2000年 （平成12年）	市長室行政経営推進担当課長	ロシア大統領にプーチン 介護保険スタート 九州沖縄サミット

２００１年（平成13年）	市長室フォア・ザ・九州等担当課長	小泉内閣発足 アメリカ同時多発テロ
２００２年（平成14年）	市長室行政経営推進担当課長 福岡市長選挙／山崎広太郎再選 もやい九州発足	サッカーＷＣ（日韓共同開催）
２００３年（平成15年）	市長室経営補佐部長 長期入院（9～12月）	イラク戦争 三位一体改革
２００４年（平成16年）	議会事務局次長	小泉訪朝
２００５年（平成17年）	議会活性化推進会議発足～２０１１まで	郵政解散
２００６年（平成18年）	ドラッカー学会第１回大会参加 福岡市長選挙／山崎広太郎落選	三菱ＵＦＪ銀行誕生
２００７年（平成19年）	政務調査費訴訟	消えた年金問題発生
２００８年（平成20年）	市民と議員の条例づくり交流会議初参加	リーマンショック
２００９年（平成21年）	政務調査費訴訟	オバマ米大統領就任 民主党政権誕生
２０１０年（平成22年）	議会事務局研究会入会 市民と議員の条例づくり交流会議ｉｎ九州２０１０	鳩山首相普天間問題で引責辞任

年号	僕の歩み	社会の動き
２０１１年（平成23年）	中央区区政推進部長 議会事務局研究会シンポジウムｉｎ京都	東日本大震災 九州新幹線（博多～新八代間開通） なでしこジャパンＷ杯優勝 野田内閣発足
２０１２年（平成24年）	（還暦） もやい九州発足10周年 議会事務局シンポジウムｉｎ大阪 ローカルマニフェスト大賞／審査員特別賞受賞 市民と議員の条例づくり交流会議ｉｎ九州２０１２	スカイツリー開業 自公政権発足
２０１３年（平成25年）	定年退職／暖家の丘へ	習近平国家主席就任
２０１４年（平成26年）		消費税率５％→８％へ ロシアのクリミア併合
２０１５年（平成27年）	市民と議員の条例づくり交流会議ｉｎ九州２０１５ ＮＬＰプラクティショナー講座受講	住民投票で大阪都構想否決
２０１６年（平成28年）	ＮＬＰマスタープラクティショナー講座受講 寧楽さろんスペシャルセミナー受講	日銀マイナス金利導入 熊本地震発災 安保関連法施行
２０１７年（平成29年）	もやい九州発足15周年 ＦＢＣ実践講座受講（ファウンデーションコース）	トランプ米大統領就任
２０１８年（平成30年）	暖家の丘退職 ＦＢＣ実践講座受講（コーチングコース） 対話セミナーｉｎ飛鳥参加	日産自動車ゴーン会長逮捕 西日本豪雨

２０１９年（令和元年）	香住ヶ丘６丁目３区町内会長就任 いぶすき菜の花マラソン完走	新元号令和へ ＲＷＣ決勝ラウンド進出
２０２０年（令和２年）	防災士／香住丘校区防災士会入会 生き延びるためのドラッカー入門講座修了	コロナ感染拡大／緊急事態宣言 安倍首相退陣／菅内閣発足
２０２１年（令和３年）	山崎広太郎急逝／広太郎塾開講 ドラッカー学会第16回大会・ｉｎ博多開催（実行委員長）	東京五輪延期開催
２０２２年（令和４年）	（古稀） もやい九州発足20周年	安倍晋三銃撃事件 ロシアによるウクライナ侵攻
２０２３年（令和５年）	出版着手	ＷＢＣで侍ＪＡＰＡＮ優勝
２０２４年（令和６年）	出版 『コミュニティの自律経営／広太郎さんとジェットコースター人生』	

【附　録】「体験的ＮＰＭ論～福岡市ＤＮＡ改革の検証」

福岡市ＤＮＡ改革の実践記録として、平成15年（２００３）に九州大学大学院法学研究科に提出した修士論文の大要を掲載させていただく。

今なぜ、ＮＰＭ改革なのか

今なぜ、「行政管理」ではなく、「行政経営」なのか。ある人によれば、「行政学と経営学の問題関心にほとんど相違はない。違うのは、行政学はその主体（政府、官僚制）の縮小若しくはいかにブレーキをかけるかに問題関心が傾斜するのに対し、経営学はその主体（企業、経営者、社員）の活性化若しくは、いかにアクセルを踏ませるかというところに違いがある」という。行政は公権力の行使を伴うため、これをいかに民主的統制下におくかが重要である。そのような機能は、右肩上がりの時には、社会の制御・調整装置として有効に機能したと思われる。しかし、今日のような変化の時代には、こうした機能は環境変化への対応を遅らせる社会構造のボトルネックになってしまっているのではないだろうか。従って、このような変化の時代にはこれまでの行政学や行政管理、行政改革の延長線上の知見には限界があるのではないだろうか。このような環境変化のもと、激しい変化と市場の中で蓄積された経済学や経営学、経営改革の知見が有効性を発揮しうるのではないか、というのが私のＮＰＭ理論に対する基本的仮説であり、実務者としての期待そのものである。

ＮＰＭ理論への期待

「失われた十年」と言われる時代背景の中で、「有望な解法」として、あたかも福音のように多くの「海外の成功事例」が紹介された。そしてそのインパクトを受けて国内でもいくつかの改革がスタートし、効果を上げた。そのような成功事例を理論的に整理したものが、ＮＰＭ理論であるといわれている。

ＮＰＭの核心は、民間企業の経営理念・手法、さらには成功事例などを可能な限り行政現場に導入することを通じて行政部門の効率化・活性化を図ることにあり、その運営原理は①成果志向②顧客志向③市場機構の活用④分権化の４つであるということを、これから先進めるに当たっての前提としておきたい。

ただし、ＮＰＭ改革が日本で広く受容され広まっていった理由について、現場実践者の視点からひとつだけ指摘しておきたい。もともとアングロ・サクソン諸国に淵源をもつＮＰＭは、日本人にとってきわめて異質であり、受け入れるにあたって抵抗感の強いものであった。にもかかわらず、もっとも保守的な人種である日本の公務員たちまでがＮＰＭに「飛びついた」のはなぜか。それは、ＮＰＭが、単に政府の機能不全を治癒するばかりではなく、伝統的日本型行政に限らず官僚制モデルに広く遍在していた人間疎外を超克するものであると直感的に感得されたからに他ならない。伝統的官僚制の中では、職員の創意工夫や意欲は抑圧されがちであった。多くの公務員は職業における自己実現をあきらめ、「灰色の顔をした事務員」として鬱々と日々を送っていたのである。

「公共部門は何をやってきたのか？　それは、職員のやる気をなくすという大規模な試みだった。その手段とは、実行しなくてはならないこと、時期、方法を一つ残らず命令して、職員に頭を使わせないようにすることだ」（オズボーン１９９５‐１１３ｐ）

このような官僚制の人間疎外を克服できる可能性があること。生き生きと、誇りを持って仕事ができる可能性を公務員に提示したこと。これが、ＮＰＭが広く日本で支持を獲得しつつある理由であると考えている。まさしく、オズボーンとゲーブラーは『行政革命』の目的は官僚主義をたたくことで、行政をたたくことではない。公務員が創造力を発揮できないのは、エネルギーを浪費してしまう古色蒼然としたシステムに足をすくわれているからである。このシステムを変えて公務員の持つ膨大なエネルギーを解放し、エネルギーを増加することで公衆に役に立てることができる」といっている（オズボーン１９９５‐10ｐ）。

もとより、海外由来のＮＰＭ理論が日本の行政にそのままぴたりと適合するはずもない。日本におけるＮＰＭは、海外からの影響を受けつつも、地方自治体が率先して試行錯誤を行い、その成果が共有されることで広がってきたということが言える。このように地方から始まった政策や革新戦略が中央に影響を与え、行政システム全般に変化をもたらしてきつつある。「日本型ＮＰＭ」開発のための血のにじむような努力と苦闘がこれまでもなされてきたし、これからも続くだろう。福岡市のＤＮＡ改革もまた、そのような地を這うような努力の一例である。

《第1期 市長公約から経営管理委員会提言まで》

1　市長公約による民間経営手法の導入

当選後の初議会において、山崎市長は、「大規模事業点検プロジェクトチーム」と「経営管理室」を発足させ、これを両輪として行財政改革を推進することを明言した。その背景となる市長公約は次のようなものである。①民間経営手法の積極的導入　②民間人をトップにした市長直属の経営管理室の設置　③行政評価制度の導入　④企業会計手法の導入　⑤大規模事業の一斉再点検などである。特に、経営管理室の設置は英国のサッチャー改革における Efficiency Unit（政府効率室）の発想に倣ったものであった。

〈経営管理委員会の発足〉

市長公約「民間人をトップにした市長直属の経営管理室の設置」は、新年度の予算編成&機構整備の中で、民間人で構成する経営管理委員会を設置し、市長直属の組織として市長室に「経営管理課」を設置することとなったが、民間人を主体にした経営管理委員会の具体案はなかなか進捗しなかった。「得体の知れないもの」についての抵抗感であろうか。はたまた、当時進行中であった大規模事業点検プロジェクトという大きな波乱要因を抱えた中で、余計な荷物を抱えたくないということだったのだろうか。6月議会での議論を経て、ようやく1999年8月、山崎市長は市長直属の「福岡市経営管理委員会」を設置した。委員として選ばれたのは、公約の趣旨を踏まえ、バランスよく各界の有識者を集める従来型のものと異なり、委員のすべてを民間セクター経験者とし、企業経営者、経営コンサルタントに重点を置いた構成となった。委員長には国鉄の分割民営化を経験し、官民の双方の事情に明るいＪＲ九州会長の石井幸孝氏、副委員長には九州大学大学院助教授の山田治徳氏（旧大蔵省出身で民間シンクタンクでの勤務経験あり）。関西学院大学教授石原俊彦氏は元々民間企業の監査が専門だが、多くの自治体で行政評価と公会計改革に取り組まれている。ジョージタウン大学政策大学院教授上山信一氏は当時マッキンゼー・パートナー、経営者であり大企業の経営改革のプロである。そのほか地元から地場企業の経営コンサルタント会社、西銀経営情報サービス社長の川邊康晴氏、野田税務会計事務所長の野田武輝氏、そして、地元企業のグループ戦略を担う麻生総研ディレクターの松田美幸氏の7人で構成。正直一番迷ったのは、上山信一氏である。当時出版されていた『行政評価の時代』は画期的であった。しかし同時にその論調は過激であり、直接会ってみてもその印象は深まりこそすれ、変わることはなかった。爆弾を抱え込むことになるかも知れないという虞は、第1回目の経営管理委員会から現実となった。彼とは終始、魂をぶつけ合うような激しいバトルを繰り返すことになった（全く勝負にならないのはもちろんであるが）。彼との激しいメールのやりとりだけでも一冊の本になるのではないかと思う位である。まさしく、彼は本物の改革のプロだった（肩書き等当時のママ）。

委員会設置発表の記者会見の席上、山崎市長は、「厳しい財政状況の中、最小の経費で最大の効果をあげるという地方自治運営の基本原則に立ち返り、サービス精神と経営感覚に立脚した新たな自治体経営の構築が求められている」とし、「昨今、行政評価制度やバランスシート作成などの取り組みは各自治体及び国においても急速に進展しているが、単なる制度づくりに止まることのないよう、マーケティング手法の活用や職員の意識改革など幅広い検討を行う」と述べている。

2　なぜ市役所は変わらなければならないか

（1）経営管理委員会という異物

こうして経営管理委員会は、外部の視点、民間企業経営者の視点に立って、市役所の仕事のあり方を見直すことになったが、この時点で、「民間経営手法」や「行政評価」に対する市職員の見方は、「行政と企業経営は違う」という反発か「そんなもの行政の世界で役に立つはずがない」という冷笑に近いものであった。

しかしながら、問題は単に市職員の傲慢や頑迷さということではないと委員たちは感じていた。真面目で熱意のある職員ほど、古いパラダイムを信奉し執着する傾向が見て取れたからである。いわば「誠心誠意やっているが、結果は間違っている」という状況に市役所は陥っているのではないか。それは市職員の外の世界に対する認識に問題があるのではないか。このような問題認識に立って、「委員会」は自らデータ収集・分析に乗り出すことになる。役所の「振り付け」をいっさい拒否した、行政の諮問機関としては異例かつ前代未聞の取り組みの始まりだった。

（2）福岡市経営管理委員会の指摘

さて、経営管理委員会は、市役所の仕事のやり方の改善策を検討すべく①市役所の外部からの視点②民間企業の経営者からの視点③経済社会環境変化の反映を特に意識し、市役所が「よりよいサービスをより効率的に」提供し、かつ市民から「より信頼される」ための方策を検討した。「委員会」の討議は、事実と事例の分析に基づいて行い、観念論は極力排除することとされた。このため、市職員のグループインタビューを皮切りに、一万人の全職員アンケート、局長インタビュー、分権市民の会へのインタビュー及びアンケートを次々と実施した。全職員アンケートでは、シンプルに「おかしいと思うこと、困っていること」「やりたいこと」の2項目について自由記入式で回答を求めた。また、局長インタビューでは、局・区長のほぼ全員に対して委員が手分けして直接面談を行い、市や局・区の課題、課題解決の障害、幹部としての考え方などを収集し、分析した。その結果得られた市民の声は、市役所にとっては非常に厳しいものであった（提言、2000・9p）。

ところが一方で、これらの問題点について、市職員の側も実はよく認識しているということも明らかになった。市民、局長、係長、職員の間に問題意識のずれはほとんどない。しかも、今回問題として出てきた項目は、5年前（94年）に実施した係長アンケートとほとんど同じだった。みんなが「おかしい」と思っていながら、変えられないという「事実」が判明したのである。「委員会」が、冷厳なファクトと数字に基づいて導き出したこの「事実」は、ある意味ショッキングなものであった。経営管理の基本は課題を見つけ、それを積極的に取り上げ、解決すること。その基本ができていないという市役所の現実を見せつけられたのである。

こうした取り組みは本市に於いて前代未聞のものであったが、こうした事実と事例の分析は委員会に大きな気づきをもたらした。このことは「わかっていても解決できない」「おかしいと思いながら直せない」という現在の市役所の体質そのものが問題であり、おかしいと思ったらおかしいと言い、職員一人ひとりが問題意識を持って行動を起こし、意識改革や組織風土の醸成、いわば市役所の遺伝子レベルでの改革が必要であり、「改革し、チャレンジし続ける組織文化の確立」を求める「改革の基本方針」に結実していった。市民も市職員も変化を望んでいるにもかかわらず、変化を困難にしてきたのは、硬直的な制度だけではなく、組織風土も原因であると指摘されたのである。

3　なぜ変われないのか

では、これまで市役所はただ手をこまねいてきたのだろうか。もちろんそうではない。本市もご多分に漏れず、数次にわたる事務改善や行政改革の指針、行政組織の見直しの提言、さらには行財政改革大綱（1993年2月）、その改訂版である第2次行財政改革大綱（2000年7月）など、形式的には熱心に行政改革に取り組んできたのである。

では、なぜ変われないのか。その理由は様々考えられるが、ここでは2つあげてみたい。第一に、方法論の欠如（WHATからHOWへ）である。これまでのこうした行政改革の計画書は、どうしても美辞麗句を並べやすく、多くの項目（WHAT）が羅列されるが、（本市の第2次行財政改革大綱は159項目）どのように改革を進めていくのか、方法論（HOW）が欠けているのである。例えば、先の159項目の中には、職員研修の推進、人材の育成・活用、事務事業全般にわたる見直し等が掲げられているが、何が問題で、どのように解決するのか、目標は何かが明らかではない。これではできたのかできなかったのか検証のしようもないのである。成果は文字通りの作文になってしまいがちである。第二に、リアリズム（FACT＝現場の重視）の欠如である。こうした行政改革の計画作成は行政管理や行政改革部門が一括して取りまとめて行うため、アンケートなどは行われるものの、集約の過程で真の課題は丸められ、観念論に陥りがちである。その結果、現場は当事者意識を失い、やらされる側に回ってしまうのである。おかしいと思うことをおかしいと思う人間が解決していく、この当事者意識とリアリズムなくして改革のムーブメントは起きようがないはずである。「現場は常に最先端であり、そこには新たな発見がある」（『現場主義の知的生産法』関満博　筑摩書房2002）。DNA2002計画はそのような現場主義にたった瑞々しいリアリズムを中核としてシステム設計が行われていったのである。

4　市役所をどう変えるのか

（1）DNA2002計画

（ア）「市長への提言：『行政経営』の確立を目指して」

「市長への提言：『行政経営』の確立を目指して」は2000年4月26日、山崎市長に提出された。提言書は全編85ページからなり、図表が各所にちりばめられたデジタルな構成で、文章で読ませるという官庁文化からすると提言書の形式そのものが異色であった。

「新行政経営システム」の全体像

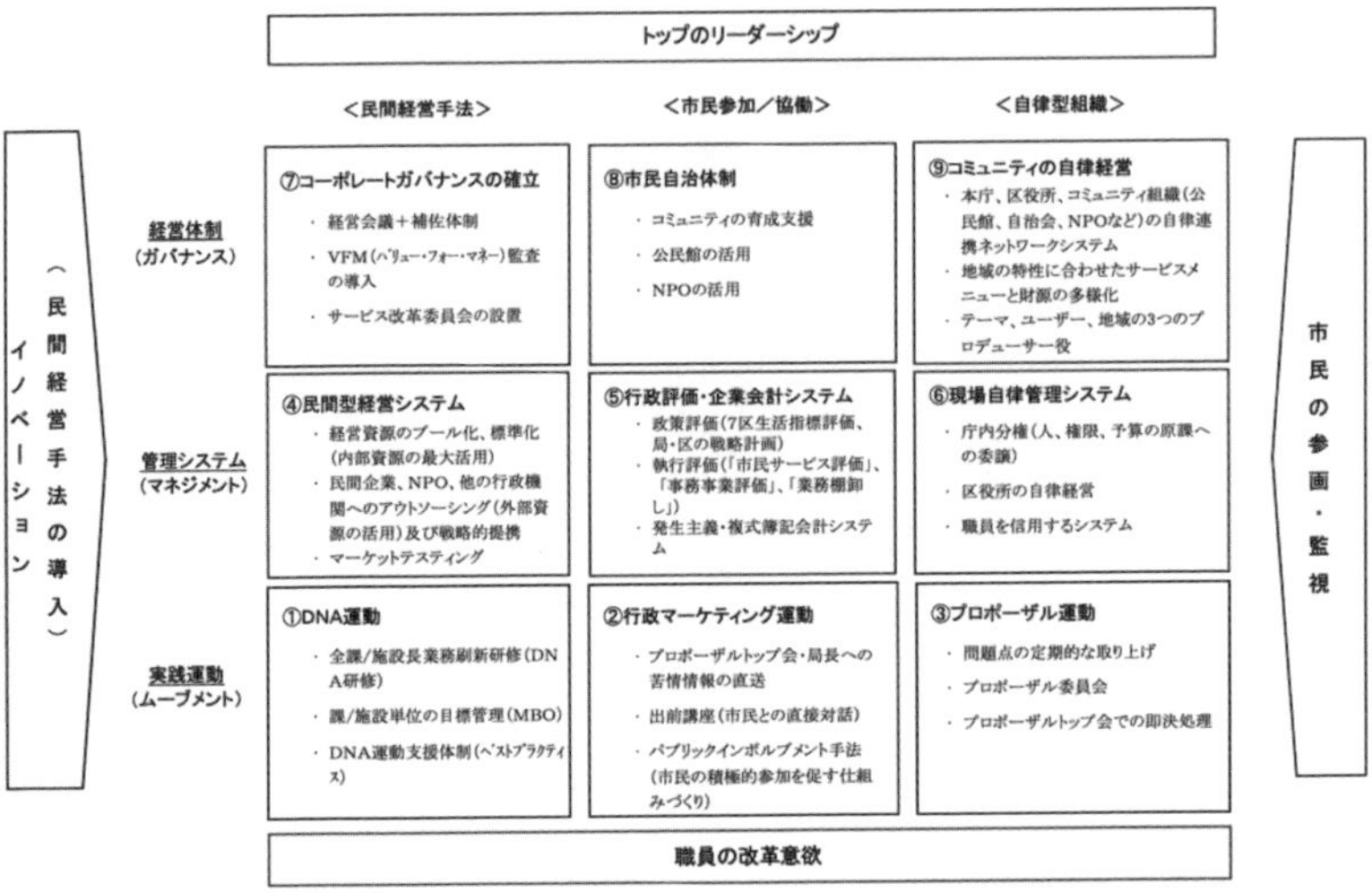

図－1

「提言」では、変えられない市役所という組織を変えるためには、職員の発想法、組織風土や文化、意思決定の仕組みなど、あらゆる場面での仕事のやり方を変えることが必要であるとし、真の課題は、改革し、チャレンジし続ける組織文化を確立することであるとしている。気風、文化、制度といった「組織の遺伝子」レベルから変えるという意味を込めて、改革プログラムは「DNA2002計画」と名付けられた。

この「提言」が求める新行政経営システムの全体像は（図-1）のとおりである。そしてこの図に示された9つのハコのマトリクスは改革戦略そのものである。ここには、NPM理論における「成果志向」「顧客志向」「競争原理」「分権化・分節化」という4つの基本原理が埋め込まれており、改革対象としてタテ軸に「実践運動：ムーブメント」「管理システム：マネジメント」「経営体制：ガバナンス」の3つのレベルを示し、ヨコ軸には「民間経営手法の導入」「市民参加／協働」「自律型組織への移行」という3段階の改革アプローチが提示されている。

さらに、取り組む手順としては、概ね左下から右上へ進むべきこととされた。即ち、まず現場の実践運動に着手すべきで、管理システムの導入のみを急いではならないこと（提言、２００２‐20ｐ、65ｐ）、また、まず可能な限り民間経営手法に学んだ後、市民の参画・協働の体制が取れる開かれた経営スタイルに転換、その上で、各部署・各人が自律的に動けるダイナミックな経営文化づくりを目指す（提言、２００２‐21ｐ）というもので、最終的に行政が目指すべき姿として「コミュニティの自律経営」が掲げられている。

官による公益の独占が崩れつつある今日、「ガバメント＝統治」から「ガバナンス＝共治」へが社会変化のキーワードとなってきている。行政が目指すべき姿として、提言が「コミュニティの自律経営」を掲げたことは、そうした社会変化を踏まえた射程の広さと明確なビジョンを示したものといえる。

さらに、新行政経営システムの９つのハコを推進し、持続的な革新のための仕掛けとして、「トップのリーダーシップ」「職員の改革意欲」が欠かせず、「民間手法の導入（イノベーション）」を起こし、「市民の参加・監視」によって緊張関係を作り出し、健全な外圧を入れていくことが必要であるとされている。

（イ）改革は現場から　～改革し、チャレンジし続ける組織文化に

行政改革はともすれば、ヒト・モノ・カネの削減や制度改革、手法の導入に目が行きがちである。しかし、提言ではこうした取り組みは、いわゆる官房部門＝人事、財政、行政管理などの限られた部署による上意下達的な指示によって行われ、現場が抱える課題の本質的解決につながらない制度や手法を押しつけ、得てして職員を「やらせる人」「やらされる人」に分離し当事者意識を希薄にしてしまう。その結果「いわれたことだけ」「あたったとこだけ」やってしまいがちになることから、その効果は極めて限られたものになると指摘されている。今回の経営管理委員会の提言は「上意下達の従来型の行政改革では市民の不満や不安、そして旺盛な職員の問題意識には対応しきれない」「これからは削減ではなく、工夫。職員の自発的な問題意識を大事に拾って、そこから現場改善を始める」という徹底した現場重視の姿勢に貫かれているのである。

（２）ＤＮＡ計画の特徴

（ア）民間企業で培われた経営改革手法の導入

ＤＮＡ２００２計画の策定に至る「委員会」の取り組みは、民間企業における経営ノウハウの導入が強く意識されている。むろん、ＮＰＭの興隆により「民間

経営手法の導入」が謳われる事例は多くなってきているものの、実際に民間経営的な発想に基づく経営改革計画が策定され、実施に移されたことは極めて異例である。具体的には、①ファクトの抽出による課題の発掘→あるべき姿や目標の明確化→最も効率的な解決手法を活用するという簡潔なロジックと経営管理の基本を踏襲。②ベストプラクティスやマーケティングなどの経営管理手法を積極的に展開。③議論の進め方は予め落としどころを決めず、ファクトの積み上げの中からトライアルアンドエラーを繰り返し、マトリクスや図表を駆使した構造的な分析を重視。④提言の様式＝A4横書きは繁文縟礼の官庁文化と異質なものであり、情緒的な表現を拒み、端的な表現と事実と事例の列挙を誘導。⑤提言は行政計画に落とし直さずそのまま実施、等である。

（イ）経営体制（ガバナンス）改革を重視

他の自治体では、企業会計手法や行政評価といった管理ツールの導入に大きな関心が払われてきたが、手法のみを導入しても既存の意思決定の仕組み、資源配分の仕組み自体の改革に踏み込まなければ、改革の効果は極めて限定的である。抜本的な経営改革に向かうための前提として、経営体制の改革が避けて通れないことを明言し、処方箋を示している。これはこれまでの自治体改革において欠落していた着眼である。

（ウ）改革は周縁から

「上意下達の従来型の行政改革では市民の不満や不安、そして旺盛な職員の問題意識には対応しきれない」「これからは削減ではなく、工夫。職員の自発的な問題意識を大事に拾って、そこから現場改善を始める」（提言、2002-13p）という徹底した現場重視の姿勢に貫かれており、「一部の突出を歓迎し、支援する」というアプローチをとり、従来の「出る杭は打たれる」いわば「護送船団方式」を放棄した。出先や現場など「周縁」での改革が先行することを想定し、周縁から中央へ改革を及ぼそうという戦略でもあった。そしてその成果を様々なツールを使って組織内に周知し、改革の普及を狙った。このようなアプローチは、「できるから始めよう」というDNA精神とも相まって、後に市民病院をはじめとする様々な現場でのベストプラクティスの創出につながったのである。

5　DNA改革の検証

（1）内外からの反響

2000年4月26日に提言が市長に提出されると、即座に全国から多くの反響が寄せられた。「提言の射程の広さに驚いた。国内のNPMをめぐる議論は、個別の事業の成果やコストの話に終始しがち。この種の委員会でコミュニティのあり方にまで踏み込んだことに意味がある」（直接ヒア：大住荘四郎・新潟大学教授）、「運動論無くして行革無し。日本の行革もようやくここまで来たかという感じ」（直接ヒア：梅田次郎・三重県地方振興部長）、「福岡市の提言は理論的にも体系的にも大変優れたものと感心している」（職員研修にて：北大路信郷・静岡県立大学教授）、「今回の提言書は、NPM＝新公共管理理論に全面的に立脚したという意味で画期的な物であり、マスコミのみならず、全国の自治体から大きな注目を集めている。この提言が実施に移されれば、福岡市の市政は大きく転換することになるだろう」（福岡市職員と大学院生の共同研究に寄せて：今里滋・九州大学法学研究院教授）等である。同時に、提言の骨格をなすマトリクス図「新行政経営システムの全体像」（提言、2000・22p）に対する疑問や懸念も寄せられていた。「〝新行政経営システムの全体像〟は、NPMに関心がない人にとってはかなり難解。しかも、実行する際のプライオリティが見えづらく、何から何まで改革しなければならないような印象を受けると同時に、逆にあたかも網羅的な改革案に見えるために、下手をすると提言が福岡市の抱える問題を解決する万能薬かのように受け取られかねない。いずれにしても、まずはやってみるということだろうから、実行段階での勝負ということになるのだろうが」（筆者宛私信：毎熊浩一・当時島根大学法文学部講師：による）、「マトリクスの横軸である〝民間経営手法〟、〝市民参加／協働〟、〝自律型組織〟の3つのステージは、このように順を追って改革を進めると自律的自治体経営に至るというふうに読めるが、実際にはこうした一方向の昇華という筋書きではなく、相互にぶつかり合い相乗していくものではないか」（pmf-danwa: 吉川富夫・東京都庁）「この図は順序を追わなくては右上の四角い枠に達しないのがミソで、自治体によってそれぞれの四角い枠をクリアする時間のかかり方は、規模や個別事情で異なってくる」（pmf-danwa2071：北本美江子）などである。実際、提言のマトリクス図で表現された改革戦略は、読み手にとっては相当に難解であり、かつ各人各様の解釈が可能である。つまり、この提言は、計画が整然と実行されることは元々期待しておらず、むしろ改革の当事者が悩みながら試行錯誤を繰り返すことを当初から意図的に狙っていたと考えられる。

また、いずれにしても、提言は全国の行政関係者の関心を集めた。「経営管理委員会ホームページ」に掲載した提言書へのアクセス数が、4月の数日間のうちに1，700件に上り、その後も月に10，000件前後のアクセスがあったことも、外部の関心の高さを裏付けるものであった。

マスコミの反響も大きく、新聞各紙は提言について大々的に報道し、提言内容の詳細を伝える連載記事までもが掲載された。

市議会においても、経営管理委員会への関心は高く、提言前の2000年3月の段階で、市議会を構成する8つの会派のうち4会派が、代表質疑の中で、提言への期待やその実行のための方策などを問いただしていた。提言後の6月議会においては、4名の議員が一般質問で提言を取り上げ、いずれも提言への全面的な賛意を示しつつ執行部に対して提言の着実な実行を迫った。

そうした状況の中、福岡市役所内部の反応は複雑であった。例えば、当時の関係課長会議（企画、人事、財政などの官房部門で構成）で出された意見の中にも、「提言内容は概ね順当」、「提言内容をつぶさに見れば、対外的に軋轢を生むものは沢山あるが、今回の提言を外圧として使い、変えていくべき」との肯定論があった一方、「横文字が多い」、「法令遵守主義を否定しており、書き方が乱暴」、「職員に無用の反発を抱かせる記述が多い」などの生理的嫌悪感、さらには「提言を着実に実施するためには、対議会、対組合等との関係について、最終的に三役の強い意志が必要。それを踏まえて提言を受け取る心構えが必要」とする洞察など、様々な意見が交錯していたのである。

《第2期 提言から実践運動の展開まで》

1 キック・オフ・ミーティング

2000年4月26日、提言を受け取った山崎市長は、その日の記者会見で「提言を市政の教科書とし、強い意志を持って取り組む」と述べた。

そして、提言から2週間後の5月11日、職員向けの「提言説明会（キック・オフ・ミーティング）」を開催、400人の市幹部・一般職員が参加した。この席上、冒頭で山崎市長は「提言は、単に手法を示したものではなく、まず我々が運動体として取り組み、そして最終的に目指すのは地域のコミュニティの自律という目標を掲げ、そこに至るまでの過程についても具体的に提言をいただいたものである。私自身がこれから目指す福岡市政のあり方の、まさに教科書にしたい」「この提言を実現していく形は、全職員による運動、それもできれば楽しい形で、明るい運動として展開したい」と述べた。組織をあげて提言を実行していくとの宣言であった。さらに、「DNA運動のキックオフ」と題したパネルトークでは、実践運動のスタートが確認され、その翌日には、改革運動に関連した職員間の情報提供や意見交換の場として、市役所内の全庁OAシステム上に「DNA運動掲示板」を設置し、全庁的な改革運動が始動した。

2　実践へ　~DNA運動とプロポーザル運動

（1）現場発の実践運動~DNA運動

2000年度はDNA2002計画の初年度で、福岡市政において初めて「仕事のやり方」を根本的に問い直す年となった。各課／施設単位の自律改革運動＝DNA運動が全庁展開された。

DNA運動は、「すべての職員が自らの仕事の価値と意味を認識し、課題を見つけ自ら解決を図る」ことを目的とする。即ち、組織や仕事の存在意義、目的、価値という根本に立ち返り、あるべき姿を問い直すミッション再定義の運動であると同時に、全庁的に現実課題解決の改善サイクルを回していくという総合品質管理＝TQM（Total Quality Management）運動である。

加えて、DNA運動は「市役所の隅々まで活力の溢れる組織風土、やり甲斐のある職場づくりを目指すの」である。DNA運動の基本精神は、「D：〝できる〟から始めよう（できない、しない理由から探さない）」「N：納得できる仕事をしよう（市民の納得を自分の納得に）」「A：遊び心を忘れずに（ガチガチな考え方や対応でなく、ゆとり、人間らしさ、明るさを持って取り組もう）」で、市役所の組織風土と職員の行動様式の変革を意図した運動論である。

その実施プロセスは、まず運動のリーダー役である課長クラスを対象とした研修を実施し、職場ミーティングを経ながら仕事の意味と価値を確認し、改善すべき課題を特定し、改善運動に取り組むというものである。

2000年7〜8月に全課長・施設長研修（DNA研修）を実施した。課長・施設長は、研修内容を持ち帰って職場ミーティングを実施し、MOVEシートに沿って「我々は何のためにこの仕事をしているのか」が議論された。

ここで議論される内容は、五つの項目から成る。一つ目は、「使命」（ミッション）である。これが組織や仕事の存在理由、事業領域を規定することとなる。二つ目は、「顧客」である。自らの組織が実施する事業や業務を必要とする人々、つまり、その事業や業務によって満足や便益を得る人々を定義し、合わせて、その事業や業務の遂行にあたって、関係する人たちや、支援・協力してくれる人々を特定する。三つ目は、「顧客価値（カスタマー・バリュー）」である。前述の「顧客」にとって、充足されるべきニーズの中身、もしくは解決されるべき課題の中身を定義する。四つ目は成果（アウトカム）である。組織として具体的に求められる成果、即ち、誰（何）をどのような状態にしたいのかを定義する。五つ目に「ビジョン（あるべき姿）」である。使命を全うし、顧客価値・成果を実現する組織像や方向性を描く。

これら五つの事柄について各職場でブレーンストーミングが実施された。その議論の結果を記すフォーマットを「MOVEシート」と呼んでいるが、これは、「Mission, Outcome, Value, & Effectiveness」の頭文字を採ったものであり、また、実践運動の前段階としての議論を終えることで、「さあ、動きだそう」との意味を込めたものである。

MOVEシートの議論により「あるべき姿」を描いた後には、現状を見つめ直す。あるべき姿と現状のギャップ、つまり改善に取り組むべき具体的な課題を洗い出す。その後、各職場で具体的な取り組みテーマを決定する。また、同時に、自らを改善チームと捉え、チーム名のネーミングを行うのだが、こうした楽しさの演出によって、チームメンバーが参画意識を強め、活動にエンジンがかかることを目論んでいる。

その後の数ヶ月間は、テーマに沿って改善活動を実践、年明けには活動経過や成果等をそれぞれ活動レポートとしてとりまとめるという流れである。

（2）太陽作戦〜DNAどんたく

年度末に、その年のDNA運動の総決算として実施するのが全庁発表大会「DNAどんたく」である。当初事務局案では、「DNA運動発表大会」としていたが、経営管理委員会メンバーから、遊び心がないではないかと指摘を受け、いろいろ頭をひねった結果、博多の祭りと言えば、「博多どんたく」なので、思い切って「ＤＮＡどんたく」と名付けた。しかし、この遊び心が、ＤＮＡ運動やＤＮＡどんたくを全国に伝播させる決め手になったと今にして思う。ＤＮＡどんたくは、ＤＮＡチームが自らの活動を発表する場として開催するもので、「優れた取り組みを発掘、共有して、褒め称えよう！」を基本コンセプトとしている。また、主な開催目的は三つで、「活動の苦労や努力を、幹部、上司、同僚が〝認めて〟、〝褒めて〟、〝励まし合う〟場とする」、「優れた取り組み（ベストプラクティス）を発表し伝える情報共有の場とする」、「実際に行動した人の話を直接聞くことにより、書面では伝えきれない想いなどを含めた質の高いコミュニケーションを図る場とする」というものである。

２０００年度は21チーム、２００１年度は22チームが各局区の代表として参加、発表を行った（ＤＮＡどんたく報告書、２００１、２００２）（日経ビジネス２００２年５月13日号）。その他にも、書面参加チームとして毎年40～50程度のチームの参加があり、活動の過程での気づきなどを記載した「エピソード共有シート」を会場に掲示している。また、２００１年度からは局内・区役所内の発表大会（局・区での予選的な性格）も開催される事例が出てきており、これらはすべて、ＤＮＡ運動を実践する現場職員に光を当てる場づくりである。

ＤＮＡどんたくでは、パワーポイントやＯＨＰを用いたビジュアルなプレゼンテーションのほか、仮装、博多にわか、寸劇など、思い思いのパフォーマンスが展開される。その活動に対する評価は、順位付けをするのではなく、そのチームの活動の「優れている点は何か」に焦点を当てて表彰を行っている。例えば、「ベスト・リエンジニアリング賞」、「ベスト・ミッション（使命定義）賞」、「ベスト・ＣＳ活動賞」、「ベスト・プレゼンテーション賞」などである。発表チームの職員は、この日の主人公で、参加者たちが互いに知恵と元気を与え合う場となっている。

海外のＮＰＭの動きを見ると、改革の実践者を表彰し動機づけている事例として、米国のナショナル・パフォーマンス・レビュー運動における「ハンマー賞」や英国のチャーターマーク表彰がよく知られているが、近年になって英国でも、「ＤＮＡどんたく」と同様の活動発表・表彰の場づくりがなされるようになった。サッチャー改革以降の経験を経る中で、上意下達でない、当事者の共感と学習に根ざした継続的な改革の仕組みづくりの重要性に皆、気づき始めているのである。

（3）DNA運動の実践事例

DNA運動の実践事例は多岐に渡っているが、ここでは、特徴的な事例を幾つか取り上げてみたい。

まず、福岡市民病院看護部におけるTQMの本格導入の事例である。全国の公立病院の多くが慢性的な赤字を抱える中、福岡市民病院も、1999年度では7億円が一般会計から繰り入れられ、黒字転換の目処が立たない状態が続いていた。そうした中、2002年4月、まさに経営管理委員会の提言と同時期に、福岡市民病院では「心をつくした最高の医療を通じて、すべての人の尊厳を守ります」との基本理念を策定し、また、その実現手段として、「患者さまサービスの向上」、「病院経営の改善」の二つを掲げていた。そして、時期を同じくしてスタートしたDNA運動を、病院の患者サービス向上と経営改善に結びつけていったのである。

市民病院看護部では、2000年度にDNA運動を開始するにあたり本格的なTQM運動を立ち上げた。各病棟にDNAチームを編成し、企業の現場改善に倣ってQCストーリー（「テーマの選定」→「目標設定」→「現状把握」→「原因追及」→「対策の立案と実施」→「効果の確認」→「歯止め・標準化」→「反省と今後の計画」）に沿った業務の品質改善を徹底したのである。これにより病院現場業務のムリ・ムダ・ムラを洗い出し、おびただしい数の業務改善・効率化策を実施に移している。また、あわせてCS向上に積極的に取り組んでおり、患者満足度の測定を定期的に実施しながら、意見箱に寄せられたサービス改善要望に速やかに対応している。病院内レイアウトの変更、病室へのテレビ設置、入院患者用案内ビデオの作成等々である。DNA運動発表大会「DNAどんたく」では、市民病院から推薦されたチームが2年連続でベストDNA賞を受賞しているが、これは、活動成果のみならず、TQMの活動プロセス（改善サイクル）を基礎から学習し確実に実践しているという手法の確かさと、明るく前向きに、個々人の志とチームのコミュニケーションを大切にしながら実践を踏む姿勢が評価されたものである。なお、市民病院の収支は、DNA運動のスタートした2000年度から診療収入を毎年約2億円ずつ回復しており、2002年度には減価償却を除く支出を収入が上回る「営業黒字」に転換する見通しである。また、TQM運動は、当初は看護部において実施されていたものだが、2002年度からは医師も含めた病院全体のTQM運動へと発展した。病院全体の改革と現場の実践運動が一体となって著しい効果をあげた事例であり、2000年度の第1回DNAどんたくで、市民病院のDNAチーム「私の看護を受けて欲しいっ隊」の発表者は、「病院全体が大きく変わっているのを、日々感じています。今回の賞も、病院のスタッフ一人ひとりにいただいた賞だと思います」との感想を述べている。

その他、DNA運動の具体的な取り組み事例としては以下のようなものがあり、現場の自発的な問題意識の発露による多彩な展開が見て取れる。また、2001年度は84の課／施設で自主的にCS調査が実施されており、現場レベルでの自発的な顧客調査と改善がこれほどの広がりを見せ、顧客起点で仕事のやり方が変わってきているという点が、国内外の行革と比して際だった特徴と言える。

〈DNA運動の取り組み事例〉

①CS調査に基づく窓口サービス改善（例：区役所窓口での申請書の様式改善、案内表示の改善、郵送申請による手続きのPR）

②オペレーションの効率化・経費節減（例：BPRによる清掃工場の修繕費の大幅削減、下水処理場の需要管理による電力料金節減）

③ミッションの再定義による事業領域の組み替え（例：保育所を核とする地域の育児支援活動、食中毒発生後の事後処理から未然防止のための予防業務への大幅シフト）

④顧客満足度の向上（例：輸入生鮮貨物の即日通関の実現、地下鉄最終電車発車時刻の30分繰り下げ、教育委員会による学校事務の標準化・平準化の取り組み）

⑤職場のチームワークの醸成（例：定期的な勉強会やミーティングの開催）

（4）即断即決のルール改革〜プロポーザル運動＝庁内規制緩和

また、DNA運動と並行して、職員からの提案について実施の可否を幹部会議で即断即決することにより速やかな課題解決を図る「プロポーザル運動」を実施している。課長級職員13名で構成する「プロポーザル委員会」が、まず職員提案理由と担当課見解を並べて論点整理を行い、これを幹部会議に諮り、その場で方針決定を行うというものである。現場の職員が「困っていること」「おかしいと思っていること」を拾い集め、幹部の即断即決によりルール改革を進めようという試みである。

２０００年9月1日にプロポーザル委員会が設置されたのであるが、このプロポーザル運動の立ち上げに当たっては、市役所内の困惑は大きかった。何故なら、こうした業務執行レベルの細々とした問題点を、わざわざトップに上げるべきでない、との見方がこの時点では強かったからである。庁内的な理解を得るのが難しい中、運動を実施に踏み切らせたのは、「この度の改革は、誰かが改革案を作って現場にやらせるというものではなく、まず現場職員からの提案を実現するというやり方で進めるべきだ」という山崎市長の強い確信であった。

このように、市役所の従来のカルチャーとは極めて異質の取り組み方をしたのであり、実際、プロポーザル運動の開始初期には、多くの混乱が生じた。例えば、初期に審議した案件の中に「少額物品の購入手続きを簡素化すべき」との職員提案がある。１００円の物品を購入するために6枚の支出書類を作成する必要がある、という現状は明らかな非効率ではないかという問題提起である。この職員提案が幹部会議の審議に付された際、制度の所管課である収入役室審査課は「公共団体として不適正な支出があってはならず、手続きを厳格にするのは当然」と強く主張した。一方、プロポーザル委員会の任務からすれば、解決の必要有り、と判断される事柄は審議の俎上に上げるのだが、当時、このような案件は制度所管課の専権事項であり、幹部会議で俎上に上がること自体が理解できないという受け止め方をされがちであった。しかし、実際には、こうした一見小さな、現場レベルの個別の事象にこそ市役所経営の抱える本質的な問題点が見え隠れするのだ。

なお、この少額物品の購入手続きの簡素化は、当時のプロポーザル運動の担当だった藤義之さんが、会計課に異動して、①10万円以下の契約については「見積りは1者でよい」と簡素化　②物品調達決裁も簡素化→基本的に書類1枚で終わりと改善した。その結果、「事前の決裁」、「書類に手を加えない」等の内部統制原則が、かえって貫徹するようになった。これは今でも最先端の業務改善で、福岡市職員の日々の仕事の負担を大きく軽減している。こういう庁内規制緩和は地味なようで、全職員にとっての大きな福音につながる。

（5）市民との対話へ〜出前講座

さらに、2001年11月からは「新行政経営システム」の二つ目のハコ、「ムーブメント」の第2弾、「行政マーケティング運動」の一環として「出前講座」を全庁的に開始した。毎年200件程度の講座メニューを用意しており、市民からの「注文」に応じて市役所の課長が出向いてお話しするというものである。2001年度実績（2001年11月1日〜2002年3月31日）で、延べ開催回数は132回、延べ参加者数は4，312人となっている（因みに2022年度の実施回数は621回、参加者23，359人である。勿論、課長の縛りもなくなっている）。

これは、「傾聴／対話／実践」に徹する市政運営を旨とする山崎市長の強い思い入れのもとに実施に移されたもので、市役所から「ご説明」するというスタンスでなく、特定テーマについて地域住民と行政とがフラットな立場で話をすることを主眼としている。実際、対話のきっかけづくりに役立つとして市民、講師の双方から好評を博しているところである。

また、出前講座は、市民ニーズの把握と迅速な対応にもつながっている。例えば、福岡市消防局では2002年7月1日、聴覚障害者が携帯電話から電子メールで119番通報ができる「eメール119番」サービスを開始した。119番通報ができるだけでなく、大規模火災などの重大な災害が発生した時には、あらかじめ登録した聴覚障害者の携帯電話に消防局から災害情報がメールで届く。導入のきっかけは、2002年3月に実施した「出前講座」において、電子メールでの119番通報についての要望が出たことだった。聴覚障害者への災害情報の伝達についての消防局側の問題意識と相まって、「出前講座」からわずか4ヶ月後に「eメール119番」のサービスをスタートさせたのである。

（6）実践運動の限界

このように実践運動、すなわち現場の自発的な問題意識を拾い、具現化していくことを中心に2年間取り組んできたが、その限界も見えてきた。

DNA運動では課・施設単位の改善活動を基本としつつ、複数部署による横断的な取り組みを奨励はしているが、あくまで現場の自主性に基づくものであり、組織の壁を超えることは容易ではない。実は、課単独で解決できない課題については当初、プロポーザル運動によって解決を図ることを想定していた。しかし、プロポーザル運動で方針決定した事案についても、その解決に向けて複数部署の横断的取り組みが必要な場合、スムーズに実施に移されないケースが散見される状況となっている。

以上のように実践運動は一定の成果を収めつつあるものの、よりダイナミックな経営改革の実現に向けて、経営層の役割（ガバナンス）の重要性がクローズアップされることとなった。

《第3期 戦略計画からDNAセカンドステージへ》

〈経営改革への取り組み〉

1 局・区役所単位での改革の取り組み

（1）局・区役所単位での改革の取り組み

DNA改革も2年目に入った2001年度には、局・区役所レベルの自律経営に向けた経営改革に着手して行くことになる。行政評価の次のステップ、戦略計画への挑戦である。

2001年度にモデル局・環境局で策定した「戦略計画」は、①局の経営に関する基本認識（時代認識、市民の期待、市民及び職員の問題認識、局の強み・弱みなど）、②局の経営改革の方向（局の経営課題、改革の基本原則、局のビジョンなど）、③局のビジョン実現のための方策（業務改革計画を含む）等の要素から構成され、行政評価の手法に止まらず、局の仕事の中身や仕事のやり方までをゼロベースで見直す内容となっている。

第二に、「局区長DNA運動」の展開である。夏期の幹部合宿には市長以下三役、局長、区長（計29名）が参加し、これを皮切りに局・区レベルの改革運動「局区長DNA運動」をスタートさせた。「局区長DNA運動」は、各局・各区役所において、局長・区長のイニシアティブのもと、幹部職員との議論・対話を重ねながら実施するものである。特に幹部議論の際には、職員アンケートを実施したり、既存のCS調査、市民意識調査の結果を活用するなどして、ファクト・ベース（事実やデータ）に基づく議論が行われるようにした。

この「局区長ＤＮＡ運動」は、各部門のトップ・リーダーシップによる改革プロジェクトの実践を促すものであると同時に、２００２年度からの「戦略計画」の全庁展開にスムーズに移行するための布石でもある。２００２年度は部門別の業務目標や改革計画等の素案を材料に、市役所の経営・ガバナンスの仕組みを強化・再構築していくこととなる。

（2）環境局戦略計画の策定プロセスに見る経営改革の本質

戦略計画は、内容においても従来の行政計画と大きく異なったものとなっており、今後の行政経営の姿を変えていくものと考えられるが、今回の戦略計画の策定プロセスそのものに、経営改革の本質的な部分が含まれているのではないかと考えている。そこで、環境局の戦略計画のモデル策定プロセスをもとに、戦略計画による経営改革の本質を考えていきたい。環境局における戦略計画策定のプロセスの概要は下記のとおりである。

（策定メンバー）
環境局長、局ワーキングチーム（環境局課長７名）
支援メンバー（市長室行政経営推進担当、コンサルタント）

（策定プロセス）
ステップ１：５月〜６月
○局長及び局ワーキングチームメンバーによる環境局のミッション、ビジョン、成果の議論、検討
ステップ２：６月〜７月
○現状調査（ＮＰＯインタビュー、環境局全職員アンケート、幹部インタビュー）
○現状分析（問題点、課題の整理、環境局の持つ資源、強み）
ステップ３：８月
○環境局の経営課題の明確化
○改革の基本原則の設定
○具体的取り組みの検討
ステップ４：９月〜10月
○環境局戦略計画の原案作成
○内容等の詳細検討
ステップ５：11月〜12月

○三役、総務企画局長、財政局長、環境局長等による環境局戦略計画の議論

上記の策定プロセスを検証していくと、従来の行政計画の策定プロセスとは、次の3点が大きく違ったものになっている。この点は、戦略計画による経営改革の本質ではないかと考えられる。

まず、第1点目がトップの最初からの関与とワーキングチームによる作成である。これまでの行政計画は、計画部門が原案を策定し、徐々に上司に上げていきながら修正を繰り返していくという積み上げ型であり、多方面に配慮した無難なものとなる傾向があった。今回は、局長自らがワーキングチームメンバーを指名し、局長とワーキングメンバーの意見を中心に戦略を練り、最終的には局長が決定を行っていくというものであり、これまでの役所文化＝調整文化にはないものであった。これには、トップの強い意志と決断が必要になってくると考えられる。

第2点目に、事実からの出発、ファクトベースアプローチである。今回の策定プロセスでは、NPOの意見を直接に訊くほか、局・部長級の幹部職員へのインタビューや職員にアンケートを実施するなど、様々な意見をストレートに訊いている。その結果として、市民、幹部、職員ともに「啓発・情報発信」、「地域に出ていく」「率先プロジェクト」を重視していること、また、幹部、職員ともに「予算の仕組み」「組織・人事・労務の仕組み」を問題視していること、そして、職員の声からは「現場職員と幹部間でのコミュニケーション不足」などがあることがわかった。こうした事実が戦略計画を策定していく大きな材料となった。

そして、第3点目が外部の視点による経営課題の抽出である。今回の策定では、外部コンサルタントの力を借りているが、それは外部のコンサルタントの目から見た「おかしいこと」を率直に指摘していくことにあった。例として何点か挙げると

①改革を本格的に進めることについての組織的な理解
②市民のライフスタイルへ影響を与えていくことへの覚悟
③現場でのきめ細かい取り組みを主軸に据えた事業展開
④綿密なマーケティングと、導入の試行、情報共有・公開

などが指摘された。ややもすれば、内部に引きこも

りがちな行政に対して外部の視点をぶつけていく。これは、経営改革において非常に大事なことだと言える。

また、この策定プロセスの中で、大きなポイントなのが、戦略計画を通しての三役、総務企画局長、財政局長と環境局長との論議である。

これまでの政策決定は、とかく個々の事業一つ一つの是非を問うものであり、個別事情にひきずられ、政策全体を見通した議論を欠いていた嫌いがある。戦略計画では、局や区などの組織のビジョンを示し、それを実現する道筋まで含めた方針、方向性が明確化され、全体戦略での論議、意思決定が可能となる。もちろん、最初からそうした論議ができるわけではないが、その可能性が開けたことは事実である。

さらに、戦略計画では、自分たちの仕事を効果的・効率的にやっていくために、市全体の制度などのあり方への変更を迫る内容が記述されている。つまり、市全体のしくみの中でこの点を変えてもらわなければ、より良い取り組みができないという率直な意見があった。具体的には、予算や人事をより局の裁量にまかせてほしいというものである。

こうした意見を三役の同席の場で財政局長に直接ぶつけていくことは、予算編成の真っ最中ということもあり、かなりの波紋を呼んだが、管理システムを見直していく中で、大きな一歩になったと考えられる。

2　DNAセカンドステージへ

(1) 局戦略計画、10局で策定へ

2002年度には、局戦略計画をベースにした経営改革を全市役所に拡大すべく、市民局、保健福祉局、経済振興局、農林水産局、都市整備局、土木局、下水道局、建築局、港湾局、教育委員会の計10局で策定に着手した。

局戦略計画策定は、まず、幹部職員研修から始まった。ここでは幹部職員約200名を対象に局戦略計画策定の内容説明を行うとともに、ワークショップスタイルのディスカッションを行い、試行的に各局のミッションを検討した。

また、策定プロセスは、環境局や城南区とほとんど同じように、職員アンケートを行い、局内の「生の声」を収集したうえで、幹部職員によるワーキンググループを立ち上げた。多くの局では局長を筆頭に部課長級もしくは係長級が10名から15名程度集まり、概ね月に2回のペースで5月下旬から10月まで局ごとにワーキングを開催した。「使命や目標像は何か」から始まり、

戦略的課題の明確化、そしてそれらを解決するアクションプランは、といった論議を行った。そして、戦略計画案が策定され、三役への報告がなされた。

今回の戦略計画では、全局ともフォーマットを統一するとともに、より経営という観点を打ち出すため、バランススコアカードの考え方を用い、各局の戦略的課題を主に「市民の視点」、「財務の視点」、「業務プロセスの視点」、「組織、人材の視点」の4つないし5つの視点で分類整理している。

（2）策定プロセスが意識改革プロセス

戦略計画の策定プロセスには戸惑いを感じた職員が多かったことも事実である。一つは職員のアンケートが戦略計画に反映されるのはおかしい、客観性を欠くという反応があった。つまり職員の不満や意見などは個人的なもので、局所的なところしか見ていない可能性が高いのだから、それを資料として採用すべきものではないというものである。

また、フリーディスカッションによって課題を明らかにしていこうという進め方にも、不満がぶつけられたケースもある。こうした指摘は幹部職員に多く、いままでの行政の進め方あるいは計画策定のやり方を変えていくことはなかなか困難であった。

もちろん、この場を活用して仕事のやり方を変えてやろう、と考えた局もあった。こうした局の方が、議論が活発であったことは言うまでもなく、そしてこうした局のほうが、より戦略的な発想に立てたと思われる。

（3）戦略計画を10局で作ってみて見えてきたもの

戦略計画を10局で作って見えてきたものは、三役に対する各局の戦略計画のプレゼンテーション終了後に、市長が庁内ＬＡＮ「ＤＮＡ掲示板」に掲載した感想が端的に物語っていると思われる。何点か、ここに抜き出して列挙したい。

①局によって出来映えは色々あるにせよ、自分たちのあるべき姿について局内で議論してきたということ自体、素晴らしいことだと思います。各局の戦略計画の内容を聞いていると、局の特性が非常によく分かりました。特に、横割りで施策を見ていかないといけない市民局や経済振興局などの難しさ。

②個別の事業についても、私の考える市政のベクトルと一致していないものも見られ、しっかり方向を合わせていかないといけない。例えば、コミュニティ重

視、区役所重視と言ってきているけれど、まだ実務的な手がかりが見えてこない。私はコミュニティと行政をつなぐ中心的な分野は福祉だと思いますが、いずれにしても今後のあり方を具体的に描く必要があります。

③特に、私が気になったのは、そもそも局としてどうありたいかということが、共有されていないということ。何の為に、ということがすべての仕事の根底になければ、良い仕事はできないし、面白い仕事もできないと思うから、こういう議論をもっと高めていかねばならないと思います。

④まず私たち三役レベルで、全市的な方針を明確にし徹底していくこと。その上で、三役と局長がよく話をして、局の使命なり重点課題なりを確認した上で、局内の掌握は局長に任せる。そういう経営体制を確立していくことで、仕事の目標が見えやすくなり、現場の仕事ももっとやりやすくなるのではないか。

つまり、戦略計画の策定により、「局の方向性や特性が明確になること」、「様々な局を超えた課題が見えてくること」、「使命の共有が、行政ではまだまだ弱いこと。しかし、それが非常に重要であること」、「全市的な方針を明確にし、徹底していく必要があること」、など非常に多くのことが分かってきた。

（4）全市の経営戦略策定へ

局戦略計画は一応策定したが、「つくって終わり」というわけにはいかない。各局はここで定めた使命にしたがって、業務のあり方を改革し、よりよい成果を挙げる組織に変貌していくことが求められている。

また、市長の感想でもあったように、全市的方針を明確にし、各局の施策に徹底していくこと及び各局が高い成果をあげるためのしくみをつくっていく必要がある。そのために、いよいよ全庁的な取り組みが求められるようになってきた。

そこで、福岡市では２００３年度に、「政策推進プラン」「財政健全化プラン」「行政経営改革プラン」の各プランを三位一体の全市的経営戦略として策定していくこととしており、その工程表も発表している。

戦略計画の本来の趣旨から言えば、まず市全体の戦略的方向（経営戦略）を定めて、それを実践するために各部局がなすべきことを定める、ということになるはずであるが、市役所の行政範囲は、基盤整備と維持管理から産業振興、環境、教育、保健・医療、福祉と多岐にわたっている。この点は民間企業と比較して戦略的な発想に立ちにくい行政の構造的な問題ともいえる。各分野の課題を明らかにした上で、市全体の戦略を策定していく方がより現実に即したものができうる。もちろん、市全体の方向性を明らかにした上で各局の戦略計画をバージョンアップさせていく必要もあると考えたい。そういう点では、現時点では「バージョン1」と考えたい。また、戦略計画とCS評価や業務棚卸、事務事業評価を結びつけた新しい形の行政評価システムの確立や予算や組織の配分などの行政システムの見直しもようやく現実的な射程に入ってきたという感じである。

（5） 経営体制の確立

また、三役で全市的方針を明確にし徹底していく、そして三役と局長がよく議論して、局長に任せるべきは任していくといった経営体制の確立も必要になっていくものと考えられる。この点でも、福岡市では、経営会議の設置、助役分担の見直し、補佐体制の確立などいよいよ本格的なガバナンス改革、「ＤＮＡセカンドステージ」を進めていくこととしている。

（6） 総花主義から選択と集中の時代へ

「経営」とは存在価値の高い事業を実施し、あるいはそのような事業の存在価値を高めていこうとする継続的な活動であるといわれている。

現在の経済状況の厳しい中、企業は事業の選択と集中が強く求められている。行政もこうした時代環境の中、これまでのような「あれもこれも」という総花的な施策展開は不可能になってきており、自治体にも「あれかこれか」の施策や事業の選択と集中が必要になってきている。戦略計画と総合計画には、決定的な違いがある。すなわち、総合計画は「行政のなすべき事業（組織ではない）を、漏れなく、一律平等に、間違いなく進める」ことに主眼がおかれているのに対して、戦略計画は「行政組織の存在意義を捉え直し、一番重要なことがらに注力し、限られた資源の中で最大の効果をあげることを目指す」ものであると言える。

戦略計画は成果志向に立つものであり、何をなすべきか絞り込んだ上で、その成果を検証できるようにしようとする試みである。しかしこの「絞り込み」、もしくは事業分野の取捨選択は容易なことではなく、本当の意味での経営体制が必要になってくる。

営利であれ非営利であれ、厳しい環境変化の中で、価値ある事業を継続していくためには、今やあらゆる組織に戦略計画は不可欠のものである。

3　DNA改革で見えてきたもの

（1）民間経営手法の豊かさ

（ア）経営管理とガバナンスの機能

経営管理の基本は、ファクトの抽出による課題の発掘→あるべき姿や目標の明確化→最も効率的な解決手法を活用することとされ、ロジックは簡潔である。ファクトの抽出により真の課題が発掘されれば、その後の取り組みには瑞々しいリアリズムがもたらされ、ことの成否はここに掛かっているといっても過言ではない。「提言」自体が徹底してこのロジックに貫かれており、ＤＮＡ運動、局・区戦略計画、局・区長ＤＮＡ運動など、ＤＮＡ２００２計画においては様々な場面で活用され、大きな成果を生み出しつつある。しかし、閉ざされたシステムにある市役所にあっては、自己を客観化し、真の課題をさらけ出すこと（＝ファクトの抽出）が一番難しい。民間企業でも大企業になるほど同じ悩みを抱えていることは、昨今の製造業における不祥事の続出が何よりも雄弁に物語っている。民にあっては社外取締役制などのコーポレートガバナンスの確立、官にあっては経営管理委員会のような外圧装置や市民の参画、監視がシステム化され、ガバナンス機能が強化されることが必要である。

（イ）ベストプラクティス手法の豊かな可能性

改革はともすれば悪いところばかりに目が行き、暗く、ネガティブになりがちであるが、ＤＮＡ２００２計画では「北風よりも太陽を」をモットーにベストプラクティス手法を多用した。明るく、ポジティブな改革、「遊び心」は職員の心を伸びやかにし、創造的な発想を生み出す働きを持っている。その集大成とも言えるのが「優れた取り組みを発掘、共有して、褒め称える」場としてのＤＮＡ運動発表大会「ＤＮＡどんたく」である。このベストプラクティス手法はヨコに広がる力も強い。今や「ＤＮＡどんたく」は遙か東北、岩手県盛岡振興局における「もりおか・さんさ運動発表会」として普及・伝播し、ポジティブな連鎖を始めている。

（ウ）マーケティング手法の有効性

マーケティングとは潜在顧客を顕在顧客に変える手法であるとも言われるが、これは、行政の世界にあてはめるとサイレントマジョリティとノイジィマイノリティの関係と見ることができる。これまでの行政はともすれば、声の大きなマイノリティ、圧力団体、関係業界、族議員を顧客とし、声の小さなマジョリティ、生活者、消費者へのアプローチを怠ってきた。ＤＮＡ２００２計画で実施したＣＳ（顧客満足度）調査や出前講座などの実施は、サイレントマジョリティの声の確かさという、現場に大きな気づきをもたらしている。こうした気づきは市民サービスの向上に大きな成果をもたらすに違いない。

（２）なぜ、民間経営手法に学ぶのか

「行政と企業経営は違う、民間の経営手法など行政の世界で役に立つはずがない」との声は多い。確かに公務員を志望する多くの人々の胸に、「一企業の利益のためではなく社会全体の利益のために働きたい」という思いがあったはずである。それだけに、官と民とを安易に同一視することには抵抗があり、官の論理と倫理は、利益第一の民間企業とは相容れないということになりがちである（もっとも、企業の目的が利益の最大化にあるとする理解自体、官尊民卑に基づく偏見ではないかと考えるが）。しかし、経営とは「価値の高い事業を実施したり、その事業価値を高めていこうとする継続的な活動」とするならば、組織であれば、営利であれ、非営利であれ、経営が必要である。一橋大学の西口敏宏教授は「トヨティズムが世界の製造業の模範のみならず、他国では行政革命にまで応用され、成果をあげているのに、おひざ元の日本では、前世紀さながらの官民の分断が未だに幅を利かせている。（中略）21世紀に生き残るのは、市場淘汰の圧力に鍛えられた民間のノウハウを見事に行政に生かす国であるはずだ」（日経新聞・経済教室、２０００・６・２）と警句を発している。まさに、「今日の日本の行政に決定的に欠けているのは、民から官への、ベストプラクティスの翻訳能力」（前掲、２０００・６・２）なのである。

４　官僚制を越えて～人間尊重型組織経営、そして学習する組織モデルへの道

ＤＮＡ２００２計画では、真の課題を「改革し、チャレンジし続ける組織文化の確立」とし、徹底して現場と個人の気づきを重視した、いわば人間尊重型組織経営を目指している。「遊び心」というこれまでの行政文化と全く異質なものを取り入れた革新性、「ＤＮＡ

どんたく」はその象徴でもある。従来型の行政は、ともすれば前例踏襲、杓子定規、繁文縟礼という「怒りも興奮もない機械の歯車のごとき存在」としてのウェーバーモデルの官僚像の呪縛から抜け出せず、行き場を失っているかのようである。遊び心は職員の心を伸びやかにし、創造的な発想を生み出し、これまでの官僚文化に風穴をあけるパワーを持っている。これからの官僚は、「個人が組織に従属するのではなく、変化を続ける組織の中で個人がいかに自己実現を果たすか」が求められている。改革し、チャレンジし続ける組織文化の確立は、「学んで、変わる」組織へのＤＮＡ転換であり、ＮＰＭを超えた「学習する組織」への道でもある。

《参考文献》

井坂康志（2018）『P・F・ドラッカー　マネジメント思想の源流と展望』　文眞堂
石井幸孝／上山信一（2001）『自治体DNA革命』　東洋経済新報社
石井幸孝（2022）『国鉄―「日本最大の企業」の栄光と崩壊』　中公新書
石瀧豊美（1997）『増補・玄洋社発掘―もうひとつの自由民権』　西日本新聞社
石原俊彦編（2012）『地方自治体業務改善』　関西学院大学出版会
伊藤伸（2021）『あなたも当たるかもしれない、「くじ引き民主主義」の時代へ』　朝陽会
伊藤守（1995）『こころの対話』　講談社
今里滋（2003）「市民公益事業の可能性―笘崎まちづくり放談会の挑戦」（財）まちづくり市民財団（編）『まちづくりと市民参加v―市民活動と自治J（財）まちづくり市民財団』：88-94
今里滋（2008）「〝政治〟としての空港―福岡空港を事例に」『都市問題研究60(1)』　都市問題研究会
今里滋（2022）「ソーシャル・イノベーション学への軌跡―自らの研究・社会実践の回顧を通じて」立命館法学　399-400号
今村寛（2021）『「対話」で変える公務員の仕事』　公職研
岩崎夏海（2009）『もし高校野球の女子マネージャーがドラッカーの『マネジメント』を読んだら』ダイヤモンド社
上田章／五十嵐敬喜（1997）『議会と議員立法』　公人の友社
上田惇生／井坂康志（2014）『ドラッカー入門新版』　ダイヤモンド社

上山信一（1998）『行政評価の時代　経営と顧客の視点から』　NTT出版
宇沢弘文（2017）『人間の経済』　新潮新書
宇野重規（2010）『〈私〉時代のデモクラシー』　岩波新書
宇野重規（2013）『民主主義のつくり方』　筑摩書房
宇野重規（2020）『民主主義とは何か』　講談社現代新書
宇野重規（2023）『実験の民主主義』　中公新書
宇野重規／岸本聡子（2023）『民主主義のミカタ』　東京新聞
梅原猛（1980）『空海の思想について』　講談社学術文庫
香住ヶ丘校区沿革史づくり実行委員会編（2001）『香住ヶ丘校区沿革史』
香住丘校区自治協議会（2004-5）『香住丘校区まちづくり会誌ニュース①～④』
柿﨑明二（2023）『「江戸の選挙」から民主主義を考える』　岩波ブックレット1086
紙野健二／本多滝夫編（2016）『辺野古訴訟と法治主義―行政法学からの検証』　日本評論社
加留部貴行（2021）『参加したくなる会議のつくり方』　ぎょうせい
川北秀人（2016）『小規模多機能自治』　ソシオ・マネジメント第3号　IIHOE
木佐茂男（1996）『豊かさを生む　地方自治』　日本評論社
岸本聡子（2023）『地域主権という希望』　大月書店
北川正恭（2007）『マニフェスト進化論　地域から始まる第二の民権運動』　生産性出版
木下敏之（2022）『データが示す福岡市の不都合な真実』　梓書院
工藤裕子（2016）「NPMは終わったのか？―New Public GovernanceとNew Political Governanceを中心に」『ECO-FORUM 31(4)』

後藤好邦（2021）『ネットワーク活動でひろがる公務員ライフ』 ぎょうせい
駒田浩良（2005）「コミュニティの自律経営に向けて」『コミュニティ政策3』 東信堂
コミュニティ政策学会編（2014）『コミュニティ政策12』 東信堂
斎藤幸平（2020）『人新世の「資本論」』 集英社新書
斎藤幸平ほか（2023）『コモンの「自治」論』 集英社シリーズ・コモン
佐々木毅／21世紀臨調編（2013）『平成デモクラシー 政治改革25年の歴史』 講談社
貞刈厚仁（2020）『Ambitious City 福岡市政での42年』 松影出版
塩田潮（2018）『幻の「福岡オリンピック」の旗振り役 山崎元市長「国民主権で日本再生を」』 ニューリーダー2018・10
篠原一編（2012）『討議デモクラシーの挑戦 ミニ・パブリックスが拓く新しい政治』 岩波書店
下川祥二（2004）「福岡市の戦略経営とバランス・スコアカード」『自治体バランス・スコアカード』 東洋経済新報社
衆議院法制局（2018）『衆議院法制局七十年の歩み』 衆議院法制局
衆議院法制局（2018）『衆議院法制局の思い出』 衆議院法制局
高島宗一郎（2018）『福岡市を経営する』 ダイヤモンド社
田坂広志（2017）『すべては導かれている』 小学館
武野要子（2000）『博多 町人が育てた国際都市』 岩波新書
立石泰則（2023）『正しく生きる ケーズデンキ創業者・加藤馨の生涯』 岩波書店
田中一昭（1996）『行政改革 現代行政法学全集10』 ぎょうせい

寺島実郎（２００９）『世界を知る力』　ＰＨＰ新書
土肥勲嗣／九州大学西日本新聞寄付講座編（２０１１）『山崎広太郎オーラル・ヒストリー』　政治研究（九州大学法学部政治研究室）58号
藤義之（２０１４）『福岡市ＤＮＡ運動・創生「記」』　ＣＤ
戸羽太（２０１１）『被災地の本当の話をしよう』　ワニブックス【PLUS】新書
中川幾郎編（２０２２）『地域自治のしくみづくり　実践ハンドブック』　学芸出版社
中川剛（１９８０）『町内会　日本人の自治感覚』　中公新書
中島岳志（２０２１）『自分ごとの政治学』　ＮＨＫ出版
中島岳志／若松英輔（２０２１）『いのちの政治学』　集英社
長沼佐枝／荒井良雄（２０１２）「福岡市シーサイドももち地区のウォーターフロント開発とその変質」　地学雑誌１２１（６）
永畑道子（１９９７）『凜　近代日本の女魁・高場乱』　藤原書店
西尾勝（２０１３）『自治・分権再考　地方自治を志す人たちへ』　ぎょうせい
沼上幹（２００３）『組織戦略の考え方　企業経営の健全性のために』　ちくま新書
橋場利勝／神原勝（２００６）『栗山町発・議会基本条例』　地方自治土曜講座ブックレット１１３
橋場弦（１９９７）『丘のうえの民主政　古代アテネの実験』　東京大学出版会
馬場伸一（２００２）「明るい行政改革　福岡市ＤＮＡどんたく」『地方自治職員研修２００２・４』公職研
馬場伸一（２００２）「学習する組織づくりの視点からみたＤＮＡ改革」『TRAIANGLE-13』ふくしま自治研修センター

廣瀬克哉他（2010～2016）『議会改革白書』 生活社
樋渡啓祐（2010）『首長パンチ　最年少市長GABBA奮戦記』 講談社
福岡市経営管理委員会（2000）『市長への提言：行政経営の確立を目指して　DNA2002計画：市役所のDNA転換に向けて』
福岡市（2001）『DNA運動ガイドブック』
福岡市（2001～2006）『第1～第6回DNA運動発表大会（DNAどんたく）報告書』
福岡市コミュニティ自律経営市民検討委員会（2003）『コミュニティの自律経営推進に関する提言』
福岡市職員研修所（2003）『コミュニティの自律経営に向けて』 平成14年度大学院との共同研究研修報告書
福岡市（2005）『コミュニティの自律経営に向けて』（生き生きしたコミュニティに向けて概要版）
福岡市都市整備局（2004）『めいのはま（完成記念号）』
福岡市史編集委員会（2022）『シーサイドももち』 新修 福岡市史ブックレット・シリーズ②
福岡市中央区職員提言チーム（2011）『未来への5つの挑戦　エナジーとエコと絆の中央区』梓書院
福嶋浩彦（2005）『市民自治の可能性　NPOと行政　我孫子市の試み』 ぎょうせい
細川護熙（1992）「「自由社会連合」結党宣言」 文藝春秋1992・6
細川護熙（1993）『日本新党　責任ある変革』 東洋経済新報社
細川護熙（2010）『内訟録』 日本経済新聞出版社
毎熊浩一（2021）「第1期「自分ごと化会議in松江」顛末記―実践的ミニ・パブリクス論序説」

島大法学第64巻1－2
毎熊浩一（2024）「「自分ごと化会議」の手引き　―ヨリ多い民主主義を期して」藤森晴久ほか『地域社会の持続可能性を問う　―山陰の暮らしを次世代につなげるために』今井出版
毎日新聞福岡総局編（2000）『福岡はなぜ元気か―聞き書き桑原敬一前市長の街づくり』葦書房
増島俊之（1996）『行政改革の視点』良書普及会
松岡正剛（1984）『空海の夢』春秋社
松原治郎編（1973）『コミュニティ／現代のエスプリ』至文堂
松元崇（2011）『山縣有朋の挫折―誰がための地方自治改革』日本経済新聞出版社
御厨貴／牧原出（2011）『聞き書　武村正義回顧録』岩波書店
宮川公男（1997）「行革、理論的裏付け急務」日本経済新聞　1997年5月15日朝刊
宮本常一（1984）『忘れられた日本人』岩波文庫
向大野新治（2018）『議会学』吉田書店
村尾信尚（2004）『「行政」を変える！』講談社現代新書
村川美詠（2020）『公務員女子のおしごと相談室』学陽書房
元吉由紀子（2015）『自治体経営を変える改善運動』東洋経済新報社
もやい九州（2012）『三陸被災地フロントライン研修報告レポート』
もやい九州（2017）『もやい九州東北ツアー報告書』
もやい九州（2022）『東北ツアー2022☆レポート集』
八木智昭（2024）「法制実務研修―ＯＢ編11：福岡市の研修への思い」『自治実務セミナー

２０２４・２』
山内道雄（２００７）『離島発　生き残るための10の戦略』　ＮＨＫ出版
山口覚（２０１１）「新しいまちづくりのススメ　津屋崎日記」　西日本新聞（2011.1.10～2012.5.28）
山崎　拓（２０１６）『ＹＫＫ秘録』　講談社
山崎広太郎（２００５）『希望に満ちたダイナミックな人間都市ふくおかを目指して』　福岡政経研究会
山崎広太郎（２０１２）『紙一重の民主主義』　ＰＨＰパブリッシング
山崎広太郎後援会（２００２）『私の一期目　山崎広太郎の挑戦』
山下良道（２０１８）『「マインドフルネス×禅」であなたの雑念はすっきり消える』　集英社
山中雄次（２０２３）『ＮＰＭの導入と変容』　晃洋書房
山村明義（１９９４）『日本新党の末路』　サンドケー出版局
山室寛之（２０１９）『１９８８年のパ・リーグ』　新潮社
山本孝史（１９９８）『議員立法』　第一書林
山脇直司（２００４）『公共哲学とは何か』　ちくま新書
吉井俊夫（２０２１）『或るベビーブーム世代の生活世界～個人・住民・Citizen』　オーエム
吉村慎一（１９９６）「ある秘書の一日」『法律はどうやってつくるのか／法学セミナー４９９』
吉村慎一（１９９７）「特殊法人と地方『外郭団体』～多元的集権構造の一側面」日本評論社
吉村慎一（１９９７）「地方分権～機関委任事務制度と国会審議から」

吉村慎一（２００３）修士論文『体験的ＮＰＭ論―福岡市ＤＮＡ改革の検証』
吉村慎一（２００３）「自治体の経営改革　福岡市の挑戦２００２計画」『パブリックセクターの経済・経営学』ＮＴＴ出版
吉村慎一（２０１１）「議会改革時代の議会事務局のミッション」『議会事務局新時代の幕開け』議会事務局研究会
吉村慎一（２０１９）「ＳＵＮドラ合宿に参加して～ドラッカーと私」『多田ゼミ同人誌・研究紀要』多田ゼミナール
読売新聞（１９９７）「政治考現学」１９９7年5月4日朝刊
若槻貴美子（２００６）「コミュニティの自律経営に向けて（福岡市）町世話人制度の廃止と自治協議会制度の創設」『都市問題研究58‐8』　都市問題研究会
渡部晶（２０１６）「地域行政の「カイゼン」で行政と市民がつながる」『環境会議２０１６秋』宣伝会議
Ａ・トクヴィル（１９８７）『アメリカの民主政治』　講談社学術文庫
Ｄ・オズボーン他（１９９５）『行政革命／REINVENTING　GOVERNMENT』　日本能率協会マネジメントセンター
Ｊ・ハンター（２０２０）『ドラッカー・スクールのセルフマネジメント教室』　プレジデント社
Ｐ・Ｆ・ドラッカー（１９９３）『ポスト資本主義社会』　ダイヤモンド社
Ｐ・Ｆ・ドラッカー、ジョセフ・Ａ・マチャレロ／編（２００５）『ドラッカー３６５の金言』　ダイヤモンド社

P・F・ドラッカー（2007）『非営利組織の経営』　ダイヤモンド社
P・F・ドラッカー（2008）『産業人の未来』　ダイヤモンド社
P・F・ドラッカー（2017）『経営者に贈る5つの質問　第2版』　ダイヤモンド社
V・E・フランクル（2002）『夜と霧』　みすず書房

吉村 慎一（よしむら しんいち）

1952年生まれ。福岡高校、中央大学法学部、九州大学大学院法学研究科卒業（2003年）。
1975年福岡市役所採用。1994年同退職。衆議院議員政策担当秘書就任。1999年福岡市役所選考採用。市長室行政経営推進担当課長、同経営補佐部長、議会事務局次長、中央区区政推進部長を務め、2013年3月定年退職。
社会福祉法人暖家の丘事務長を経て、同法人理事。
香住ヶ丘6丁目3区町内会長
香住丘校区自治協議会事務局次長
&Reprentm 特別顧問
防災士
一般社団法人コーチングプラットホーム　認定コーチ
全米NLP協会　マスタープラクティショナー
著書：『パブリックセクターの経済経営学』（共著、NTT出版 2003年）

コミュニティの
自律経営《じりつけいえい》
広太郎《ひろたろう》さんとジェットコースター人生《じんせい》

令和六年七月三十一日　初版発行
令和六年十月三十一日　二刷発行

著　者　吉村慎一
発行者　田村志朗
制　作　㈱梓書院
福岡市博多区千代三―二―一
電話〇九二―六四三―七〇七五

印刷・製本　大同印刷㈱

ISBN978-4-87035-807-2